对外传播中的译语话语权研究

熊　欣　著

上海大学出版社
·上海·

图书在版编目(CIP)数据

对外传播中的译语话语权研究 / 熊欣著. —上海：上海大学出版社，2022.10
ISBN 978-7-5671-4461-3

Ⅰ.①对… Ⅱ.①熊… Ⅲ.①中外关系—传播学—研究 Ⅳ.①G219.26

中国版本图书馆 CIP 数据核字(2022)第 170969 号

责任编辑　位雪燕
封面设计　缪炎栩
技术编辑　金　鑫　钱宇坤

对外传播中的译语话语权研究

熊　欣　著

上海大学出版社出版发行
(上海市上大路 99 号　邮政编码 200444)
(https://www.shupress.cn　发行热线 021-66135112)
出版人　戴骏豪

*

南京展望文化发展有限公司排版
商务印书馆上海印刷有限公司印刷　各地新华书店经销
开本 710mm×1000mm　1/16　印张 17.75　字数 290 千字
2022 年 10 月第 1 版　2022 年 10 月第 1 次印刷
印数：1～2100
ISBN 978-7-5671-4461-3/G·3462　定价 68.00 元

版权所有　侵权必究
如发现本书有印装质量问题请与印刷厂质量科联系
联系电话：021-56324200

前言 | Foreword

对外传播中的译语话语权研究,就是要从译语话语方式的角度研究如何更好地通过译者的参与,真实有效地在译语环境下"讲好中国故事,传播好中国声音,展示真实、立体、全面的中国"①,这是加强中国国际传播能力建设、提升中国国际话语权的重要任务。"译语话语权"就是研究如何通过贴近译语受众的有效译语话语形式真实再现原语中的文化蕴含、话语主张及话语诉求,从而最大限度地获得对外传播活动中的国际话语份额,即国际话语权。因此,"译语话语权"的研究,即通过中国在对外传播翻译活动中②的翻译理论、翻译策略、翻译方法和译者主体等考量因子的研究,探讨如何创新对外话语体系,不断提高中国的国际影响力。对外传播中的译语话语体系构建应本着"以我为主"的话语原则,同时兼顾译语受众的话语规范、接受心理和审美情趣,从而更好地促进中国与世界的有效沟通与交流。

首先,国际话语权本身就属于权力的一种;其次,它是一种建立在维护国家利益这一核心基础之上的,就国家事务或相关国际事务发表意见的权力。国际话语权的获取,除了要不断提升国家的政治、军事、经济和文化等各方面的软硬实力外,还涉及话语传播者、话语内容、话语平台、话语对象、话语反馈、话语方式等各个因素的考量。主权国家的国际话语权,涉及的领域也是多方面的——政治主张、经济发展模式、文化国际融合等。提升中国的国际话语权,不是一蹴而就的,而是一个潜移默化的过程。目前,国际国内关于中国的角色和国际影响力不断提升的讨论,无论从政府层面还是学术层面,都引发了足够的

---

① 习近平. 讲好中国故事,传播好中国声音[EB/OL]. 中国新闻网,2021-06-03. https://www.chinanews.com.cn/gn/2021/06-03/9491450.shtml
② 本书中所指"翻译"主要为英汉互译活动。

重视和关注。但亦有极个别别有用心的西方媒体或个人，刻意在相关中国事件的报道或阐述中选择性失聪失明，甚至利用其传播媒介的优势故意抹黑和污名化中国，从而导致西方受众对中国主张和中国发展的歧视、偏见甚至是敌意。因此，多角度、多领域地研究中国如何更好地与国际接轨，从而不断提升中国的国际话语传播力和对外宣传的话语效度，形成同中国综合国力和国际地位相匹配的国际话语权，为中国社会的改革、发展与稳定营造一个有利的外部舆论环境，具有重要的意义。

中国的对外传播活动是多角度、深层次和全方位的，从政府英文门户网页、企事业单位英文网页到中国高等教育机构英文网页，甚至某些学术团体的英文网页等，都是向国际社会宣传中国政策、传递中国主张和展示中国形象的重要传播平台，而适切的译语话语形式的研究就是为了更好地帮助西方受众读懂中国故事、了解中国主张、增进心理认同，从而促进中国对外传播水平和传播效果的不断提升，以获取更多的国际话语份额。

中国著名翻译家、资深对外传播专家沈苏儒认为：对外传播从本质上讲，是一种跨文化传播，传播主体和传播对象处于不同的文化背景和氛围中，因此对外传播的内容及方式必须与之适应，方能取得传播效果（沈苏儒，2009：156）。因此，影响中国对外传播国际话语权获取的诸多要素中，译语话语体系的构建与研究，已是当务之急。换句话说，就是在研究使用何种译语话语方式来发出中国声音、讲述中国故事、传播中国文化的同时，又能让西方受众听得懂、看得明并喜闻乐见。

本书共分六章。首先简要阐述了什么是国际话语权及中国的国际话语权，其次，分析了译语话语权下中国国际话语权获取的翻译策略、媒质建设和译者主体等各要素及影响因子，进而深入到译语话语权下的典籍、影视和中医药等具体领域对外传播翻译活动中的译语话语研究，以便更好地树立中国的国际形象。

本书涉及两组概念，即：国际话语权与译语话语权；对外宣传与对外传播。开篇之前，作者在此做一简要说明，书中不再赘述。第一组概念间的区别和联系主要在于：国际话语权通过译语话语权的实现而实现，译语话语权促进了国际话语权的获取；两者相辅相成但又不尽相同，要想获得国际话语权就必须让自己的声音通过适当的译语话语形式发出，让受众明白和认同，而译语话语权的根基就在于一个国家国际话语的号召力和影响力。第二组概念之间更多属于从属的关系。对外宣传(本书简称外宣)和对外传播,本书中主要是指面向西方受众进行宣传或传播的一组专业术语,它们可以是政府层面的,也可以是企业层面的,甚至还可以是个人层面的话语活动。对外宣传工作要着眼于营造有利于国家发展的国际舆论环境,着眼于树立良好的国家形象,着眼于维护国家的安全与稳定。本书作者以为,对外传播除了涉及一个国家的政策和其针对国际事务的政治、经济主张的对外宣传,还涉及更为宽泛的经济、文化和思想等各个领域,所以说,两者之间属于包含和被包含的关系。对外宣传工作就是要贴近中国发展实际,尽量根据西方受众对中国信息的需求,根据西方受众的思维方式,用西方受众听得懂和易接受的话语形式,讲述中国故事,传播中国声音。

所以,本书在研究"对外传播中的译语话语权"时,必将不可避免地涉及对外宣传(外宣)和国际话语权等相关概念及内容。无论是国际话语权还是译语话语权,也无论是对外传播还是对外宣传,两组概念之间的话语效应最大化均离不开有效的对外话语体系的构建。

当然,因为成书仓促,本研究还有诸多尚待完善和亟须深入探讨之处。作者寄希望于本书的出版能够抛砖引玉,吸引更多的学者投入本课题的研究,为中国对外话语体系的构建奉献一份力量。

熊 欣

2022年5月20日于螺蛳山畔

目录 Contents

前言 / 001

第一章　中国对外传播中的国际话语权 / 001
第一节　国际话语权 / 002
第二节　中国国际话语权 / 008

第二章　译语话语权与媒体 / 032
第一节　译语话语权中的媒体建构 / 033
第二节　中外主流媒体现状 / 036
第三节　中国主流媒体对外报道中的问题及成因 / 044
第四节　对外传播的媒体建设 / 050

第三章　译语话语权与翻译 / 057
第一节　译语话语权中的译者主体性 / 057
第二节　对外传播本地化 / 083
第三节　译语话语权下的翻译策略 / 089

第四章　典籍对外传播中的译语话语权 / 128
第一节　典籍的对外传播 / 128
第二节　典籍对外传播翻译研究现状 / 133

第三节 典籍对外传播翻译要素 / 137
第四节 典籍对外传播再思考 / 144

第五章 中医药对外传播中的译语话语权 / 155
第一节 中医药对外传播翻译研究现状 / 155
第二节 中医药对外传播译语话语考量 / 169
第三节 中医药国际化发展与翻译 / 179
第四节 中医药产品说明书翻译中的人际考量 / 194

第六章 影视对外传播中的译语话语权 / 208
第一节 影视对外传播综述 / 208
第二节 影视对外传播中的字幕翻译 / 221
第三节 影视对外传播与国家形象 / 244

参考文献 / 254

后记 / 275

第一章
中国对外传播中的国际话语权

国际话语权是指一个国家在国际话语份额中占有的主导地位、对他人产生的巨大影响力。在全球经济一体化的 21 世纪,"国际话语权"的定义可以从多角度、多层面地加以定义,如对国际事务、国际事件的定义权,对各种国际标准和"游戏规则"的制订权以及对是非曲直的评议权、裁判权等(梁凯音,2009:45)。国际话语权份额的多少关系到一个国家能否在国际上使用自己的话语来表达自己的立场、阐释自己的观点和传播自己的文化。作为一种国家软实力,国际话语权不同于物质性存在的硬实力,不以强制力与威胁力作为影响力发挥的重要保障,更多地表现为一种潜移默化的国际影响力。

自改革开放以来,中国的经济实力不断提升,中国的经济发展模式和中国政策的提出不仅促进了自身国内经济、政治、文化等各方面的发展,也为世界上其他发展中国家的社会发展和经济进步提供了可借鉴的模式。中国在国际事务中积极主动地承担起自己的国际责任和义务,极大地提升了中国的国际地位。但是,中国在国际事务中话语份额的占有和话语影响力并未随着中国国际地位的提高而显著增加。因为东西方存在着的语言与文化的差异、价值理念的差异、审美情趣的差异,尤其是某些西方媒体对中国的歪曲报道和选择性无视,中国对国际国内事务和活动的话语表述受到了相当程度的误解,以至于中国的国际形象在西方受众心目中受损,中国的声音有时难以得到有效传播。

占有国际话语份额,获得国际话语权,离不开翻译;离开了翻译,对外言说的国际诉求是难以为国际社会所接受的。所以,对外传播中的翻译活动对一国国际话语权的获取具有重要的作用。

第一节　国际话语权

一、国际话语权的相关概念

话语权的建构要素主要涉及话语者(可以是主权国家的官方机构,也可以是非官方组织或群体,也可以是某些个体)、话语内容、话语对象、话语平台和话语反馈五个方面(梁凯音,2010:68)。对外传播活动中的话语形式既有文字的语言形式,也有视听方面的非语言形式。梁凯音、刘立华认为,对外传播的话语内容反映着一个主权国家所关注的与自身利益相关或与所承担的国际责任义务相关的观点、主张和立场,包含了政治、军事、经济、文化及社会生活等方方面面(梁凯音、刘立华,2020:136)。

对外传播的话语对象,即受众(receptor or audience),既可以是外国政府或国际官方组织(如联合国及其所属机构),亦可以为国际性非官方组织(如国际非政府组织)、外国民间组织(如所在国的非政府组织)或民间力量等。当然,话语对象也包含了一般性的受众或受众群体①。

话语平台指话语者(话语主体)表达话语内容或国际诉求的途径、载体或渠道,旨在实现其权利及与话语对象沟通。对外国际传播活动的话语平台主要有如下几类传播媒体:视频类的电影、电视和网络视频;纸质出版物类的新闻报纸、杂志和书籍;互联网类的各种门户网站;国际会议(包括政府组织和非政府组织的国际性活动)、主权国家政府或民间组织的对外交流、合作和援助计划、国际间的正式和非正式官方互访活动等。

话语反馈主要指的是话语受众对话语者所表达的立场、主张和观点等在认知前提下所表现出来的接纳或拒绝的态度、言语或行为。对外传播中的话语反馈主要表现以下三种:负效话语——译语话语产生了与预期完全相反的传播效果;无效话语——译语话语没有产生作用,即没有对译语受众产生任何影响,未能达成对外传播的预期传播效应(戴元光,2012:114);有效话语——传播活

---

① 王冬梅.主流媒体与国际话语权建设[R].南京:全国第二届对外传播理论研讨会,2011-10-27.

动在某种程度上得到了受众的关注或接纳并全部达到或部分达成对外传播的预期效果。当话语受众并没有做出如传播预期的有效正向反馈时,传播的目的也就没有达成,即对外传播的话语活动未能占有话语主导,即没有话语权。无效话语只是有了"说话权",而"话语权"不仅包含了"说话权",更多的是要追求其表达的话语能被确认、接纳,并产生相应的积极影响或反馈。因此,构建中国的对外国际话语体系,增强中国的国际话语权(International Discourse Power of China),变得越来越重要了。

二、国际话语权的转向

国际话语往往是指发生在不同语言、不同文化的国家之间的话语交流方式,这种沟通和交流形式需克服跨语言、跨文化的障碍。随着国际话语权的转向,发展中国家占有的国际话语份额逐渐增加,国际话语权发展的格局发生了一些较大的转变,主要表现为以下两个发展趋势。

(一) 从单一走向多元

随着全球化和信息化的发展,以互联网为代表的技术进步打破了信息传播的传统屏障,使全球各国特别是广大发展中国家和民族的自我启蒙成为可能。这既动摇了西方发达国家长期以来占据的"启蒙者"的地位,又动摇了其作为"启蒙者"的权威。

互联网技术发展到今天,社会的方方面面已深受影响,大到国际国内的政治、经济、军事和文化,小到个人生活中的点点滴滴。互联网既大大缩小了国家间因大小强弱形成的与世界交流曾有的落差,也打破了西方发达国家对信息与话语表述上的垄断。虽然西方发达国家依托其强大的文化软实力,通过互联网不断持续输出其思想意识形态、价值观念,但是互联网也已经成为发展中国家捍卫国家话语权的关键阵地。全球信息交流的日益畅通和传媒的日益发达使越来越多的发展中国家及其民众转变为接受信息和表达意见的双重主体。作为一种新兴信息传播媒介,互联网的迅猛发展显著改变了话语的生成方式和传播方式,也转变了国际话语权的传统布局,这也必然带来国际社会的多元化格局。

网络技术上的非对称性,严重削弱了广大发展中国家开展网络意识形态斗争的能力。然而,西方国家的技术控制尤其体现在互联网技术方面。当前互联网的根服务器主要掌握在西方发达国家手中,全球共有 13 台根域名服务器,其中 10 台在美国,其余 3 台分别设置于英国、瑞典和日本,绝大多数国家都是借网络高速公路加入互联网,这必然造成网络管理和抵御文化渗透的被动,这是值得警惕的①。如何通过传播内容和形式的转换在这个渗透到世界每一个角度的互联网中发出自己的声音,将是一个值得长期研究的话题。

(二) 从"硬实力"转向"软实力"

一个国家的国际话语权通常属于建立在整体经济实力基础之上的国家软实力。经济实力的强弱往往决定着话语权力的大小。20 世纪七八十年代,中国 GDP 总量小,世界排名靠后,中国在国际话语体系中难以拥有话语权,只能游离于国际社会交往的边缘地带。自从改革开放以来,中国的经济水平逐步提高,到 2000 年,中国的经济总规模增长了近 6 倍,中国经济总量迈上了 10 万亿元的台阶,并成功在 2001 年加入了世界贸易组织(WTO);2012 年中国经济总量突破了 50 万亿元,2020 年又突破 100 万亿元。20 年内,中国经济总量规模扩大至 10 倍,成就举世瞩目②。中国经济更好地融入国际经济发展的大潮中,社会主义市场经济体制进一步完善,中国产业结构进一步优化和中国经济快速发展,给了我们更多向国际社会发声的话语底气。

国家对外话语是一个主权国家意志的明确体现,向受众传达着话语国在政治、经济、文化利益方面的国际诉求。在国际交往的对外传播中,国际话语权不仅依赖于经济等硬实力,还依赖于文化等软实力。我们必须树立起自身的文化自信与社会主义核心价值观,在主动构建对外话语体系传播中国文化,争取更多西方受众对中国文化的尊重、认同与尊崇。

将本民族的优秀文化和国际诉求通俗易懂地向外传播,建立起自身的文化影响力和国际话语地位,从而消除隔阂,营造一个对本国发展更为公平公正的国际舆论环境,敢于并善于发出自己的声音,以获得更多的国际话语权,这正是当下对外传播的重要任务。

---

① 金民卿. 西方文化霸权的四大"法宝"会不会失灵[EB/OL]. 人民网,2016 - 12 - 27. http://theory.people.com.cn/n1/2016/1227/c40531-28979593.html
② 宁吉喆. 国家统计局介绍 2020 年国民经济运行情况[EB/OL]. 中国新闻网,2020 - 01 - 17. https://www.chinanews.com.cn/shipin/spfts/20210117/3225.shtml

三、国际话语权的实现要素

国际话语权问题的研究,必须从国际话语权如何产生着手。从人类发展史上看,国际话语权并非一直存在。国际话语权,顾名思义是国际上说话的权利,但我们知道,光有说话权是远远不够的。本书中的"国际话语权"中的"话语权"首先应该是"right"(权利),其次是"power"(权力),这里的"power"指的是"influence"(影响力)和"leadership/decision-making"(领导力或决策力)。因此,国际话语权的实现要素也就可以从"国际"和"话语权"这两个维度进行解读。

所谓"国际",首先要求国家之间要有效交流。假如一个国家与他国之间无法克服空间或技术上的障碍进行有效的信息交流或物质交换,以致无法与之建立起相互影响的关系。那么这个国家就缺失了国际话语权的首个要素。

国际话语权的第二个要素则是诉求,即一个国家要对世界其他国家有所诉求,国际话语权才有存在的意义。假如一个国家实行完全的闭关锁国政策,尽管该国具备了首个要素:拥有了与世界其他国家之间进行沟通和交流的科技能力,但其自认为没有和国际社会交流的必要,并没有对国际社会的诉求,也就谈不上国际话语权了。

一个国家要实现其国际话语权,让自身诉求得以实现,那就必须要使用国际社会(这里主要指对外传播中的话语受众)浅显易懂、喜闻乐见的译语话语方式来充分展示本国在政治、经济和文化等领域的根本诉求,发出自己的声音,让受众最大限度地接受其观点和主张(竹立家,2013:65)。中国为了在国际事务中发出"中国声音",曾以一种自己看来最为合适的话语方式去表达,结果受众听不懂,未能实现对外传播的目的,也就谈不上获取国际话语权了。所以,要想实现国际话语权,必须考虑传播话语的受众认可或理解。

四、国际话语权下的译语话语权

中国国际话语权的获得离不开对外传播中的适当翻译。换句话说,中国的国际诉求与国际主张必须通过译语话语使西方受众理解、认同和接纳。所以,中国国际话语权需要恰当的译语形式,对外传播的译语既要做到"守土"又要做到"服众"。

　　国际话语权是一个国家硬实力的具体体现，同时也是一个国家软实力的充分展示。这些年来，虽然中国的综合国力不断增强，各项中国政策、中国主张的对外表述对世界各国的影响日益增大，但是中国的国际话语权影响并没有达到我们所期望的高度。译语话语权是国际话语权在译语文化语境下的传播内容、传播形式和传播意图的真实再现。国际话语权与译语话语权之间相辅相成，狭义上来看，两者具有一致性；但从更为广义的概念来说，两者之间又存在着相当的不一致性，有时候我们常说，国际话语权与译语话语权之间存在着某种包容和被包容的关系。

（一）一致性

　　本书中"话语权"主要是指通过对外传播中的策略、翻译方法和翻译技巧获得的对他国或他民族所产生的影响力，即外部话语权，或者说国际话语权。一国的外部话语权包括其在国际事务中的发言权和话语影响力。对外话语权的实现必然离不开翻译，所以从狭义上讲，对外的译语话语权指的就是一个国家的外部话语权，即在本书中两者之间是能互指的。

　　译语话语权属于国际话语权的组成要素，被包含在国际话语权之内，从某种程度上来说，它又属于国际话语权的他语表述。一个国家的国际话语影响力不仅要靠自塑，同时还得靠他塑。此处的"自塑"指的是自身话语国家意志的表述，而"他塑"指的是"他语言"对"自塑"内容和诉求的充分表述，即翻译。所以我们说，国际话语影响力离不开译语话语对译语受众的影响力，否则国际话语的传播只能是缘木求鱼、毫无所获。而译语话语权是基于一国国际话语权上的具体展示，反过进一步推升该国的国际话语影响力，离开了国际话语权的译语话语权无异于无本之木。

　　作为译语话语权主体的译者，希望通过自身译语话语体系的适度构建来表述、体现和实现一国国家话语中的权力诉求，从而通过受众的正向反馈获取译语的国际话语权；而国家亦希望通过译者的译语话语形式实现其对外传播活动中的话语权力。当译者的诉求与国家的诉求基本一致时，此时译语话语权与国际话语权在方向上是一致的。译语话语权的内容、形式体系与一个国家的国际话语权有着密不可分的联系，译语话语权的实现有赖于具体的"译语话语"形式。中国的译语话语权研究的主要方向是探索如何在强势的西方英文话语体系下保留和发展中文话语体系，以及如何摒除对外传播翻译活动中为国际化而国际化的单一发展趋势。

(二) 不一致性

国际话语权与译语话语权两者之间的不一致性，主要是指在对外传播的翻译活动中，当译者主体和国家主体之间的诉求截然相反时出现的一种情况。也就是说，此时国际话语权与译语话语权并不是包含与被包含的关系。比如，在近代中国的封建政府通过愚民的手段加强对国家的掌控，而进步的译者在引入新的思想时，国际话语权与译语话语权是无法保持一致的。又如，在跨国商业交流的场景中，口译员需要现场即时口译一段描写中国璀璨文化的文字，站在口译员工作岗位的角度，他的诉求只是尽可能地在有限时间内将大意传达，哪怕可能会部分有损中国传统文化精髓，而站在国家对外宣传的角度上，则希望译者能够尽可能传播本国意识形态，此时译者和国家两个主体的诉求也是无法保持一致的。

(三) 当今现状

当今政治环境稳定，上层建筑的意识形态基本能够代表民族也包括译者的意识形态。对外传播翻译必须充分体现作为传播主体的国家意志，而国家通过译者的译语传播本国的意识形态，实现话语中的权力。因此，译者主体性、译语话语权与国际话语权三者被相同的意识形态所统一，也即当代对外传播翻译中译者主体性的发挥、译语话语权与国际话语权的获取，三者的诉求是一致的。

从国家统计局介绍的 2022 年国民经济运行情况来看，中国经济的不断发展，中国的外部话语权确实获得了极大的提升。但是，纵观整个国际话语份额，西方社会的外部主导地位仍未发生根本性的转变，西方社会仍然把控着国际话语的主导地位。在对外传播的话语表述中，因为担心传播话语形式的可接受性，担心缺乏足够的理论依据而不为西方受众认可，对国内外重大事件表述自身观点和主张时常套用西方术语，盲从西方的话语理论，亦步亦趋于西方的话语传播形式(周敏凯，2012：5)。基于此，中国国际话语传播中的翻译活动的结果就是，中国诉求常常无法快速为西方受众明白和了解，中国主张难以得到国际社会的广泛认可，因此，中国国际话语权仍处于一种相对缺失的状态。

国际话语权的构建与实现是一个长期的过程，不可能在很短的时间内实现质的变化。争取中国应有的国际话语权,即译语话语权的实现,简单地套用西方话语形式或西化中国文化,都是不可取的。译语话语权的获得需要本着"以我为主,对我有利"和"贴近受众"的基本原则,要在译语语言和文化中尽可能多地将原语言中那些存在着较大语义结构及文化内涵差异的话语表述明白无误地展示给译语受众,通过话语诉求的展示让国际社会更好地了解中国,从而改变译语受众认知,塑造中国的正面形象。译语话语权不可能靠他人自动给予,需要译出国的译者通过恰当的译语语言处理和合理的文化转换,或者通过译语语言和文化的重写或再创造去主动争取更多的受众认同,这一过程中要注重通过词语的润色,使多种文风不断转换以实现原语文化意蕴在译语中的再现,扩大传播活动在译语受众中的影响力并吸引受众的阅读译语的兴趣。研究建立起自己对外传播活动的译语话语体系,研究如何在译语中选用春风化雨般的话语方式将中国形象、中国话语印刻在译语受众心中,研究如何确保对外话语表述的规范性,是提高中国对外传播活动时话语主导的重点考量。

第二节　中国国际话语权

构建中国的国际话语权就是通过适当的译语话语体系构建,最大限度地发出中国的声音,让世界听到中国的国际主张和国际诉求。任何的翻译活动都是跨语言、跨文化的实践活动,是一种有意识有目的的社会行为。对外传播的一个重要目标就是通过跨语言的信息传递来获取社会认同感,助力中国国际影响力的扩大,让世界了解中国、认识中国,争取更多的国际朋友,建立良好国家形象,创造有利的舆论环境。

争取中国国际话语权,一直以来都是中国政府对外传播活动中的焦点,也深受中国国家领导人的重视。2013 年以来,习近平总书记在许多重大场合,从对外宣传、对外传播如何获取中国国际话语份额的不同角度,强调了构建中国对外话语体系、争取国际话语主导的重要性和紧迫性[①]。

---

① 习近平:讲好中国故事,传播好中国声音[EB/OL]. 中国新闻网,2021 - 06 - 03. https：//www.chinanews.com.cn/gn/2021/06-03/9491450.shtml

一、中国国际话语权的现状

话语交流表现为话语含义、话语符号在说话者和受话者之间的有效传递与转换。福柯(李月译,1998:125)认为,话语是由符号构成的,但又不仅限于这些符号的所指。话语是一系列故事或事件的显示和陈情,话语承载着权力,而权力又通过话语得以彰显并控制话语本身(高宣扬,2005:251)。

中华人民共和国成立初期,中国在国际舆论场长期缺席,国际话语长期被西方媒体主导和掌控,这导致中国过去在国际舞台上处于一种"有理说不出,说了传不开"的局面。目前,中国的国际话语权与其国际经济竞争实力相比而言,对外传播力度仍处在一种失衡状态,传播手段及形式相对落后。

根据2017年中国国际广播电台与国际世界语协会正式签署交流合作协议的情况介绍①,中国国际广播电台是全球使用语种最多的国际传播机构,同时使用了65种语言全天候向世界传播。但是,我们需要看到的是,因为中国在国际传媒领域起步较晚,国际传播话语体系建设相对落后,传播话语方式较为单一,内容宣传偏教条式,所以相较于西方传统的主流媒体而言,中国对外传播媒体发出的声音影响力有限,传播的内容和理念无法深入他国听众内心。任何媒体在对外传播及报道活动中,必然会固守建立在一定经济基础和国家根本利益之上的自身思维方式和价值标准。正是因为政治、经济、文化、意识形态等各方面的差异,某些西方媒体并未遵循媒体对外报道中本应遵循的客观原则。中国人固有的中庸之道和与人为善的思想,被动地削弱了中国媒体第一时间主动向国际社会发出中国声音、构建中国国际形象的国际诉求效应。

媒体作为一国舆论的主导力,主要体现在政治、外交和文化等相关领域,目的就是为了争取更为有利的国际发展环境和最大限度的政治、经济和文化权益。中国只有通过多模态的传播途径和平台,通过显性的译语话语方式宣传自身观点和主张,传递中国的文化、价值观和意识形态,最大限度地获得他国的认同和支持,如此方能拥有更多的国际话语权,也才能让西方受众主动或被动地理解或接纳中国的政治主张和价值理念(熊欣、陈余婧,2016:32),从而维护国

---

① 中国国际广播电台与国际世界语协会正式签署交流合作协议[EB/OL]. 中华网,2017-08-15. https://news.china.com/news100/11038989/20170815/31099057.html

家的根本利益(黄书芳,2014:178)。

"讲好中国故事,传递中国文化",就是要主动利用"媒介来塑造中国的国际形象",强化他国对中国形象的认知,要让他国受众真正读懂中国,就"要推进国际传播能力建设,讲好中国故事、传播好中国声音,向世界展现真实、立体、全面的中国,提高国家文化软实力和中华文化影响力"(周斌,2018:8)。根据不同的受众特点,中国的对外话语体系需要精心构建,话语表达方式亦需创新。我们要充分理解和认知话语本身的概念、范畴和具体的话语表述形式,做到融通中外,从而有效地把我们想讲的和西方受众想听的结合起来,增强对外话语的创造力、感召力和公信力(向钧,2018:40)。媒介的对外传播要学会把"陈情"和"说理"结合起来,把"自己讲"和"别人讲"结合起来,使故事更多为国际社会和西方受众所认同(徐华、田原,2020:108)。对外传播不是要强制性地"同化"和"零和博弈",而是要向西方受众充分展现中国特色,体现中国的价值体系。

当今世界,具有高度影响力并快速发展的基于网络平台的在线交流、沟通和辩论已经成为各个国家和地区争夺国际话语权的一个主战场。在这个虚拟的网络平台上,话语双方都有就各自立场自主设置真实话语议题的权力,通过全开放的网络意识形态辩论,将各自主张向世界言说,获取更多的话语受众认同,影响世界人民对国际事务的再判断和再认知,从而产生话语导向力,获得话语权。在当今国际新媒体层出不穷的浪潮中,各国新媒体为争夺本国国际话语权发挥了日益重要的作用。

二、中国国际话语权的建构

中国作为世界上最大的发展中国家,要想获得与发达国家同等的国际地位,拥有公正的国际话语议题设置权,就必须在加快经济发展步伐的同时,努力构建中国的对外译语话语体系,让国际社会听到中国的声音,明白中国的主张,从而切实提升自身的国际话语影响力,建立一个更加公平有序的国际新秩序(刘昶,2011:30)。

(一) 中国国际话语权的建构需要

1. 维护国家形象的需要

改革开放前,中国由于经济实力薄弱,在国际事务中没有什么话语权,在面对某些西方发达国家的种种刁难时无法做出实质性的回应,当时的中国话语也不为国际社会信服。改革开放以来,中国在经济、文化、政治和国防方面的发展都有了质的飞跃,中国的国际传播影响力不断增强,但始终处于弱势的解释、说明的地位,国际话语地位依然处于劣势。因此,树立一个正面、良好、令人信服的国家形象,有效提高中国的话语地位和国际影响力,营造一个良好的国际发展环境,已经成为新世纪中国发展的重中之重。

国家形象的建构是政治、经济、文化和军事实力等一系列因素综合作用的产物。而国家形象通常包括了本国民众和他国民众对一个国家的认识与评价,与政治、经济等一样是决定国家综合国力的重要因素,属于一种非常重要的国家软实力。而对外传播活动中软实力的不足,将严重制约国家形象的建构(段鹏、周畅,2007:45)。在国家形象构建的过程中,由于国家的实体形象是由国家的实体内容决定的,相对较为固定,但虚拟形象的构建主要来自民众的认知,因此更容易改变。而国家的虚拟形象通常有着十分丰富的内涵,其构建需要各个行业的相互配合。中国国家形象的对外传播只有被世界民众了解与接收,方能实现传播的预期效果,建构起中国国际话语权。

2. 维护国家意识形态安全的需要

意识形态的差异体现在各种国际话语形式中,而部分西方媒体在其特有意识形态驱使下,借助已有的巨大受众群体和自身话语优势,可以方便地、先入为主地将其传播意图传递给国际受众,从而误导广大受众产生一定的意识形态倾向。

因此,牢牢把握对外传播中的意识形态问题,努力做到对外传播活动中的守土有责、守土负责和守土尽责。运用适当的译语话语形式向世界展示一个安定、和谐、向上和负责任的中国国际形象,关乎着中国社会的长治久安和人民的福祉。对外传播时,我们要以事实为依据,用数据为准绳,抢占话语先机,努力消除西方受众因为意识形态的差异、报道时间差异、语言差异和概念的先入为主而形成的中国的负面形象,打破西方媒体报道中的"双标"。提升中国的国际话语权可以有效地向国际社会阐明中国立场和中国主张,让国际社会明白并理解中国人民建设自己幸福生活道路的选择、中国社会的稳定也是世界和平的有力基石。

3. 提升中国文化软实力的需要

美国加利福尼亚大学伯克利分校(University of California, Berkeley)的

语言学家克莱尔·克拉姆契(Claire Kramsch，2021：166)在《语言作为符号权力》(*Language as Symbolic Power*)一书中认为，语言与文化两者密不可分。文化通过语言得以表述和传递，语言是文化的载体，文化因为语言得以传承。没有文化内蕴的语言是苍白无力的，最终也必将走向消亡；而不能传承原语文化内涵的译语也必然失去其生命力和影响力。

无论是内部话语权还是外部话语权，都属于一种文化软实力，都是建立在经济与科技等硬实力基础之上的。语言作为一种权力符号，文化与话语紧密相连，关乎着一个国家的长远发展。可以说，谁掌握了文化话语权，谁就能够在激烈的舆论博弈中抢占战略先机与制高点。对外的国际话语权亦是如此，它是我们用来发出中国声音和抵制外部文化渗透的有力武器。在中国发展的紧要关口，消除世界对中国的误读，把中国的经济发展优势转化为话语权优势，已成为增强中国文化软实力的迫切需要(刘昶、孟伟，2018：48)。

4. 促进国际秩序公正发展的需要

一直以来，因为国际经济发展的不平衡性，广大发展中国家在国际事务意见表达上多是处在"失语"的状态，尽管发出了自己的声音，但太过微弱。发达国家依仗经济、军事和文化等方面的优势，无视发展中国家人民的正当合理诉求，完全按照自己的价值标准和经济诉求评判国际事务，不惜以牺牲发展中国家人民的利益和国家的安定来维持自身的繁荣。长此以往，国际政治和经济秩序将形成一个恶性循环。

如今，和平与发展已然成了国际社会的主流诉求，广大发展中国家都渴望建立一个新的国际政治和经济秩序，渴望一个公平竞争的国际发展的大环境。但我们必须看到，虽然国际形势逐渐"多极化"，虽然众多发展中国家的国际地位正在稳步提升，但发达国家凭借其科技和经济的优势，仍然占据着国际舆论的主导地位和"道德高地"，国际社会秩序仍未发生实质性的改变。

(二) 中国国际话语权的建构思路

上文讨论了中国国际话语权的建构需要，即一定要构建自己特有的、融通中外的对外译语话语体系来应对西方主导的话语体系。当然，中国还应基于"己所不欲，勿施于人"的传统思想，保持与国际社会的友好互动交流，让世界更好地认知中国。同时根据"知己知彼"的建构思路，以一个"负责任大国"的形象去努力认识世界，世界也将不断以各种全新的姿态重新认识中国。

梁凯音、刘立华认为,话语的言说方式是国家话语权建构的主要手段,尤其是就话语自身的特点来说,不同的民族由于文化、政治、历史、地理等种种因素的差异,会有自己独特的"说话方式",这种方式是客观存在的,不以人的主观意志为转移,如果在对外传播中没能注意到不同民族长期以来形成的"说话方式"的区别,就不能与目的受众之间产生良性的互动(2020:138)。而有些学者提出,对那些与我们有意识冲突的传播对象进行对外宣传时应减少意识形态因素,而对那些跟我们意识形态基本一致的国家则要加大对外宣传中的意识形态因素,对于这一主张,我是不认同的。"己所不欲,勿施于人"和寓教于乐等老祖宗的观点在对外传播中值得借鉴。在尊重他国的前提下,我们可以在讲述中国故事的过程里,将自身的价值标准、道德规范和行为准则融入其中,让传播受众在中国故事的情景中得出自己的衡量标准。任何情况下都不能采取过于教化的传播手法和方式,那样只会使受众产生对立心理和抵触情绪,要多换位思考,保持对他国的尊重和理解。

中国国际话语权的建设近些年来确实取得了长足进展,中国的国际影响力也有了大幅提升,但我们应该看到,当前国际话语的主导权仍然掌握在西方发达国家的手中。他们凭借强大的经济和军事实力,通过影视、动漫等多种文化形式向他国灌输自己的价值评判标准,影响他国人民的理想信念和判断能力,占据着国际话语主导,而中国当下的国际话语影响力相对较弱。

根据梁凯音、刘立华的观点,中国现阶段的国家形象建设必须解决三个"不一致性":中国自塑(国内媒体)的国家形象与他塑(西方媒体)的中国国家形象的不一致性,真实的中国国家形象与传媒眼中的中国国家形象的不一致性,中国对外传播中预期产生的国家形象与国际社会实际感知的中国国家形象的不一致性(2020:142)。也就是说,中国需要更多地了解他国以及他国对中国的真实认识,在知己知彼的情况下,才能明确以上三个"不一致性"的具体内容,从而针对其制定解决方案。

"讲好中国故事"切不可自说自话,必须切实提升对外传播中的话语体系建设,要用西方受众听得懂的话语形式来传播中国故事、弘扬中华文化,满足受众进一步了解中国的意愿和需求,为中国赢得更好的海外公信力和话语份额。

(三)中国国际话语权的获取要素

在国际政治、经济和文化的传播活动中,话语与权力紧密相连,不可分割。

那些拥有话语影响力的媒体第一时间向受众发出声音后,受众便再难以接受其他媒体不同的声音和立场,很快就会形成社会舆论的共识并在长期内难以得到更改。

1. 对外传播的即时性

对外传播中,我们不仅要关注传递的核心概念、话语的贴近和受众的需求,同时还得确保对外传播的第一时间原则,即报道的即时性,从而避免西方媒体中国事件报道中的"选择性失语"或"选择性不闻"对中国形象的损毁。2019年12月,CGTN(中国国际电视台)先后发行了 *China's Xinjiang: Fighting Terrorism in Xinjiang*(《中国新疆:反恐前沿》)和 *The Black Hand: ETIM and Terrorism in Xinjiang*(《幕后黑手:"东伊运"与新疆暴恐》)两部英文纪录片。纪录片向国际社会展示了一个极具魅力的新疆,同时展示了发生在新疆的暴恐事件给新疆人民带来的痛苦,揭露了暴恐背后的那些黑恶势力及外部推手,展现了中国政府对于打击恐怖主义的决心与行动。在恐怖主义已成为当今世界公害的时候,一贯关注各种涉疆问题的西方主流媒体对此却选择性"失语""集体沉默"(央视网,2019)。2020年6月,CGTN又推出涉疆问题的第三部纪录片 *Tianshan Still Standing: Memories of Fighting Terrorism in Xinjiang*(《巍巍天山:中国新疆反恐记忆》),第一时间向国际社会真实再现了恐怖主义带给爱好和平人们的巨大灾难,让西方受众了解并切身感受到了中国政府做出的艰苦卓绝的反恐努力,如此方能从信息源上把握住话语的主导。

国内事件的对外报道应该做到即时、主动、真实报道。对个别外媒报道中的"选择性不闻",中国对外传播的媒体或网页则应即时地发布一些"补充性新闻",为西方受众提供更多的权威信息源。假如西方受众工作之余,喝着咖啡饮着啤酒时也能聆听到中国第一时间主动发出的声音,那么,个别西方媒体的"选择性失语"和"选择性不闻"就不攻自破了。

2. 传播模式的创新性

对外传播中,官媒是主体,但仍应积极鼓励更多其他非官方平台进行信息扩散,以此扩大中国的国际影响,营造良好的国际舆论氛围。

Vlog(video weblog 或 video blog)即视频博客或视频网络日志,和 TikTok 一样,从某种程度上来说,都属于博客(Blog)的变体,是一种全新的传播媒体。其主要受众群体为年轻人,拍摄方便,便于对外传播,更贴近于普通受众的真实生活。TikTok 和 Vlog 的迅速"走红"得益于其可以实现受众的"心理在场"。

随着时代发展,新闻媒体报道也开始与 Vlog 相结合,呈现出一种新型的传播形态。2019 年的两会报道是较早将 Vlog 与政治报道相结合的案例,主持人可以通过手机拍摄,引领受众更为真切地走进画面,浸入式地获得较为强烈的在场感(孙慧英、范艺馨,2020:63)。China Daily 也相继推出小彭两会 Vlog,在网上迅速"圈粉",收获年轻网友的一致好评,同时也吸引了原来传统媒体覆盖较少的年轻群体。利用 Vlog 形式进行对外传播,可以弱化受众对官方媒体的抵触心理,缓解西方受众的导向压力,增强对外传播的亲和力和吸引力。

通过新媒体宣传中国,其传播效果可能会远远强于传统媒介。新媒体上播放的视频点击量和订阅量能在很短时间内达到数千万,这远远超出了传统媒介的传播影响力。新媒体可以通过一个个小故事的短视频,潜移默化地向受众展示一个真实的中国社会和中国文化,使西方受众更加身临其境地感受"有趣好看"的中国文化,体会中国人的生活观和价值观。像此类新媒体传播形式往往不会令西方受众产生任何的压迫感,中国文化的对外传播水到渠成,事半功倍。

3. 传播风格的自信心

文化自信是一个民族、一个国家以及一个政党对自身所禀赋和拥有的文化价值的充分肯定和积极践行,并对其文化的生命力持有的坚定信心,是更基础、更广泛、更深厚的自信,是国家兴旺发达的重要支撑(王小平,2019:88)。价值观是人们认定事物、辨别是非的一种思维或价值取向,凝结为一定的价值目标,它一旦形成,就会具有相对的稳定性和持久性,在条件不变的情况下不会轻易改变,是人们判断事物的评价标准。一致的价值观深层次影响和制约着群体成员的认知和实践活动,并形成一致的文化、政治甚至家园认同感。

文化自信是一个民族最坚实的底气,传播者要敢于在西方受众面前呈现出本民族的文化价值观和审美情趣。"美己之美"是对外传播或宣传活动中应该遵循的一个基本准则。比如,中国玉饰既是传统文化的一枚符号,又是一种无声却华丽的语言。中国玉文化蕴含着的"宁为玉碎"和"化干戈为玉帛"的爱国民族气节和友爱风尚等通过此种呈现方式亦可为西方受众逐渐熟知。我们应该坚信:随着中国国际影响力的不断提升,西方受众想要了解中国文化的兴趣会越来越浓厚,这将为中国故事的对外传播提供一个全新的机遇。

另外,中国媒体及媒体人应该更多地走出去,通过东西方媒体之间多方位的互动,建立规范国际网络媒体话语体系,增强话题度和与西方受众的互动频率。如此,方能提升中国媒体的自信和国际知名度,增加中国传媒人在外国媒体上的出镜率和话语份额,辐射更多的西方受众。中国媒体只有真正地走出去,才能让西方受众更全面、更客观和更真实地了解中国和接纳中国。

4. 对外传播中翻译人才素养的综合性

中国国际形象的确立、国际话语主导权的争取以及对外传播的多元化趋势,迫切需要培养更多的翻译人才。对外传播中的翻译人才不仅要具备扎实的语言基本功和文化底蕴,还应该同时具备多学科的基础知识涵养、政治责任感和守土有责的家园意识。

译者在翻译过程中会遇到多种跨文化因素,须谨慎处理,灵活应对。中国国家领导人的各种讲话中,较多地使用了民俗经典和优秀的传统文化,使讲话内容更加"接地气"与"喜闻乐见"。这种语言表述方式使得中国传统经典在对外传播中发挥了巨大作用,同时可以加深西方受众对中国的了解。在对这样大量的文化内容进行翻译的过程中,如何保证西方受众理解,如何更加有效地传播中华文化,就是译者需要根据语境进行能动性选择的过程。如在《新时代的中国与世界》白皮书(国务院新闻办公室,2019)[①]中:

【原文】

中国的发展,靠的是"8亿件衬衫换一架波音"的实干精神,几代人驰而不息、接续奋斗,付出别人难以想象的辛劳和汗水;靠的是"自己的担子自己扛"的担当精神,无论顺境还是逆境,不输出问题,不转嫁矛盾,不通过强买强卖、掠夺别国发展自己;靠的是"摸着石头过河"的探索精神。

【译文】

China relied on the solid and unremitting efforts of generations of Chinese people, which is represented in the typical case of "800 million shirts in exchange for a Boeing airplane". China relied on fulfilling its own responsibility in good times and in adversity, without exporting or shifting problems elsewhere, and without seeking development by trading under coercion or exploiting other countries. China relied on a pioneering spirit, like crossing the river by feeling for stones.

---

① 原文出自《新时代的中国与世界》白皮书(国务院新闻办公室)[M/OL]. 新华社,2019 - 09 - 27. http://www.gov.cn/zhengce/2019-09/27/content_5433889.htm 对应译文源自:China and the World in the New Era[M/OL]. China Daily, 2019 - 09 - 28. https://www.chinadaily.com.cn/a/201909/28/WS5d8ec524a310cf3e3556e02d.html

在原文中的"8亿件衬衫换一架波音""自己的担子自己扛""摸着石头过河"这些俗语不仅是中国在发展中所做出的努力,也是老百姓日常的话语,原文中这样的表述不仅可以贴近群众的日常生活,同时也表现了中国在发展中的奋斗精神。针对这些俗语的表达上,译者选择了用直译的方式进行翻译,将其分别译为"800 million shirts in exchange for a Boeing airplane""fulfilling its own responsibility in good times and in adversity"和"crossing the river by feeling for stones"。这样翻译不仅可以对中国的发展不易与坚持作出细致的描述,也可以让西方受众对中国的俗语有一定的了解,在一定程度上可以帮助中华文化在世界范围内传播。

【原文】

中国自古倡导"强不执弱,富不侮贫""己所不欲,勿施于人",深知"国虽大,好战必亡"。

【译文】

Since ancient times, China has advocated that "the strong should not oppress the weak, and the rich should not abuse the poor", and "do not do to others what you do not want others to do to you", knowing that "a warlike state, however big it may be, will eventually perish".

原文连用了三句古语,译者在翻译这些古语时,通常会翻译其含义而放弃其形,从而保证西方受众在阅读过程中不会产生疑惑。但是译者在翻译的过程中,如能保留原文的语言形式,则可使西方受众在阅读过程中对中国文化产生更多的了解,感受到中华文化的独特魅力。

除了传统文化外,现在网络的流行语也是政治文本贴近人民生活的一个重要表现。如:

【原文】

经济全球化出现一些问题并不可怕,不能因噎废食,动辄"退群""脱钩""筑墙",改革完善才有出路,必须在前进中解决问题。

【译文】

We should not be intimidated by the problems encountered by economic globalization. Withdrawing from international organizations and treaties, decoupling foreign trade relations, and building border walls lead us nowhere.

原文中的"退群""脱钩""筑墙"都是我们现在常用的流行语。"退群"原意指的是一些人退出群聊,"脱钩"则是与他人断开联系或者跟不上他人的想法,"筑墙"则是将他人隔绝在外。文中用这些词语形象地表现了一些国家在处理国际事务中的不当做法(曾培炎,2020:6)。译者在翻译的过程中也选择将其所指代的内容翻译出来,一方面,中国的网络流行语在国内很通用,但也只是一时的流行说法,因此翻译其指代内容更加适合于译语语境,同时也可以帮助西方受众理解。

对外传播或宣传过程中,除了借用中国传统文化内容和网络流行语内容表达自己态度且传播中国文化以外,还可以使用西方最为熟悉的文化因素来拉近中国与世界的距离,同时吸引西方受众对中国内容的关注。如:

【原文】

世界上本无"修昔底德陷阱",但大国之间发生严重战略误判,就可能使冲突和对抗成为"自我实现的预言"。

【译文】

The Thucydides trap is not an unbreakable law. However, any serious strategic miscalculation between major countries risks turning conflict and confrontation into a self-fulfilling prophecy.

"修昔底德陷阱"由古希腊历史学家修昔底德(Thucydides)提出,认为一个新兴国家和现有大国间无法和平发展共处,最终只能通过战争结束。虽然中国一直倡导和平发展的道路,但是中国在发展的同时却常受到世界上其他国家的误解。在文中通过引用西方的名词概念"修昔底德陷阱",更贴近西方受众的认知,更清晰地传达了中国渴望和平发展的强烈愿望,也更容易让世界理解中国和平发展的态度,从而减少误解。

因此,对外传播翻译人才的培养应从英语语言教学着手,培养其扎实的语言技能,使之通晓中西方文化内涵差异,如此方能肩负跨文化交流的担当。在向世界准确而又灵活地传递中国声音的过程中,译者要拥有清醒的头脑,具备高度敏锐的政治责任感,明确西方受众的接受心理和话语习惯,承担起维护国家、民族利益和构建良好国家外部形象的使命。所以,高校在翻译人才的培养过程中,要将培养译者的社会主义核心价值观全面渗透到语言文化的教育过程中,坚定树立其道路自信、理论自信、制度自信、文化自信。

语言表层和话语内涵之间的深层次联系是对外传播工作者需要理解的重中之重。语言的"表"和话语的"实"联系在一起,用语言受众"听得懂"和"听得进去"的方式来"讲好中国故事",才能实现中国在国际话语权方面的影响力。国际社会对中国的了解在一定程度上会受到部分西方媒体对中国报道的左右,使西方受众对中国产生一种消极定势,不利于中国声音的传播。因此,中国媒体应主动向国际社会发出中国自己的声音,从而最大限度地避免部分西方媒体惯用的"双标"和"选择性不闻"等宣传策略影响国际受众。

对外传播中的译者,不仅要有扎实的双语文化积淀,还得具备熟练运用话语双方语言表述形式的语言能力,译者的语言和文化素养,两者缺一不可。东西方之间的文化和习俗具有极大差异,其话语表达方式也有很大不同。而在译文中,针对原文含义进行翻译时会出现不同的表述方式和表述习惯,因此译者在翻译过程中要注意把握在忠实于原文内容的基础上,尽量选取符合西方受众阅读习惯的表述方式进行翻译,从而提高受众的接受度。

在《为人民谋幸福:新中国人权事业发展70周年》白皮书①中这样写道:

【原文】

新中国70年,是中华民族迎来从站起来、富起来到强起来的70年;新中国70年,是中国人民各项基本权利日益得到尊重和保障的70年;新中国70年,是中国不断为世界人权事业发展作出贡献的70年。

【译文】

Over the subsequent seven decades, the Chinese nation has stood up and grown prosperous and is becoming strong; all basic rights of the people are better respected and protected; and China has made regular contribution to the international cause of human rights.

在原文中,连续使用了三个"新中国70周年,是……的70年",在中文中这样用三个排比句进行表述可以增加语言韵律和语言气势,但是在英文中这样三个重复的句式有些过于累赘。因此译语中将"新中国70周年,是……的70年"省略,并且简化为"Over the subsequent seven decades"避免重复,这样有利于西方受众理清语言逻辑,便于理解。

又如:

---

① 中华人民共和国,国务院新闻办公室.为人民谋幸福:新中国人权事业发展70年[M].北京:人民出版社,2019. http://www.gov.cn/zhengce/2019-09/22/content_5432162.htm 对应译文源自:White Paper: Seeking Happiness for People: 70 Years of Progress on Human Rights in China[M/OL]. China. org. cn, 2019 - 09 - 26. http://www.china.org.cn/chinese/2019-09/26/content_75248676.htm

【原文】

中国共产党从诞生那一天起,就把为人民谋幸福、为民族谋复兴、为人类谋发展作为奋斗目标。

【译文】

Since the day of its foundation, the CPC has set its goal to work for the wellbeing of the people of China, for national rejuvenation and for human progress.

中文常以固定的表达进行排比,给人语句工整、押韵的感觉。在翻译"为……谋……"这样的句式时,如果选择直译,会使语义重复且成分赘余。其实,"为……谋……"此时就是无特殊含义的修饰部分,将其去掉并不会对原文的意义造成影响,这个句式的含义就是"把人民幸福、民族复兴、人类发展作为奋斗目标",因此译者选择将其删去不译。这些都是译者在深刻理解原文,并了解译入语语言表达方式的基础上做出的能动性选择。

此外,中文里面还存在为了使语言更加通顺,增加了没有意义的虚词和大量动词连接起来的无主句。这样的语句在进行翻译时,都需要译者做出语言层面的判断后进行翻译。如:

【原文】

人民困苦不堪,毫无权利可言。

【译文】

Living in misery, the people enjoyed utterly no right of any kind.

在中文中,"毫无……可言"属于一个固定的表达句式,意思指的是"一点都没有",那么这句话的含义就是"没有一点权力"。"可言"通常译为"to say",但是在这句话中我们可以发现,"可言"是没有具体含义的虚词,因此译者在翻译的过程中将其省略并不会改变原来句子的内容,如果译者将这个虚词翻译出来,那么译文可能为"no right to say",这样西方受众读起来反而觉得有些奇怪,可能会把内容误解为"没有说话的权利",因此译者将"可言"省略不译,更能保证语言的准确表达。又如:

【原文】

作为国际社会重要一员,新中国高举和平、发展、合作、共赢的旗帜,坚持维护世界和平、促进共同发展,坚持以合作促发展,以发展促人权,全面参与全球人权治理,努力推动世界人权事业发展进步。

【译文】

As a key member of the international community, China raises high the banner of peace, development, cooperation, and mutual benefits, staunchly safeguarding world peace, promoting common development, and advancing development through cooperation while promoting human rights through development. It fully participates in global human rights governance, and works strenuously to advance the international cause of human rights.

在原文中,"高举……旗帜"是中文中特有的表述方式,意为"坚持……"。译者翻译时如果按照原句的表达进行翻译,用旗帜代表自己的想法,可能会让西方受众觉得比较形象。但是在这个表述中,"高举……旗帜"本来就是政治文本的固定表达,直接翻译会有些奇怪。因此翻译时直接将其删除,转译为"坚持……",译文就贴近了受众的话语规范,更容易为其理解和接受。

无主句也是中文表述的一个特色,其逻辑性通过语言内部的含义来表达,但是英文文本的语言逻辑通常是通过词语间的连接形成。且在中文语句中,也经常出现篇幅短小且没有主语的句子,但是其内容依旧存在逻辑联系。因此在对外传播的翻译活动中,需要补充这些内容的翻译。如:

【原文】

促进教育、医疗卫生事业发展,建立劳动保险和社会救济制度,初步形成以单位为组织形式的社会保障体系。

【译文】

In addition, China promoted education and healthcare, established labor insurance and social relief systems, and created a nascent social security system with public employers being the building blocks.

政治文本中无主句出现的次数很多,在针对这类句子进行翻译时,通常需增译出句子的逻辑主语。一般为了体现语句的客观性,增译的主语通常是物称主语而不是人称主语。无主句通常是几个动词并列连接起来的句子,为了保证句子不拖沓,译者在翻译过程中通常选择三个动词进行并列,如:

【原文】

新时代中国特色社会主义将人民对美好生活的向往作为奋斗目标,切实增强人民获得感、幸福感、安全感。坚持以解决社会主要矛盾为人权发展立足点,聚焦人民日益增长的美好生活需要,促进各项人权的充分平衡发展。

【译文】

It bases the cause of human rights on the endeavors to solve the principal contradiction in Chinese society, focuses on people's ever-growing needs for a better life, and promotes full and balanced progress in all human rights.

如果动词较多,如在这个句子中出现"增强、坚持、聚焦、促进"四个动词,在翻译的过程中,译者将其削减为三个动词进行并列,使句子看起来不那么拖沓。如果动词更多,那么通常选择增加从句的方式来改变句子结构,使句子看起来不那么单调枯燥。

三、中国国际话语权提升策略

国际话语权的重要性日益显著,提升中国国际话语权势在必行。我们必须认真剖析新时代背景下中国国际话语权面临的困境与挑战,针对中国国际话语权面临的挑战,有的放矢,准确把握世界发展趋势和时代发展特点,不断加强话语能力建设,从而提升中国话语在国际舞台上的影响力和感召力,进而为当今全球话语体系建设发挥更积极的作用。

(一) 加强中国英文媒体建设,深化话语权内涵研究

中国的英文媒体,既包括了政府、企事业单位、高校和科研机构等的官方英文网页,也包括各种自媒体的对外英文网页或英文 App。在中国形象的对外传播中,这些英文媒体的作用不断加强,使得中国对外信息传递得更加及时和透明,为西方受众淋漓尽致地展现出一个民族团结、社会和谐和科技进步的中国形象。因此,我们需要高度重视中国各英文媒体的发展,建造中国特有的话语表达平台:从中国的国家利益和国家主权的视角,形成主流价值的共识,用英语向世界传播中国信息、中国价值和中国文化,表达中国诉求。只有在确保国家利益和国家主权等主流价值的社会认同感的基础上,中国各英文媒体才能真正有效地发出中国声音,增强中国国际话语的感召力。话语感召力受到方方面面诸多因素的影响,其中,社会主流价值的共识尤为关键(刘勇、王怀信,2019:37)。

对外传播中国特色国际话语体系的构建离不开中国各种媒体的大力参与和推动,尤其是中国官方媒体的建设关系着对外传播信源的可靠性,其对外传

播中华文化、讲述中国故事的职能和历史担当必须进一步加强。对于媒体撰稿人的培训和强化管理也势在必行。政府网站等强力部门的宣传媒体一定要做到中国事件对外报道以及中国立场国际阐述的多角度、全方位和深层次,坚持话语传播的本土性和世界性相结合,凝练出具有中国风的话语体系,让世界各国人民深刻体悟到中国道路、理论、制度、文化的独特魅力,增强中国话语的世界意蕴(孙吉胜,2019:34)。

同时,中国声音的国际传播,必然离不开与他国媒体之间的互动和受众之间的必要探讨。因此,中国应该要积极建立起自己的国际传播媒质,通过双向互动,主动实现中国事件的国际化,从而扩大中国话语的国际传播力和国际影响力。另外,中国还要重视外国媒体和受众对国际舆论中的中国形象的认知,查明那些关于中国不实报道的信源,找出其报道与中国实际形象之间的差距,从而有针对性地加以解释和反驳,消除西方受众的误解,促进中外相互的沟通与交流,增强中国对外传播话语的世界意蕴。

(二)加强国际话语权相关规律研究和机制建设

国际话语权是抽象存在的客观事物,其从生成到实现再到发展的过程都存在着本质的、稳定的、固有的客观规律,包括国际话语权生成规律、演进规律、话语传播规律、实现规律等。在把握规律的基础上推进国际话语权构建则会事半功倍,比如,了解生成规律能熟知影响国际话语权的主客观因素,了解演进规律能掌握国际话语权全球分布格局,了解话语传播规律能提高建设国际话语权效率(张健,2007:21)。由此,学术界应从表层看透本质、从现象挖掘规律、用实践检验规律,从实际案例入手,收集可靠数据,运用大数据等先进技术进行分析,最终获得科学规律以服务于国际话语权的建构。

中国话语的国际传播不仅要致力于路径建设,同时也要在实践中总结,最终上升到机制的构建。以"一带一路"与国际话语权研究为例,学术界重点阐释了"一带一路"对构建国际话语权的作用及其相关提升路径。首先,"一带一路"加固了中国话语权的文化根基、增进了世界各国对中国话语权的价值认同感,更是中国塑造国际话语权的务实探索。其次,"一带一路"为发展中国家实现弯道超车或变道超车提供了可能,开创出国际合作与全球治理新模式。因此,要借助"一带一路"平台,发挥"一带一路"重要引擎作用,讲好中国故事,传播好中国声音,阐释好中国特色,通过巧妙进行话语阐释和舆论宣传、保持从容理性、增加"一带一路"的制度供给、提高自主创新能力和国际动员能力等方略寻求破解国际话语权困境的出路,大力增强中国的国际影响力(高策、祁峰,2019:98)。

此外,人类命运共同体作为全球治理国际话语权变革的中国方案,从整体性视角反思了其他理论视野下的国际话语权内涵以及当前全球治理进程中的话语现状(刘勇、王怀信,2019:36)。关于"人类命运共同体"与国际话语权研究,学术界主要阐明了通过"人类命运共同体"构建国际话语权的现实必要性及其实践路径。提升人类命运共同体的国际话语权是向世界阐述中国发展道路的必然要求,是回应外部对中国种种质疑和误解的内在需要,是提升中国软实力的现实之举。

(三) 加强国际话语权评价体系研究

国际话语权评价体系旨在通过评价标准来检测国际话语权主体的国际话语权大小程度以判断当前国际话语权分布现状。令人遗憾的是,关于国际话语权评价体系的研究几乎处于空缺状态,所以,学术界应对国际话语权评价体系开展探索性研究,借鉴数学、统计学、社会学或管理学的模型,对影响国际话语权的各种要素进行加权评分,从而反映各主体的国际话语权大小。国际话语权评价指标可以尝试设置为客观因素与主观因素两大一级指标。客观因素包括经济实力、军事实力、科技实力、话语传播效力等二级指标;主观因素含有文化软实力、学术影响力、意识形态说服力等二级指标,并在实践应用过程中不断调整测量指标以增强评估结果的准确性(熊兵,2014:84)。

中国国际话语权机制的建设不仅为话语的传播提供保障,还有助于建立标准、规范的国际话语传播的成效评价体系,实现话语传播的量化考核,如此便可以对存在的问题进行调整和改进,不断推动中国国际话语权的构建(董璐,2013:17)。构建动态、灵活的国际话语传播的监测系统,有利于准确解决不同阶段不同的问题,创新和完善传播机制,提高话语传播的实施效果(方正,2018:56)。对西方的"话语霸权",需要在客观辨析西方话语的历史特质及当代变动的反思基础之上,通过提升以符号化与合法化为表征的国际传播"交往资质",建构以对话为实践策略的沟通性国际话语权,从而突破传统话语权力观中根深蒂固的"二元对立"思维逻辑和叙事框架,在持续不断的国际传播交流中实现情感认同与道义支撑的双重增益(高策、祁峰,2019:97)。

(四)主动设置对外传播中的话语议题

国际话语议题的设置,这里主要是指,对外第一时间就国际国内事件主动表明自己的主张、观点、看法和已付出的努力,而不是跟在部分西方负面新闻舆论后疲于应对,因为被动的解释往往容易被由议题设置产生的先入为主的消极舆论所淹没。虽然中国目前的国际地位有了较大提升,但与中国日新月异的经济发展不相匹配,在某些议题的设置上,中国还并不完全占有着国际话语主导。因此,在官媒进行议题设置以后,还得通过网络、广播电台、驻外机构等多种传播媒介在国外世界广泛宣传,牢牢把握住信息源的真实性和可追溯性。

当然,在这个过程中,他语的再现形式尤为重要,这就需要作为新闻传播的译者具有高度的责任感和家国意识,遵守媒体人应有的职业操守。任何偏离信息源可靠性的报道和传播都是对中国国际形象的损毁。也只有通过议题的主动设置才能避免事后手忙脚乱地去解释和澄清。

一个良好的社会现实环境是话语权建构的重要元素,话语是社会现实的反映这一基本命题预设了社会现实是话语权建构的重要前提。因此,话语是一种现实的反映,有什么样的社会现实就会有什么样的话语模式,话语实践进而建构、固化了这一社会现实(梁凯音、刘立华,2020:139)。据此,在首届新华社国家智库论坛上,中国日报社副总编高岸明指出,良好的国家形象首先来自该国经济的发展、民主法治的完善、社会的和谐和人民生活的幸福①。在中国特色社会主义实践过程中,在坚持党的领导和社会主义的前提下,如何建设一个更加完美的现实社会以及关注个体的诉求,将是国家形象建设、话语权建设的关键所在,也是国际话语议题设置的主要参考。

(五)创新国际传播的译语话语路径

文化的对外传播力和影响力是一个国家国际形象和综合国力的重要组成部分,在国际话语权的争夺过程中举足轻重。而翻译是对外传播的基本途径,对外传播离不开有效的翻译。要获得好的传播效果,译语话语词语的选择及原语话语方式在相应的译语话语体系中的重构尤为重要。改革开放40多年以

---

① 高岸明. 提升传播能力,塑造大国形象[EB/OL]. 新华网,2016-04-07. http://www.xinhuanet.com/politics/2016-04/07/c_128872596.htm

来,中国的译学话语体系发生了很大的变化,从改革开放初期理论话语恢复后学者们在传统的话语体系基础上发展出更加丰富的话语表达,到通过引入西方现代翻译理论而转入现代译论话语的阶段,再到自我话语意识的觉醒,不断地探索和构建新的译学话语(蓝红军、许钧,2018:5)。

中国译学话语的发展和演变与改革开放以来中国社会发展密切相关,但毫无疑问的是,中国的译学话语体系还远未完善,目前中国译学话语体系建设中存在的主要问题所在是:传统话语相对"失语",理论话语"西化"严重,原创话语建构意识不强,因此创新译学话语体系建设迫在眉睫。中国如果在国际话语活动中失去声音,只会令自身成为一个被定义的对象,因此需要译者在对外翻译过程中充分把握两种话语体系的实质与内核,摆脱译语束缚,发挥译者主体性,站在国家和民族的高度,秉持弘扬中国文化的信念,为中国发声。当然,译者在对外传播的翻译活动中应始终牢记,获取译语话语权必须契合西方受众语境,有效建构译语话语体系,让中国文化真正"走出去",获取更多的国际话语份额,唯有如此,译语文本方能流传久远。

话语的生命力离不开话语概念创新,一切新表述、新思维、新话语体系的形成也都是以话语概念的创新为起点的,所以要努力将话语概念创新作为推动话语体系创新的着力点,但提升中国国际话语权需要植根于中国现实的土壤,应该坚持在中国国际话语表达中保留独具魅力的民族话语特色。要想获得更多的国际话语权,就离不了对外传播活动中的译语话语体系重构,也就是说,要构建起我们自己传播活动中在语言运用上的译语话语体系。对外传播活动中的(译语)话语体系不是一成不变的,应该要适时地创新与发展国际话语表达。从结构语言学角度看,"国际话语权"本身只是一个漂浮的能指,而"中国"与"国际话语权"的结合则使得"中国国际话语权"成为一个落地的所指。一个寓意深刻、内涵丰富、经得起推敲的话语概念往往高度概括了特定实践活动的本质特征,深刻揭示了社会矛盾以及现实问题的发展趋向,成为构建新思维、新话语体系的基本元素和重要载体(王耀华,2019:87)。

译语话语体系的创新一定要有中国的"民族特色",只有这样,才有可能构建起真正具有中国文化底蕴和价值观念的对外译语话语体系,从而在国家交往中更好地展现中国态度和中国主张。因此,对外传播活动中,译者应充分发挥个体的主观能动性,要深挖中国传统文化中具有典型民族特色的优秀成果进行传译。正是中国人民创造的这种优秀的民族文化传统,赋予了中华文化以独特的魅力,从而在几千年的民族发展历史中得以延续。中华民族优秀的传统文化也只有在不断地融入日益变迁的世界文化语境发展活动中,方能被赋予新的含义,获得新生。另外,在对外传播活动里面,我们还得充分吸收"民为邦本""和合共生""明德惟馨"等优秀文化思想,使中国的传播话语无论是从内容、逻辑结构上还是表述方式上,都深深地打上中国文化的烙印(孙伶俐,2015:158)。只有这样,才能在对外传播或宣传的话语中充分彰显中国的民族文化特色,提升中国话语的魅力和国际影响力。

因此,中国国际话语权建设必定带有中国特色以区别于其他主体。打造中国特色的国际话语权则需建构起具有鲜明中华民族特色的话语体系,包括经济话语、政治话语、文化话语、学术话语等,以此突破西方"话语霸权"的重围,改变依靠西方话语进行对外传播翻译活动的现状。中国要塑造良好的国际形象,就必须不断寻求本国与他国的利益耦合点,将国家发展与世界发展紧密结合,提升中国国际话语权的路径,占领国际网络舆论制高点,通过不断创新和完善对外话语体系和表述方式,传达中国主张。具体措施为以下三点。

第一,构建对外话语体系的中流砥柱,即形成有吸引力的对外翻译。对外传播和翻译过程中的翻译,是中国话语和国际话语融通的"桥梁"和"转换器",是构建对外话语体系的关键一环。中国需要加大具体叙述,尽量避免使用模糊概念,以此来加深和提高西方人民对中国文化理念的理解力和接受力,我们需要把体现中国元素的话语理念和符合国际传播规律的表达方式结合起来,激发中外共鸣,形成一套科学的、准确的、有效的、具有中国特色的对外翻译体系,更好地服务"人类命运共同体"对外话语体系的建构与传播。

第二,要以中国学界的学术成果和研究积淀为支撑,在对外传播理论的研究中升华出新的术语和规范,实现与国际学术研究成果接轨。要勇于创新概念和术语的表达,凝练出中西方都能接受和理解的概念术语,以此来激活世界文明中的文化活性。同时打造高端智库平台,加大研究投入力度,更加权威客观地向世界解读"人类命运共同体"理念,以学术实力和学术成果说话,不断加强中国研究体系的建立,从而占有更多的话语主导权,为全球学术的增益和人类文明的衍进贡献中国智慧。

第三,中国要积极参与到全球政治、经济和文化的治理体系建设中去。随着中国经济力量的不断壮大,其在世界上的影响力逐步增大,要想获得更多的国际话语份额,就需要主动积极地加入各种国际组织的管理活动中去,和世界各国人民共同制定国际游戏规则,传达中国话语并贡献中国智慧和力量,从而打破西方世界对中国的种种歪曲和误读,最终促进国际社会话语体系的公平与正义,争取话语权。

四、中国国际话语权研究的历史和现实

当下关于一国国际话语权的研究和探讨成了国内外学者的一个热门话题。对比国外学者对此研究的广度和深度而言,在中国有关中国国际话语权的研究还不够深入和系统,没能从国际关系与地缘政治的角度进行全面考量,尤其在译语话语体系的构建方面,研究的人力、物力方面的投入仍显不足。

国内的相关研究开始聚焦如何突破西方强势的话语体系来构建中国国际话语权。众多学者也开始对中国国际话语权在构建过程中面临的诸多困难和挑战进行全面的分析,认识到了对外宣传工作的顶层设计和国民统一认知的重要性,着手探讨符合国际规则的对外传播译语话语转换策略,以期更为高效地向世界传播中国声音。

(一)国内话语权研究中存在的问题

伴随着中国国际经济地位的提升,国内学者对"中国国际话语权"的研究逐步重视,但与西方相比,起步较晚。这些年来,就国际话语权的研究,也更多侧重于战略性的理论研究,定性研究多于定量研究,宏观性、描述性、概念性论述较多。至于具体到各个领域中如何通过译语话语转换的策略性研究也较少,缺少扎扎实实的个案研究和定量分析等实证探讨。另外,已有的相关研究大多受西方话语理论的影响较大,使得研究得出的某些政策性建议缺乏很好的可操作性。

"如何提升中国国际话语权"的相关研究,不仅要结合中国经济发展的实际,从理论高度构建中国的对外国际话语体系,还应该结合一个个生动的案例,与国际学术团体共同开展更为深入的跨界探讨。只有不断地扩大国际合作的基础面,全面弱化和减少分歧,充分发出中国声音,突出自我主张,才能有效地提高中国的国际话语权。

(二)影响中国国际话语权的诸因素

受历史、政治、经济、文化以及国际发展形势等多方面的影响,与西方各国

相比，如今的中国国际话语权份额占比仍然与其当前强势上升的经济影响力极不匹配，相较更弱。

首先，中国的对外话语建设方面缺乏多维度的顶层设计，尚未形成卓有成效的战略部署，传播能力严重不足。长期以来，中国国际话语的传播主要以传统媒体为平台，理念相对保守，话语缺乏足够的吸引力，严重影响了中国在国际上的形象(李义新，2019：142)。部分西方媒体将自己奉行的新闻标准和社会价值标准上升为全球社会共同遵循的标准，极大地影响了中国国际话语的传播效果，削弱了中国国际话语权。

虽然说经济基础是上层建筑的基石，西方国家纷纷探寻"中国模式"背后的成功秘诀，中国的国际影响力似乎有了显著提升，但光有经济实力是远远不够的，它不会自动转化为国际声音，因此需要构建对外话语体系，从而提高中国的国际话语影响力。中国现在虽然已经成为世界第二大经济体，但其经济实力与其占有的国际话语份额显然是不相匹配的。当然，原因是多方面的，究其根本原因就在于缺乏有效的国际话语战略，各媒介在对外传播的过程中各自为政，没有统一的话语口径，这样不但不利于中国主张、中国价值的高效传播，而且还会导致传播的低效或无效，甚至有时还会产生某些负面的传播效果。

其次，中西双方在意识形态、语言与文化传承、社会价值观念等方面存在着巨大差异，再加上中国对外传播时的话语方式与西方受众话语习惯也存在着一定的差异，信息传播时间上的滞后和内容阐述上与西方受众需求之间的不协调，使得中国声音在西方世界中难以被受众直接而有效地广泛接受。因此，面对即使"能够理解中国"的西方社会，中国声音也难以获得舆论支配力(吴赟、顾忆青，2019：48)。

国际秩序一直受欧美支配，西方的意识形态、价值观、政治体系、语言和文化方式长期影响着世界认知。由于意识形态的差异，西方世界存在不承认甚至曲解误读中国国际主张的情况。很多欧美国家受众因被某些西方媒体长期误导，对中国并没有一个正面的认知和了解，导致其难以理解与认同中国的对外话语主张。

再次，部分西方文化渗透严重影响着中国的国际话语体系。随着全球文化与经济大融合的趋势以及科技日新月异下的新媒体不断涌现，世界已经形成了相互交织、不可分割而又存在着千丝万缕联系着的一个整体。网络传媒突破了昔日的时空限制，全球思想文化交织互现，冲突与融合并存。这一时代背景为西方世界向中国输出思想与文化提供了有利契机和便利条件。中国长期以来展示出的国际形象,很大程度上都源于"他塑"而非"自塑"(刘军,2011:19)。部分西方国家凭借传统媒体优势对中国进行文化渗透的同时,充分利用其科技优势,进一步拓展其思想、文化、审美以及价值观念上的渗透功能。如利用其文化产品,在中国民众中灌输拜金主义、享乐主义,潜移默化地冲击中国的传统文化和人民的理想信仰和共同的价值观。

最后就是学术领域独立性和创新性的丧失。在国际学术领域,中国学者的声音略显单薄,对相关事件和科学技术等的解释缺乏权威性,说服力不够,从而导致中国的国际学术话语较难得到世界的公认。值得注意的是,如今中国人文社会科学领域的学术研究出现缺乏独立思考能力和理论体系构建的现象,个别学者言必称"希腊",深受西方宣扬的价值观和相关理念的影响,将对西方思维和理论的研究与沿袭视作前沿和时尚,丧失了学术研究中的独立思考和探索,学术研究中独特的学术创新尤显不足。长此以往,将严重削弱了中国学术话语体系的国际影响力。

我们应该明白,一个国家的国际话语影响力不是一朝一夕形成的,需要国家政府到全体国民的不懈努力。以具有强势国际话语影响力的英美国家为例,虽然他们分别早在19世纪和20世纪时就成为世界经济大国,但其国际话语影响力的获取仍然经历了半个多世纪。应时刻牢记:一个国家的国际话语权不会仅仅因为经济、军事等硬实力而增强,也必然会随国家软实力的增强而增强。中国国际话语权的建构是一项长期的工程,还存在着很多的不足,这需要社会各方面的共同努力。

(三) 中国国际话语权研究的历史进程

中国国际话语权研究中的"话语"可以分为四个方面。一是政治话语,既包括国内如"四个自信""五大理念"等治国理政的话语,也包括了对外的如"人类命运共同体""一带一路""金砖+"等对外宣传话语,亦称外宣话语;二是学术文化话语,即在国际和国内的学术期刊、国际学术会议及各种学术论坛和研讨会上发出的中国声音和中国主张;三是媒体话语,即大数据环境下,各种新媒介上的传播话语,当然,这就既包含了官方精英阶层意愿的反映,也包含了民间草根在各种新的自媒体上发出的声音;四是经济和科技话语,如"中国创造"下的中国高铁、华为5G和阿里巴巴网购等。

就中国"国际话语"研究的整体历史发展进程来看,有学者将之划分为以下三个阶段。

首先就是从 1949 年到 1978 年间。中华人民共和国成立之初,对"国际话语权"认知尚处于一个起步阶段。当然,中国政府和中国人民通过自己的认知,提出了国家与国家之间"和平共处"的五项基本原则,从而确立了中国对外国际交流与合作的基本准则。这对国际社会,尤其是以广大的亚非拉发展中国家为代表的第三世界阵营产生了深远影响。

其次是 1979 年至 2008 年,被称作研究发展时期的第二阶段。1978 年 12 月 18 日至 22 日,中国共产党第十一届三中全会在北京召开。会议决定把全国工作重点转移到经济建设上来,确立了对内搞活经济、对外实行开放的政策。后来在此基础上,邓小平同志提出"和平与发展是当今时代的两大主题"。和平与发展相辅相成,发展需要和平,和平离不开发展。20 世纪 80 年代末 90 年代初,中国根据国际形势的变化,邓小平同志提出了"韬光养晦,有所作为"的外交战略思想[①],就是要在内部不断发展经济的同时,积极主动地全面参与各种国际事务,发表自己的见解,阐明自己的立场和主张(赵明亮,2002:16)。"和平发展""和谐世界"等理念的提出彰显了中国谋求世界稳定与和平的决心。

最后就是 2008 年至今,被看作是发展的第三阶段。中国共产党第十八次全国代表大会以后,中国经济进入了快速发展时期,文化水平不断提高,中国在国际社会的影响力逐步提升,中国政府和人民获取与之相匹配的国际话语权的全局意识不断增强。如今,中国正在以更加积极的姿态全面参与国际社会的各种合作与交流,并承担起了与之不断增强的大国地位相称的国际义务。

---

① 邓小平文选(第三卷)[M]. 北京:人民出版社,1993.

第二章

译语话语权与媒体

媒体的海外报道不仅是对既定事实的文字加工、语言字符间的转换,更是译语话语权以及国际话语权的重要体现。提升中国媒体的国际影响力,使之在国际媒体中占据重要一席,让世界听到中国的声音是当务之急。在这样的国际背景下,增强中国的舆论话语权和传播力,从而逐步提升中国的国际形象和综合文化软实力,是国家强盛、民族复兴的有效途径。在中国已经建立的相关对外传播的各种媒体中,最负盛名且发挥巨大作用的有:20世纪30年代的《中国之声》(Voice of China)、解放战争时期的《中国文摘》(China Digest)、1950年创刊的英文双周刊——中华人民共和国第一份权威性对外刊物《人民中国》(People's China)、1951年创刊的《中国画报》(China Pictorial)、1958年创刊的《北京周报》(Beijing Review)和1981年创刊的《中国日报》(China Daily)等。从过去到现在,这些媒体对加强同各国政治、经济、技术和文化交流与合作、增进同各国人民友谊、争取国际支持,以及帮助和维护中国的政治经济文化安全等方面都具有十分重要的意义。

本章内容将探讨媒体对于构建译语话语权的重要作用。通过梳理中外媒体的基本现状,分析中国主流媒体对外报道中存在的问题及形成的原因,探讨中国对外传播中媒体建设的要点。新闻对外报道的大前提就是要在维护本国核心利益的同时,向西方受众传递其所需的中国信息;其次就是要考虑目标受众的心理特质、思维习惯、信息需求和话语规范,确保媒体对外报道的有效性和预期性。

第一节　译语话语权中的媒体建构

对外传播的目的是让世界更好地了解中国,为了达到传播效果,媒体必须将传播范围延展到受众群体中去。现如今,中国媒体的发展仍与西方强国媒体的发展存在着较大差距。在传统的国际媒体传播格局中,中国媒体的话语权意识较弱,对国内重大事件报道的议程设置能力不强,对外译语话语体系的建设相对薄弱,有话说不出,受众面小。如今,互联网社交媒体的迅速发展,为中国媒体的国际话语传播带来了机遇,也为西方受众带来了更多的信息获取途径,有助于提升中国媒体的国际话语份额。虽然这对西方传统媒体的主导地位带来了一定的影响,导致其影响力相对有所削弱,但西方受众通过中国媒体的国际传播来了解和认知中国的人数相对有限,其获取有关中国信息的途径仍然多源于西方主流媒体。因此,通过对外传播媒体的建构,主动提升其国际传播中的话语份额,已经刻不容缓。

一、媒体建构的理论背景

在法国后结构主义思潮中,福柯的权力话语理论影响最大。权力话语理论侧重强调话语形式对话语主体以及对现实世界的建构作用,进而试图去展示其话语形成背后权力——知识的共生关系(周宪,2013:122)。话语不是单纯的语言表达形式,而是被赋予了权力,权力通过话语进行传达因此彰显为话语权。当中国的媒体在进行对外传播时,需要借助语言这一形式进行表达,在语言转换的过程中,翻译是必不可少的一项活动,为译语话语赋予了权力,即形成译语话语权。译语话语其实也能体现出原语与译语之间一定的权力关系,因此,译语话语权要体现或实现话语者的自身话语诉求,就要将存在着一定文化差异的不同语言进行转换。目前,与"译语话语权"主题相关的论文包括分析和探讨译语话语权的概念、构成要素、话语模式特点等方面,来着力构建权力与译语话语权之间的辩证关系。

国际话语权是一种文化软权力,也是一种信息权、知识观念权,旨在对人的观念、思想、文化产生影响。获取国际话语权的第一步是在国际上争取议题权。政治活动的开展总是围绕着几项为数不多的议题而开始的。议题的设置与国家的利益关系紧密相关。美国学者约瑟夫·奈(Joseph Nye)最早提出了国家的软实力(soft power)这一全新概念。相对于硬实力,软实力主要包括文化吸引力、政治价值观吸引力及塑造国际规则和决定政治议题的能力。其核心理论是:软实力发挥作用,靠的不是强迫别人做不想做的事情,靠的是自身吸引力的发挥、精神的感召、引人入胜、潜移默化、润物无声(凌厚锋,2008:10)。根据约瑟夫·奈的观点,软权力的一种表现形式就是议程的设置权,议程设置权的控制者,往往就是掌握国际事务的主导者。国际政治活动的实践表明,倡议权掌握在谁的手里,谁就可以决定哪些议题被提交到桌面进行讨论,哪些议题则被抛弃。对于失去议程设置权的国家来说,不仅事关他们自身利益的议题得不到重视,而且只能在一个已被设定的有限范围内发表言论。确切地说,国际话语权更像 2007 年阿米蒂奇和约瑟夫·奈在发表题为《巧实力战略》的研究报告中提出的巧实力(smart power),即软实力与硬实力在不同情况下的巧妙结合。因此,哪个国家拥有了国际话语权,那么这个国家就能在各种国际事务中居于有利地位;而失去国际话语权的国家就会陷入被动地位,难以有效保障自身的利益。

二、中外媒体的话语现状

国际政治中权力更迭的一个趋势就是:权力的主要来源逐步由硬实力(硬权力)变为软实力(软权力),由"资本密集型"变为"知识密集型"。国际话语权是当代国际政治中一个国家所必须拥有的一种权力。一国硬实力是其获取国际话语权的基石,而一个国家获取的国际话语权反过来又推动着其硬实力的增长。因此,如果只是凭借一国的硬实力来谈论其国际话语权的份额,认为国际话语权是一种可有可无的权力,往往又会走向另一个极端。在当今信息全球化时代,国际话语权是任何国家尤其是大国参与国际政治活动必须拥有的一种权力。从当代国际话语权的力量分配来看,以美国为首的西方媒体大体上掌握了当今主流国际话语,成为许多国际政治重大活动的倡议者、审议者和决议者。西方主流媒体的论调几乎主导着国际政治的运行过程,牵引着整个国际的舆论方向,同时给政治、经济、军事等方面带来影响。在漫长的历史积淀中,西方强国形成了一套包罗万象、内涵丰富、拥有核心价值观、对世界具有强大影响力的国际话语体系。

随着国际政治环境的变化，西方强国在推行其价值观和话语体系时也逐渐改变了手法，更多的是借助经济、外交与传媒的力量，以经济援助与外交协调为手段，以新闻传播与文化交流为形式，采用"软硬兼施""春风化雨"的方式，过程是渐进式的、缓和的心灵渗透和同化。相对于西方强国在国际政治、经济、安全和外交领域中的话语中心地位来看，虽然中国的国际话语影响力逐步增大，但整体上仍然处于国际话语的非中心地位。

在现如今西方媒体操控着国际舆论的情形下，中国的媒体在全球范围内还未形成较大的影响力。身处日益变化的国际大环境下，中国要想使自身话语更多地成为国际话语的中心，除了要用实际行动努力发展自己的硬实力外，中国必须通过不断增强国家对外的舆论话语权和传播力，表达自己的主张，进而提高中国的国际形象。当中西方媒体体现出差距时，要分析中国传统媒体和新型社交媒体在国际传媒体系中处于劣势的原因，从中获得有益启示，从而作用于中国媒体在海外的传播，完善其传播策略。

三、媒体建构的多模态化

21世纪以来，中国对外传播的主要目的就是为了发出中国声音，表达自身诉求，从而获取国际话语权，最大限度地营造一个公平公正的国际发展生态环境。对外传播中的翻译活动，在信息海量化、受众多元化和信源碎片化的大环境中，应充分利用数据时代下多模态的传媒形式，确保对外传播中信息传递的即时性和保真性，既要兼顾受众群体需求，又要考量对外传播效果。如此，原文的抒写、译文活力的考量、译者责任、译文版本和多模态化的传媒管理等诸多因素，都将成为对外传播翻译活动中国际话语权获取的必然考量要素；同时，要想实现快速而有效的传播，就必须多方位思考受众喜闻乐见的话语习惯、与时俱进的阅读方式和常年葆有的审美需求，使用多模态化的传播媒质（仲伟合、周静，2006：43）。

文化和语言的多样性，要求在对外传播翻译活动中既要充分照顾到译语文化市场的消费需求，又要兼顾传播中的原语文化产品或服务形式必须适应译语环境下的实际情况。实地参访，参加各种交流会议，举办各种培训，主动接受多家主流媒体的采访来分享中国取得的成果，基于短视频的人物故事或事件的国际推送等，这些多模态的对外传播方式有助于引起国内外受众和主流媒体的极大关注、转发和评论，也有利于西方受众对中国有一个更为全面的了解、接纳和认同，从而为中国的国际话语权争取到更多的份额。

第二节　中外主流媒体现状

中外主流媒体是各国对内对外传播或宣传的主阵地。一个国家的对外传播或对外宣传，指的就是该国家的各大主流媒体运用多种方法、途径向世界宣扬本国的政治、经济和文化发展，同时对国际事务表明自己的态度、观点和立场，发出自己的声音与诉求。对外宣传作为对外传播活动的一个重要组成部分，其目的就是维护国家利益、树立国家形象。一个国家的外交政策和方针往往决定了该国的对外宣传目的和策略，并或多或少地受到执政政府的主导，以维护其国家利益为最高目标。不论哪一个国家，其对外宣传都是政治性很强的对外传播活动，也是宣扬民族意志、展现国家形象、延伸政府外交、争取国际认同、维护国家利益的重要手段（王俊超，2019：64）。

一、中国主流媒体

中国的国际传播媒体按媒介类别可以分为两大类：新媒体（以互联网为主体）和传统媒体（表现为印刷媒体、广播媒体、电视媒体和通讯社等）。在中国不断加大对外开放力度以及加强国际传播能力的背景下，这两大类媒体尤其是以网络为主体的新兴媒体成了中国对外传播中国政治主张、文化理念和价值观，提升中国国际话语权的重要载体和渠道。

就中国的印刷媒体而言，其对外宣传机构的主体由三部分组成：第一是由中国外文出版发行事业局（简称中国外文局）所属的期刊社和出版社。中国外文局是以进行对外宣传作为主要任务的新闻出版机构，它的前身是成立于1949年10月1日的中央人民政府新闻总署国际新闻局，此后经过了数次隶属关系的变更。经过多年的发展，中国外文局旗下有7种国际期刊，以32种外国语言全方位多层次地向西方受众介绍中国的各个领域。70多年来,中国外文局用43种语言出版发行书刊近13亿册,发行到世界180多个国家和地区,为中国的建设和发展、为中国争取国际社会的理解与支持发挥了重大的作用①。印刷媒体在对外宣传过程中发展路径较为缓慢,在网络技术飞速发展的今天,对信息流通的速度要求越来越快,印刷媒体的作用日益趋于下风。2017年5月31日至6月2日,中国外文出版事业发行局(前中国外文局,现在又称中国国际出版集团)携其所出版发行的400多部书刊在纽约参加全美最大年度书展——美国国际图书博览会(Book Exposition of American,简称BEA),用10余种语言全方位向世界介绍中国的政治、经济和文化②。第二是《中国日报》(海外版)和其子报刊。《中国日报》创刊于1981年6月1日,内容涵盖面广,是一份全面报道中国各方面情况的英文日报。作为中国对外传播的重要窗口,它是唯一有效进入国际主流社会以及拥有国外媒体最高转载率的中国报纸(曲宝玉,2013:48)。第三是以《人民日报》为首的面向国内传播但同时也具国际传播功能的报纸、杂志。在中国印刷媒体中,承担国际传播重任的还包括一些在中国乃至世界范围内都具有一定影响力的重要报刊。

在今天电视媒体及互联网高速发展的形势下,广播在国际信息传播中仍有自己的优势。这体现在:传播迅速、收发方便、收发费用低廉、穿透力强、覆盖面广、对象广泛、功能多样、易于直接进入国外千家万户。国际广播在这些方面仍然优于印刷媒体、电视媒体甚至互联网。到了21世纪,它仍然是许多发展中国家接受外部信息的最重要媒体。尽管这些国家有很好的电视发射系统,但是收音机依然是受教育程度不高、社会地位比较低的城镇和乡村穷人最主要的大众传媒(关世杰,2004:154)。改革开放以来,中国国际广播电台(CRI)成为中国对外宣传、就中国事件进行国际广播的最主要传播媒质,成了中国拥有最多西方受众和最大国际影响的对外传播机构之一。然而在国际传播过程中,中国仍面临一连串问题待解决。与世界主要国际广播电台相比,中国国际广播电台在管理模式、对外宣传方式等方面仍有较大的差距,所以在整个国际舆论场中仍处于劣势地位。

---

① 王晨出席纪念中国外文局成立60周年大会并讲话[EB/OL]. 中华人民共和国中央人民政府网,2009-09-04. http://www.gov.cn/govweb/gzdt/2009-09/04/content_1409227.htm
② 中国外文局. 多语种书刊亮相2017美国书展[EB/OL]. 人民网,2017-06-01. http://us.xinhuanet.com/2017-06/01/c_129622932.htm

电视被人们称作广播和电影相结合的产物。在国际传播方面,电视节目声像并茂,补充了广播闻其声不见其人的不足,相比于平面媒体,电视媒体新闻传播速度快,对受众的感官功能与情绪冲击力极强,而且电视媒体对受众的受教育水平要求也比较低。中国中央电视台(CCTV)通过实施许多积极有效的措施实现了电视外宣的"五大改变":一是从向海外寄送节目到通过卫星传送节目,二是从单一频道到多频道,三是从单一语种播出到多语种播出,四是从传统媒体到多媒体,五是从对外单一版本到多版本。中国电视对外宣传的实力日益增强,对外窗口的数量和形式不断增加,构成了电视外宣多频道、多语种、多途径新格局(姜婧,2015:153)。中国中央电视台虽然发展迅速,但其在国际上的影响力仍旧比较弱,受到了国内业界、学界很多人的质疑。因此中国中央电视台在 2009 年提出了"扩大覆盖面、提高收视率,夺取视频国际话语权,建设国际一流强台"的新目标,建立全球视频发稿中心便是其一大具体行动(崔保国,2009:18)。2016 年 12 月 31 日,中央四套(CCTV-4)中国国际电视台(China Global Television Network,缩写为 CGTN)又被称作"中国环球电视网"正式成立,是中华人民共和国面向全球播出的新闻国际传播机构。中国国际电视台开办了英语、西班牙语、法语、阿拉伯语、俄语频道以及纪录国际频道等 6 个电视频道、3 个海外分台、1 个视频通讯社和新媒体集群,以中国视角看世界,让世界看到不同①。

新华通讯社(Xinhua News Agency),简称新华社,是中国国家通讯社和世界性通讯社,在世界各地有 100 多个分社,在中国的每个省、直辖市、自治区都设有分社②。从新华社官网——新华网(http://www.xinhuanet.com/)首页来看,该网站每天 24 小时用英文、西班牙文、法文、阿拉伯文、俄文、日文、韩文、德文和葡萄牙文等九种文字③,通过多媒体形式不间断地同步向全球发布新闻信息,这样就大大缩短了信息流动的周期,增强了新闻报道的时效性,使信息生产和加工过程的分工更加明确、精细。与纸质、电子或互联网媒介不同的是,通讯社不是一种终端传播媒介,而是各种媒介所需要的新闻信息产品的提供者。其主导功能不是直接为受众个体提供信息服务,而是为各类媒介组织或其他机构提供信息产品。由此可以看出,通讯社的新闻信息产品具有广泛的覆

---

① 百度百科. https://baike.so.com/doc/5613082-25255169.html
② 百度百科. https://baike.so.com/doc/5735739-5948484.html
③ http://www.xinhuanet.com/

盖面,也极具影响力,能很大程度上引导国际舆论,具有对外报道的先天优势(何国平,2009:135)。今天的新华社已经具备了一个世界性通讯社所必需的基本条件,并开始发挥着一家世界性通讯社的影响和作用(刘继南、周积华:2002:117)。

1998年5月,联合国新闻委员会年会将互联网认定为继报纸、广播、电视之后的"第四媒体",互联网在理论上属于一种超越国家疆域的由网络与网络之间串连成的全球媒介,具有即时通信的典型特征,在技术上消灭了时间差异,弥合了空间壁垒。与其他传统媒介相比,互联网以其快速便捷的传播能力、丰富多彩的传媒资讯,以及受众本位的开放性、互动性,迅速成长为当今国际传播最重要的传媒渠道之一。从传播力与技术可行性来看,网络媒体是天然的对外报道媒介。中国各类网页的外文网站,事实上都是中国的外宣网络媒体。

当前国际传播的环境正在发生巨变,传统媒质正在向着信息化、网络化转变。互联网的发展孕育了新的传播媒体并衍生出崭新的传播模式。作为一种创新性的媒体形式和传播环境,新媒体可为万千网络用户定制私人个性化内容,也可以向全体网络使用者提供所需的海量信息和各式各样的娱乐服务。可以说,新媒体是无数网络用户通过互联网和部分数字化终端,运用相关网络技术,相互间同时进行个性化交流的媒体形态(钟佳、熊欣,2019:81)。新媒体技术的日趋成熟大大拓宽了中国对外宣传的途径。受众可不受时空的限制,按照自己的喜好去选择、寻找自己想要的新闻内容,并构建起一个不同以往的信息交流平台。正是因为新媒体采用了文字、声音、图像等信息符号进行传播,打破了传统媒体之间的界限,所以信息呈现的形式越来越多样化,也减少了用户之间有效交流的时间、地域及文化障碍。目前新媒体构筑出了一个多元的社会空间,而这个空间又是由手机、平板电脑、电视等数字移动终端作为载体来呈现的。因此,探索加强中国媒体对外传播能力的途径和方法是非常必要的。

二、西方主流媒体

国际传播格局指的是世界各国传媒实力处于强烈的对比关系。第二次世界大战之后至冷战结束前,国际传播格局是以美国主导,苏、英、法、德、日等国为中坚力量的一超多强的局面。冷战结束之后,这一传媒格局发生了一些新的变化,苏联解体后,俄罗斯失去了全球传媒强国地位,英、德、法、日等国在冷战结束后继续维持其实力,传媒强国的地位并没有改变。而美国不但巩固了其冷战时期的传媒最强国地位,而且经过十几年的快速发展,已成为真正的全能传媒超级大国。另一个比较显著的变化是冷战结束后,由于互联网、卫星电视等传媒新技术、新媒介的重大突破和发展,一些新兴的发展中国家利用这种技术,以较低的成本、较少的限制实现了传媒的跨越式发展,崛起成为新兴的传媒国家。所以,当今世界的传播媒体格局呈现出一超多强的局面,新兴传媒国家多元并存。

当前美国的主流媒体在世界传媒业中居于主导地位。美国拥有全球最具影响力的3家报纸:《纽约时报》(The New York Times)、《华盛顿邮报》(The Washington Post)、《华尔街日报》(The Wall Street Journal),以及全球发行量最大的2份新闻周刊:《时代》(Time)、《新闻周刊》(Newsweek)。另外,美国通过几大通讯社影响了全球的大众媒体,进而掌握了影响全球受众的风向。美国联合通讯社(AP,简称美联社)与美国合众国际社(UPI,简称合众社)是美国以批发方式向全球的报社、电台、电视台和互联网等大众媒体及其他机构发送国际国内新闻稿件与照片的主要机构。

在电视方面,美国有线电视新闻网(CNN)首创全天候电视新闻报道方式,在国际上仍然是全球高级宾馆饭店和大多数国家家庭有线电视新闻的主要来源,是世界各国民众乃至政府首脑获知重大国际新闻事件的主要渠道。美国三大无线电视网美国广播公司(ABC)、美国哥伦比亚广播公司(CBS)和美国全国广播公司(NBC)的电视新闻报道和电视剧、娱乐节目等,在全球有着广泛的影响。互联网(又称因特网),其最初的建立有着浓厚的冷战色彩。互联网是1969年12月美军在阿帕网(ARPA,美国国防部研究计划署)制定的协定下将其国内加利福尼亚大学洛杉矶分校(UCLA)、加利福尼亚大学(UCSB)、斯坦福大学研究学院(Stanford Research Institute)、犹他州大学(University of Utah)的四台主机相连接起来逐步建立起来的。在全球网络方面,美国既是互联网技术最主要的发源地,也是网络根域名解析服务器最大的控制国。美国未来学家托夫勒(Alvin Toffler)曾预言,谁掌握了信息、控制了网络,谁就将拥有整个世界。谷歌、微软网络和华尔街日报网页等美国互联网网页,在全球拥有巨大的影响力。美国的网络媒体利用其在新兴互联网拥有的技术优势,潜移默化地传播着美国文化、价值观念,影响着全球舆论的重要互动媒体。

英国的《每日电讯报》模仿美国风格,以大众化的形式推出新闻和评论,到19世纪末,成为当时世界上发行量最大的报纸。20世纪初的《每日邮报》(*Daily Mail*)、《每日镜报》(*Daily Mirror*)、《泰晤士报》(*The Times*)和《每日先驱报》(*Daily Herald*,1964年改名《太阳报》*The Sun*)等形成了英国特色的大众报刊,极大地扩大英国在当时的国际传播声音和影响力。而英国的广播电视台英国广播公司(BBC)和独立广播公司(IBA),以及后来成立的卫星电视台、超级电视台和空中电视台更是极大便利地输出了其国家理念,占据了极大的国际话语份额。1851年在伦敦正式成立的路透社以快速的新闻报道被世界各地报刊广为采用而闻名于世。如今路透社成为了世界前三大的多媒体新闻通讯社,为受众提供各类新闻和金融数据,在128个国家运作①。

德国的《法兰克福新闻》(*Frankfurter Journal*)被看作是德国、也是世界最早的"真正的报纸";而模仿英国《每日镜报》(*Daily Mirror*)的德国《图片报》(Bild)是德国和欧洲发行量最大的日报,在世界很多地方《图片报》都可以通过卫星传输印刷。根据Günter Wallraff(1977)所作《头版头条》(*Der Aufmacher*),书中揭露了《图片报》报道中不负责任的调查方式、伪造数(证)据和政治操弄。日本的报纸《读卖新闻》《朝日新闻》《每日新闻》《产业经济新闻》等通过不断的技术革新和经营理念变革,近年来其国际影响力尤其在亚洲的影响力不断增大。日本的共同社和时事社也成了向世界传播日本声音的国际性通讯社。法国的《费加罗报》(*Le Figaro*)和《世界报》(*Le Monde*)在法语地区颇具影响力。《世界报》政治性强,内容多为国内外政要和经济界要人的专访,具有较强的权威性和参考价值。独立于法国政府的法新社(*Agence France-Presse*)在全世界160多个国家和地区有分社、记者和兼职报道员。法新社以"迅速和优质"为供稿原则,每天用法语、英语、西班牙语、德语等编发新闻稿,极大地影响着国际受众。

综上,以美国为首的西方强国的传媒公司成立时间长、网点多、技术力量雄厚,长期以来,在其对外传播的同时,都追求着跨媒介、跨地域和跨国界的传媒企业兼并,力求在全球形成完整的产业链和产业王国(明安香,2008:67),从而拥有着最大化的全球传播受众市场、全球传播消费市场。无论是在政治领域还是经济领域,西方强国的媒质都占有着全球利润最大化和议程设置的主导地位。

---

① 百度百科. https://baike.so.com/doc/2557421-2700991.html

三、全球主要社交媒体

与传统的广播、报纸等传统媒介的被动输入不同,如今的社交媒体优势在于为用户带来了更多的主动选择性,因此为社交媒体的国际化发展制造了可能。社交媒体市场的拓展与竞争也在不断跨越国家的界限,一系列极具全球影响力的国际化社交媒体如雨后春笋般初露锋芒。根据中商产业研究院整理的Statista公司的数据来看,随着移动终端设备技术的不断迭代、移动互联网应用的持续发展,以智能手机及平板电脑为代表的智能移动终端日益普及,全球互联网用户数量持续提升,2016—2020年全球互联网用户数量呈波动上升趋势,预计2021年全球互联网用户数量将达40.47亿人,社交媒体用户数将超过32亿①。根据2019年的数据统计,全球访问量最高的网站前8名分别是:谷歌(Google)、优兔(Youtube)、脸书(Facebook)、百度(Baidu)、照片墙(Instagram)、推特(Twitter)、雅虎(Yahoo)和维基百科(Wikipedia)。根据2021年互联网流量的云基础设施公司Cloudflare公布的全球使用率最高的十大网站榜单数据显示②:

Top 10 — Most popular domains (late) 2021

1. TikTok.com
2. Google.com
3. Facebook.com
4. Microsoft.com
5. Apple.com
6. Amazon.com
7. Netflix.com
8. YouTube.com
9. Twitter.com
10. WhatsApp.com

来自中国的社交平台字节跳动(TikTok)于2021年2月17日第一次在全球流量排名中登顶。但纵观前十大网站,中国也仅有一家社交网站入围,所占比例

---

① 2021年全球互联网用户规模大数据分析[DB/OL]. Statista公司、中商产业研究院整理,2021-09-17. https://www.askci.com/news/chanye/20210917/1723151593520.shtml

② Cloudflare. Top 10 — Most popular domains(late)2021. https://wordpress.org/news/

太小;其余的九家依次为美国的谷歌(Goggle)、脸书(Facebook)、微软(Microsoft)、苹果(Apple)、亚马逊(Amazon)、美国在线视频服务点播网(Netflix)、优兔(YouTube)、推特(Twitter)、用于智能手机之间的通讯网(WhatsApp)。由此可见,虽然中国的抖音、腾讯、微博和微信等社交媒体和平台的国际影响力逐步提升,但以美国为首的西方强国仍然牢牢把控着网络技术发展的前沿和国际话语议程设置的主导地位。

另外,近几年来,以中国国际电视台(CGTN)、中国日报(*China Daily*)、中国国际广播电台(China Radio International)、新华社(xinhuanet)等为代表的中国主流媒体虽然对外开展了图文实时播报、视频直播等多种形式的报道,也引起了西方受众的较高关注,并且受众量、转引量逐年稳步上升,在西方受众中的关注度和好感度也呈明显上升态势,但是,我们不能不看到中国和以美国为首的西方强国之间社交媒体网络的发展水平和受访频率方面依然还存在着相当大的差距。因为中国庞大的人口基数和网络用户,中国社交媒体从其访问率、注册率和使用总人数上来看都占据优势。但就媒体的国际化而言,中国与美国为首的西方强国的主流社交媒体相比有着较大的差距,中国社交媒体的声音仍不占据不了国际话语主导,尚未成为国际有重要影响力的主流社交媒体。这主要体现在中国社交媒体新闻报道的时效性和影响力相对薄弱,对国际国内事务报道的信息更新速度较慢,缺少与受众之间的交流与互动,对海外社交媒体的传播规律以及国外用户需求的把握不够全面,译语话语传播时的贴近性不够等。

作为一种新兴的传播范式,社交网络媒体中的即时信息和新型通信技术使得社交网络媒体得到了突飞猛进的发展,受众面日益增多。社交网络媒体发展的国际化趋势,日益成熟的技术及媒体受众的不断增加,必然对一个国家在自身国际传播新秩序建设方面提出更高的要求。社交媒体可谓是国际传播的重要新场域,一国的社交媒体的发展能力,也可代表其在世界传播秩序中的地位和国际舆论影响力(彭兰,2020:56)。皮埃尔·布迪厄(Pierre Bourdieu,1930—2002年)提出的"场域"和"资本"概念,将社会资本界定为实际的或潜在的资源集合,这些资源与相互默认或承认的关系所组成的持久网络有关,而且这些关系或多或少是制度化的[①];詹姆斯·科尔曼(James S. Coleman,

---

① Pierre Bourdieu. *The Logic of Practice*[M]. California: Stanford University Press, 1992.

1927—1995)认为社会资本以社会网络、规范、信任、权威、行动的共识以及社会道德等形式存在[①];林南(Nan Lin)在社会资源理论的基础上提出了社会资本理论,他认为社会资本是从社会网络中动员了的社会资源,是投资在社会关系中并希望在市场上得到回报的一种资源,是一种镶嵌在社会结构之中并且可以通过有目的的行动来获得或流动的资源[②];罗伯特·帕特南(Robert D. Putnam)在科尔曼(James S. Coleman)的基础上,将社会资本从个人层面上升到集体层面,他认为社会资本是一种团体的甚至国家的财产,而不是个人的财产[③]。

在中国社交媒体的建设和发展过程中,我们应该认识到,社交媒体投入使用的初期,主要是靠能够给用户提供更为便捷的信息交流方式和真实的信息传播内容来提高用户接受度和信任度,但随着社交媒体所建立起来的社交网络中所嵌入的"社会资本"(Social capital)——那些存在于网络社会关系中的资源——越来越多,这些社会资本成为了吸引用户的最重要因素。披露行为(即作为个人资本的网络信息披露)是社交网络中的一个重要行为,个人也可以通过社交网络在网上建立社会资本,现如今,社会资本已被广泛用于解释社交网络上的披露行为的动机。因此,为获取一国国际话语权对外传播译语话语体系的建设和研究,既是个人资本信息披露为译语受众认知和接纳的需要,也是各种社会资本更多地嵌入到社交网络、从而获得更多译语受众参与的一个不可或缺的重要环节。

第三节 中国主流媒体对外报道中的问题及成因

译语话语中的语义表述、文化移植和政治正确的准确把握实乃中国主流媒体对外报道中的重中之重,这往往关系着国家对外形象的塑造、国家主权下政

[①] James S. Coleman. *Foundations of Social Theory*[M]. Massachusetts: Belknap Press, 1998.
[②] Nan Lin. *Social Capital: A Theory of Social Structure and Action*[M]. England: Cambridge University Press, 2001.
[③] Robert D. Putnam, Robert Leonardi, Raffaella Y. Nanetti. *Making Democracy Work: Civic Traditions in Modern Italy*[M]. New Jersey: Princeton University Press, 1994.

治、经济、文化利益的维护,以及中国国际话语份额的争取,丝毫马虎不得。对准确性的要求表现在对外报道的内容要真实可信,要符合当前中国实际情况,要向世界展示中国真实的面貌(钟佳、熊欣,2019:82)。对外报道要突出对外宣介习近平新时代中国特色社会主义思想,突出民族文化,站在中国国情、基本原则等政治立场上,结合国际舆论对中国的普遍关切,把采访报道与解读路线方针政策紧密结合,从而确保中国主流媒体对外报道中的用语符合译语受众的认知和接受心理,多角度、多形式、多语种、多媒体、多平台地对外报道好新时代全方位对外开放的中国主张、中国方案和中国贡献,增进西方受众对新时代中国的了解①。

一、主要问题

(一) 内外传播的差异性

大众传媒比其他组织在塑造国际舆论、提升公共外交视野下的国际传播力建设方面具有异常强大的功能;主流媒体的国际传播力更毫无疑问地成了国家公共外交中的重要推动力。近几年,中国的传播格局和传播模式在促进国内外文化交流、信息传播等方面都起到了积极推进作用。但伴随国际政治、经济、文化关系的瞬息万变,西方发达国家和以中国为代表的发展中国家之间信息传播不平衡、不对等的问题依然存在。西方主流媒体主控全球话语权的意识逐渐扩展到政治、经济、文化及意识形态各个领域,推广和传播西方主流文化和价值观念,由此构建起不公平的跨文化传播秩序。而中国主流媒体对于中国文化习惯及价值观的输出较少,造成了国外民众不了解中国文化、不了解中国社会,甚至对中国社会有所误解,进一步拉开了信息流进出的"逆差"。西方受众对中国的了解,大多数通过日常的人物或者平常事件来实现,他们对寻常百姓的生活状态更加感兴趣。例如一些以中国传统文化为主题的短视频,在海内外社交媒体平台上拥有诸多的受众,视频透露着对美好生活的向往,背后透露着文化自信,这种美好生活和文化自信跨域国籍和文化的差异,打动了无数国外观众。相比

---

① 杜占元看望慰问中国外文局参加进博会采访报道记者[N/OL].外文局,2021-11-08. http://www.cipg.org.cn/2021-11/08/content_41749767.htm

而言,国内的主流媒体往往传承着单一的语言模式,带有浓厚的官方性报道色彩,媒体报道的视角往往过于宏观,缺乏对生活和社会个体的关注和贴近,因此难以维持大量海外社交媒体受众的黏性。

由于目前中国媒体的国际传播力和影响力还十分有限,中国海外形象的塑造成功与否,主要来自西方媒体对其的定位与传播。这进一步造成了中国主流媒体在国际舆论传播中缺乏话语权,甚至在一些重要的涉华舆论中,有时仍处于"失语"状态,对中国的发展状况、态度立场、观点思考等方面缺乏充分有效的解释。在国际传播的语境中,观点的重要性甚于事实,当然这是建立在真实的基础上。感性认识与理性思考融合并达到平衡,才是合理的对外传播模式,而中国主流媒体的表达方式似乎往往客观性与真实性并重,但感性不足。

因此,在国内外舆论方向信息互相交互的新形势下,必须改变当下主流媒体只重视对内宣传、轻视对外传播,对外传播中重视中文稿件、轻视外文稿件,国际新闻对内报道热热闹闹、中国声音对外传播冷冷清清等一系列中国国际传播中的情况。中国主流媒体必须主动发声、频繁发声、大量发声,积极应对西方主流媒体掀起的声浪挑战,旗帜鲜明且大规模化地发表自己的立场、观点和主张,在国际舆论环境中让人们知晓、理解与支持。否则,国际传播的"逆差",会给处于弱势地位、被动接受信息的国内外受众造成价值体系的混乱和价值观的冲突。

(二) 国家形象的他人塑造

从当前来看,世界上广泛认可中国在经济发展方面的成功,但是对中国的政治制度、历史文化等仍然缺乏了解,"中国发展很精彩",可是"中国故事讲不好",导致中国的真实面貌及国家形象与外国民众接收到的信息之间存在较大的差异,中国的国家形象仍是以他人塑造为主而非自我塑造。

新媒体对传统媒体带来冲击,使全球社交媒体飞速发展,世界领先的新闻媒体、传统集团都在试图通过这一平台扩宽传播媒介、弥补传统媒体新闻报道的局限。与传统媒体相比,社交媒体具有及时、互动、有效沟通等方面的优势。如何使得其在推动国际交流合作、构建和提升国家形象方面起到推动作用,是值得中国主流媒体思考的问题。

大众传媒在西方向来被誉为立法权、行政权和司法权之外的"第四权力"。西方的社交网络媒体中影响力最大的莫过于谷歌(Google)、推特(Twitter)、脸书(Facebook)和优兔(YouTube)等。这些媒体经常会呈现出两种完全相反的中国国际形象：一种更倾向于呈现客观真实的中国形象；另一种则戴着"有色眼镜"看待中国的改革和发展。因此，他们亦无法脱离于"第四权力"之外，这也就是学界常常讨论的媒体政治化现象。如今，随着中国经济发展世界影响力的不断提升和中国在国际事务中参与度的逐渐深入，西方主流社交媒体聚集了大量的关注中国时事动态的西方用户，他们希望借此更多地了解到中国发生的一切。但在面对中国的社会热点性问题进行报道时，个别西方社交媒体仍无法摆脱其政治化倾向，不能以一种客观、公正和理性的立场报道中国事件，甚至在中国事件上选择性地大肆设置议题进行预设性报道，将舆论引向不利于中国的方向，从而造成中国国家形象在世界影响范围内受到歪曲和误解。

话语即权力，要通过讲好中国故事，将中国具有浓厚历史文明积淀的东方文明古国以及负责任大国的国家形象实事求是地展示给国际受众，就必须要在中国主流网络媒体的对外传播活动中充分掌握议题设置的话语主导权，着力扭转目前中国形象由"他塑"而非"自塑"的被动局面。

（三）话语体系在中外融通上存在差异

尽管近年来中国对外传播在技术和方式等方面已经有了长足的进步，但在传播理念以及话语体系构建等方面仍然存在严重的不足。中国想要对外传达的价值思想和政治主张，难以在长期受西方主流媒体舆论和强势欧美文化熏陶下的西方受众中产生共鸣。很多具有民族特色的词汇语法，如果翻译时的译文无法贴近译语受众话语规范，往往不能被另一个语言系统内的受众理解和接受，有时其至会产生相反的理解。

在对外宣传或传播活动中，如果缺乏对国外不同地域受众的具体研究，传播没有一定的针对性，也很容易引起受众的误解及负面效果。例如，国外的一些民众对中国的反恐政策并不了解。尽管中国国际电视台接连播出《中国新疆：反恐前沿》《幕后黑手："东伊运"与新疆暴恐》英文反恐纪录片，也受到了国内观众的广泛关注，但大部分西方媒体选择性忽略事情真相，仅有少数的国外社交媒体对此进行转载和报道。媒体的作用是有义务、有责任为公众报道和还原事情的真相，而不是用虚假的新闻去误导观众。那些没有事实依据的报道及推送，损毁了中国的国际形象，严重削弱中国的国际影响力。

中国各个层面都在与国际接轨,对外传播更是应该避免以浓重的宣传色彩对西方受众阐述中国的观点和立场。在不脱离中国传统文化、历史、基本国情和发展道路的基础上,融通中外,将语言的艺术充分运用到对外传播中去,以西方受众乐于接受和喜欢的表达方式讲述好中国故事,多角度地解读和报道中国,进而去引导、影响西方受众对中国的认知。对西方受众思维中的共性以及不同地区受众对信息的需求特性必须进行深入的个性化研究,这样的对外传播报道才能更加有的放矢,才能与当地文化融合互动,而不是单方面地宣传自己。以此类推,中国国内电视台制作的外语节目,包括新闻片、专题片等,都要从西方受众的语境和文化需要出发,而不能只是把中文节目简单地翻译成外文,让西方受众难以接受和理解。只有尽快建立起中国对外传播的译语话语体系,才能使越来越多的译语受众更客观、更准确地了解到当今的中国,从而有效地避免国际世界对中国的偏见和错误认知。

二、成因分析

中国在政治、经济硬实力等方面的世界影响力是远远大于其现有的话语权份额的,这也充分说明了中国在国际话语权等软实力方面发展的问题和巨大不足。造成当前局面的主要因素可以归纳如下。

(一) 经济因素制约

纵观国际,一国的经济发展水平决定了这个国家媒体的发展程度。强大的经济规模是支撑国际传播力发展的物质基础,可使政府在文化传播基础建设方面拥有更大的资源调配能力。2010年8月,日本公布的第二季度的国内生产总值数据为1.28万亿美元,略低于中国的1.33万亿美元,因此日媒认为,中国经济总量已超越日本成为世界第二大经济体[①]。强健的经济实力虽然为中国对外传播的媒体建设提供了更多的物质和资本资源,但是中国经济总量高速发展中仍存在一些重要问题,这些问题不可避免地制约中国国际传播力发展水平与发展速度。一是中国的人均GDP(国内生产总值)仍旧偏低,与西方强国的人均GDP仍然相差甚远,这必将严重影响中国国际传播力的发展;二是中国经

---

① 冯蕾,李慧. 世界第二,看起来很美[N]. 光明日报,2010 - 08 - 20(06).

济发展过程中出现的地区差异,也必然会导致中国各传播媒体的国际传播力发展的不均衡。

除此之外,当前中国的综合国力仍与美国等发达国家存在着较大的差距,中国在还没有出现具有国际竞争力的"全球化媒体"——跨国传媒集团的情况下,期望中国对外传播的网络媒体国际影响力短时间内有一个大幅度的跃升是不现实的。美国获得国际舆论主导地位的时间基本上与其第二次世界大战后成为世界超级大国的时间一致,这也跟美国在国际上拥有一批具有国际竞争力的跨国传媒集团紧密相关(刘德定,2012:87)。媒体的国际影响力强弱虽然与该媒体所处主权国家综合实力和传播力的强弱存在着很大的关系,但这并不是两者简单相加的问题。媒体是否拥有国际传播力是一回事,媒体能否将这种现实的国际传播力转化成预期的国际影响力又是另外一回事。

(二) 文化因素影响

媒体善不善于利用各种条件进行对外的宣传或传播活动,往往直接关系到其国际传播的舆论效果。善于进行国际传播的媒体,通常都是那些熟谙受众心理、通晓国际传播规则、能够以适当的方式进行"有的放矢"、进而达到引导舆论目的的传播媒体。导致目前中国媒体国际影响力欠缺的一个最直接也是最难以转变的原因就是:中国媒体还不善于进行国际传播。很多时候,中国媒体国际传播的工作者都是以一种做国内传播工作的思路来做国际传播工作,这样当然不会有什么效果。目前中国媒体仍未确立一个具有较高国际公信力度的传播理念,在实际传播过程中,有的只是用国内现有的理念来套用国际传播理念。因为中国人自古爱听"好消息"的信息传播特性,所以中国新闻媒体的报道风向一直以正面报道为主。经过这种层次的转换,中国媒体试图向西方受众传达的是积极向上的中国形势。然而因文化背景的差异,西方受众倾向对此类新闻媒体报道的真实性和客观性存疑。这样,新闻报道便难以在国际的传播中达到最初的传播目的。

新闻媒体在对外传播中面临首要问题就是如何进行语言间的转换。英语,作为当代国际传播的通用语言,给英语国家的媒体带来很大的先天优势。中国,作为非英语国家,进行对外报道时,必然离不开语言的转换。对于中国媒体来说,语言的二次转换会影响其对外新闻报道的时效性和沟通的有效性。中国的主流媒体在面向不同的文化体进行对外传播时,必须要将一种文化圈的表达转化成与之意义相应的另一种文化圈的表达。这种语言转换就不仅仅只是两种语言符号之间的转换,更多的是两种语言符号承载着的语义和文化之间的转换。只有符合受众的文化、习惯、意会模式,文化转换才能有效。一旦这种文化转换不能实现有效对接,那么这种传播非但没有效果,还会产生"反效果"。中国的主流媒体在对外传播的过程中,基于文化因素的影响,普遍存在跨文化交流的问题。

(三)政治因素影响

中国媒体不善于进行国际传播,但并非所有问题都是出自媒体自身。事实上,无论在何种政治体制之下,都存在一个客观事实:媒体必须以维护国家利益至上。因为东西方间各种政治因素的考量,新闻报道的过程、内容和形式也必然会受到较大的影响,导致诸多差异性的存在。

另外,西方受众长期受到部分西方主流媒体灌输的对于中国的认知,他们对于中国新闻媒体实事求是报道中出现的内容及评述方式存在不信任的心理。即使当西方媒体不得不采用中国媒体的新闻稿件时,他们也会在其报道之前加上"根据中共"或"根据中国官方媒体"等标签,故意以此来影响中国媒体新闻报道在西方受众心中所能产生的国际公信力。

第四节 对外传播的媒体建设

一、对外传播中媒体建设的启示

针对以上情况和问题,中国媒体应该认真思考如何更好地提升自身的国际话语传播力和公信力。

(一)客观对待外媒报道

对于某些西方媒体对中国问题报道中存在的一些问题和现象,切记要冷静对待、理智处理。我们要看到,在不同国家的意识形态和文化背景等因素的影响下,这些问题和现象是可以预料的。部分西方媒体长期以来对的中国报道造就了西方受众对中国的认知。可以预见的是,中国综合国力的不断增强催生着中国国际影响力的不断壮大,可能也会招致部分西方媒体在中国各项重大事件的报道中加持一定的"双标"的态度。

所以对于中国媒体而言,不应将重点放在对国外媒体报道的解读上,而是要综合考虑形成这样局面的根本原因,并去寻求解决问题的方法,以免授人以柄,我们要用更为正确合理的方式引导国际国内的舆论导向。当然,面对外媒的一些不当或不实报道,也不能置若罔闻,要第一时间用准确的事实证据予以反驳,让国外媒体对中国的不实报道难以自证从而失去说服力。同时我们还要发挥中国对外社交媒体的作用,通过民间的网络交流,向西方受众介绍中国的美食、美景、以及中国人取得的成就和真实的生活状态等,打消西方受众对中国片面的认知,为全世界真实展现一个繁荣昌盛、飞速发展的中国新形象。

(二) 加强对外传播平台建设

当前基于新媒体技术的新型社交平台,如国内的手机终端、微博平台以及自媒体渠道等都为信息的互动带来了便利。而随着抖音、微博等新兴媒体的崛起,拥有强大受众的社交媒体不仅是个人展示平台,也成了公司或各民间组织的显示平台,甚至是国家形象展示的窗口,理应得到足够的重视。

当前新华社、《人民日报》等都在国内外社交媒体上建立了自己的公众账号并且发展势头良好,然而与西方知名媒体间依然存在差距。适应从传统的报纸、广播和电视时代转向以信息网络为核心的新媒体时代,追赶经济全球化及网络信息化的时代潮流,是机遇也是挑战,中国主流媒体应借此机会加强传播平台建设,提高传播技术,扩展传播渠道。目前中国在海外较为活跃的主流媒体,主要存在两方面的问题:一是信息更新的速度较慢,回复信息不够及时,导致众多海外受众取消关注;二是还经常停留在简单的信息发布层面,不少信息只是标题导语附上网页链接,并没有充分开发社交媒体的互动功能,导致受众数量较少,影响力较弱。因此,应加强更新信息报道的频率,加强与受众之间的友好互动联系。同时还应加强对国内外社交媒体传播规律的了解,把握国内外用户在社交媒体上对信息的需求,提高信息报道内容的贴近性。另外,中国还应该更多地打造出自己的文化产品和文化符号,以此不断提升中国的国际传播力和文化软实力。

(三)构建对外传播话语体系

任何一个国家的对外传播都是有计划、有对象和有目的的话语活动,而任何话语形式也都会受到一定的社会意识形态的影响和支配。构建融通中外的对外传播话语体系,是掌握对外传播中的话语主导、表达自身诉求、实现传播目的的有效路径。针对中国媒体对外传播活动中存在的贴近性不足、实效性不强等问题,一方面要形成符合中国国情且具有鲜明中国特色的新概念、新范畴、新表述;另一方面要积极顺应他国习惯的表达方式和话语体系,使用易于被国际社会所理解和接受的叙事方式。实现对外传播效果的最大化,需要确保译语话语中表述中多元文化和文明的兼容并包、尊重和借鉴,要令受众在听得见、听得清的同时,真正听得懂、听得进。

对于重大事件的报道,应该准确及时,中国媒体要进行适当话题引导,加强与国外媒体的信息交流互动。首先,对于国内外公众关注的热点和难点话题,不要隐瞒和回避,要敢于正视和发声,有效地引导舆论。其次,要提高对外传播的生活性。对外报道传播应该适应西方受众的文化传统习惯和生活工作环境。要借鉴西方的传播经验,主动报道和当地受众生活紧密相关或者与之有着千丝万缕联系的话题。对于一些西方受众感兴趣的中国元素话题,也可以以更加富有亲和力的方式展开有效传播。最后,要使用恰当的方式进行表述。受社会制度、文化背景和意识形态不同的影响,在国内外话语体系中存在许多区别,西方受众不一定能适应国内受众熟悉的话语。所以要讲求传播艺术,不要把自己的观点强加给对其并不了解的西方受众,而是要尽可能用西方受众所理解和接受的方式,将表达的观点进行有效传达。

(四)提升主流媒体的公信力

判断一个主流媒体,主要从以下四个方面考量:一是高影响力,二是广覆盖面,三是强权威性,四是较高公信力。对于主流传播媒体而言,公信力是其最本质的判断标准。媒体的公信力是指社会对一家媒体的信赖度或者是大众对该媒体的认可度,它是媒体自身内在的一种职业品质与能力,也是新闻舆论传播力、引导力、影响力存在的基础。所以主流媒体公信力的高低,决定了其对国内国际社会影响力的大小。

要建构主流媒体的公信力,要充分发挥权威信息源的独特优势,发挥主流媒体的桥梁纽带作用,聚集各方优质资源并进行整合,从而强化新闻产品的原创性和独特性。另外,还要对信息的真实性和传播价值进行仔细甄别,自源头就掐断虚假信息的可能,增加新闻报道的可信程度。新闻得以传播便是报道内容的真实性赋予其可能与无尽生命力。虚假的新闻不仅使新闻媒体本身失去受众的信任,还会让社会舆论陷入混乱,严重者会给社会政治经济文化方面造成不小问题。作为社会的主流媒体,如果一味蹭"热点",有意无意制造"假新闻",其国际公信力也必将在一次次新闻反转中丧失殆尽。因此,中国主流媒体的对外宣传,一定要保持新闻报道内容的真实性和评论的客观性,坚决杜绝虚假新闻,时刻以新闻报道的真实、准确、全面、客观来维护媒体自身的权威性和国际公信力。

对于主流媒体而言,光靠出众的技术、完备的设备、巨大的发行量和成熟的产业规模等都无法获得新闻传播过程中的主导权,只有在国际受众中树立起了足够的公信力,才能在国际传播体系中建立牢固的地位,发挥强大的作用。中国对外传播主流媒体公信力的建设,关键在于既要确保新闻传播内容的真实性,同时还得保证传播内容在译语话语表达形式上的可读性和可接受性,从而获得最为有力的国际媒体形象。中国对外传播的主流媒体必须明确自身作为拥有权威信源的国际公共媒体的定位,坚守公共价值取向,始终牢记树立起为西方受众服务的、独立可信的国际媒体形象这一根本宗旨,努力在报道客观、评论公正、讲究诚信、维护正义上下功夫(陈国昌,2014:27),为中国的国家发展创造最为有利的国际舆论环境。

新时代背景下新媒体对外宣传的四大特点分别是:简洁性、准确性、针对性和目的性。中国的新媒体对外传播必须着力提升对外宣传媒体的公信力、主导话题的自我设定,充分利用各种新型的传播方式,真实、全面、客观地介绍中国,确保其新闻评论的全面性、平衡性和公正性,传播和构建中国积极、正面的良好国家形象。

在新媒体对外传播的大背景下,加强中国对外宣传主流媒体的报道客观性,是新闻对外传播的基本理念和基本原则,也是增强新闻媒体传播可信度和说服力的重要保证。具体的要求就是要加大范围去了解西方受众的信息需求以及真实渴望,并在维护国家利益与安全的前提下,采取较为正面的态度,直击问题,披露矛盾,实事求是地对新闻进行分析和评论,展现中国坦荡开放的大国姿态与负责精神,用公正的、有说服力的评论赢得受众的信赖,提升自己的公信力。新闻是对事实的客观报道，真实是新闻的生命和基石，脱离了客观事实的新闻就是伪新闻。因此，内容真实准确是对新闻报道的最基本要求，也是媒体赢得公信力的最重要基础。只有坚定地维护正义，敢于仗义执言，媒体才能得到西方受众对其新闻报道和职业行为的信任，才能获得西方受众思想和感情上的认同和好感，以及发自内心的尊重。这样，新闻媒体的公信力就有了持久而牢固的基础和保障，从而成功地展现中国良好的国际形象。

（五）采用多模态传播形式

提高中国媒体对外传播效果，一定要找准着力点，坚持内容为先，主动设置议题，从而抢占新闻舆论的制高点。仅仅靠以国家为主导的官方媒体对外进行传播，对于一个国家争取国际话语权来说是远远不够的。在网络技术飞速发展的时代，只有采用多模态的传播形式，让所有国民都能自觉地参与到有意识的对外宣传和传播中来，方能让西方受众看到一个真实、全方位、多层次的中国形象。多模态传播可以是通过微信、微博、推特等构筑起来的网络"朋友圈"、抖音、西瓜视频等视频互动平台这种新的话语传播渠道，从而提升中国对外传播的亲民性。这种网络交流平台具有分散多点、互动、海量、无界、迅敏等特点，可以快速地设置中国话语议题并提供更为广阔的辐射空间。

任何国家的对外宣传或传播平台和形式都不是单一的。这中间既有政府主导的对外宣传或传播的主流媒体和网站，也有企事业单位对外传播或宣传的各种英文主页，甚至还有国民自发的个人网页、网站持续对外宣传中国，讲述中国故事。当然，每一次国民的海外旅行、经商和求学，以及海外华侨的日常行为和话语活动都是一次次自觉自发或潜移默化的对外宣传和传播活动，均维系着整体国家形象的国际构建。

（六）提升议程设置能力

议题的精准设置能很大程度上促进新闻传播议程，因此也能获得更多受众的青睐，所以议题的设置在对外传播中具有重要意义。对外传播必须要学会如何抓住西方受众的关注点去设置议题，尤其是要善于去捕捉那些具有重大国际影响力的议题，积极报道并参与国际热门话题或事务的讨论，从而提高中国主流媒体在西方受众中先入为主的导向作用和话语份额。在国内重大事件报道过程中，中国媒体要提高对捕捉话题设置机遇的敏感度，从而让全世界的媒体能更多地采用中国媒体的报道。再者要精心设计中国话题,并以此为出发点和入手点,慢慢将话题影响力扩散到世界其他主流媒体,散发中国对外传媒的辐射力和影响力(王华树、杨承淑,2019:74)。

首先,中国可以着力使用有利于自身形象与利益的国际新闻话语,利用创新性的展现方式与话语风格,通过流畅的语言和生动的故事,集中媒体资源报道中国正在进行的改革和创新实践。其次,中国需要制定具有针对性的国际新闻设定议程,针对国内外受众的需求,改善中国主流媒体的公信力,要特别注意重要信息来源的及时准确,并经常通过信息披露和独家专访的形式,报道新闻信息。特别是重大新闻信息,如应急管理、危机管理、人事变动、重大政策等,一定要第一时间在主流媒体公布。另外,主流媒体不能将自己的逻辑及观点,生硬地强加于人,这会造成西方受众将其认知为宣传而非新闻。对外报道要坚持从事实出发,通过客观全面的视角去解读真相,让西方受众自己判断,得出结论。与此同时,中国的主流媒体应在发生国际关注的重大新闻事件、寻找事实来源、充分报道政府立场的同时,巧妙打出"民意牌",即通过专家学者之口,从普通百姓角度,表达中国民众对于热点问题及敏感问题的态度。这样的报道更容易被西方受众接受,也可以极大地增加新闻价值,吸引国外媒体更多引用和转载,从而提高自身影响力和公信力。

二、对外传播中的译语话语把控

对外传播中的翻译活动须时刻牢记使用译语对外传播时的有效性和主导性,多摆事实,将自己要发出的声音蕴于客观数据和事实的报道与陈述中。因此,在中国事件的对外传播中,应确保新词传播的语义唯一性,防止歧义和误解;确保传播内容的真实有效性和译语话语表达的贴切性,充分利用多样化的传播形式,以便获得对外传播中的译语话语主导权,即译语话语权。

首先,译语话语要确保新词传播中语义所指的唯一性。在对外传播翻译过程中,新词的创造不仅要兼顾原语表达形式和语义传达的简洁性,同时还得照顾译语构词及译语受众审美的话语规范。因此,获取中国事件对外报道中的译语话语主导权的前提就是要建立起一套完整科学的对外话语体系,否则,只会导致对外传播的低效、无效。

其次,切记要把握传播话语及内容的有效性。对外传播的译文如果远远超出了原语的语言及文化范畴的话,就无法达成传播的有效性。对外传播翻译活动中的译者要充分把握西方受众对中国信息的需求,明白他们的疑问、怀疑甚至是误解。对外传播的翻译活动中,通过归化、异化策略的综合考量,把握好传播内容表述上的客观性和道理阐释中的可见性,用数据来摆事实、讲道理,切忌言而无据式地盲目针锋相对,甚至强力的理念灌输,以免造成西方受众的抵触心理。

最后,要加强传播形式的多样化。中国对外传播的根本目的就是为了通过使用浅显易懂的受众语言发出中国声音,表达自身诉求,从而最大限度地争取国际话语权,营造一个公平正义的国际生态环境,以便于中国及其他国家能够稳步发展。在确保对外传播中信息传递的即时性和保真性的同时,还可以借用各种有影响力的社交网络平台以及借助各种软件工具来实现对外传播效果的最大化。例如,利用软件、多媒体、电子游戏、动态网络、在线文档等移动应用载体对翻译进行本土化处理,从内容到形式上增强对外传播翻译活动对译语受众的吸引力,扩大中国的国际影响力,加强其传播效力(罗慧芳、任才淇,2018:25)。

第三章
译语话语权与翻译

由于中西方文化体系和价值观念不同,不同译者主体在传递原文的思想内涵、哲学观念、审美意境以及艺术构思等方面会出现多元化的阐释,也会出现多种译本形式,如选译本、编译本、全译本、绘图本等(许多、许钧,2017:78),译语受众因此可以分阶段、多维度地了解中国文化。每个翻译家及其译作都具有典型的个人特点及其个性魅力,这也是影响译语文本在译语国家内是否能广泛传播以及是否能为广大译语受众所喜爱的因素之一。

第一节 译语话语权中的译者主体性

在研究译者主体这一翻译活动主体和因主体性差异而产生的不同译本形态基础上,进一步分析译语受众对译本的接受效果方面的影响,以及不同译本对译语受众群体的影响,从而探寻多种译本存在的现实依据和理论支撑。正如严晓江(2017:123)所言,不同文化身份译者采用相关翻译策略的内在因素和外部因素的研究,体现了"古今""中西""体用"三个范畴的相互交织,突出了"本土化""传统化""多元化"三个特征的关联互鉴。起初的话语权,衍生于国际话语权纷争的大背景之中,其实就是国家间相互比较各国的软硬实力,同样也是其在世界舞台上言语权力较量的具体体现。国际话语权的最高境界就是国家利益的必要体现和国家需求的充分展现。每个国家话语权大小和是否可以在世界的舞台诠释出自我的主张并发展自己的文化,都与该国译语话语权占有的份额成正比的。

一、译语话语权探源

一个国家的话语权力与他国译语受众的言语形式紧密相连并以此获得有效交流的途径。在对外交流的过程中，应用他国语言最大限度地再现中国魅力，从而在译语话语系统里转化中国文化的独到之处，更恰当地结合受众审美的心理与文化必需品的话语架构，延展译语话语在世界范围内的深远影响。对外传播中的翻译活动，并不只是简单地在交流界面处理言语信息的一种输出方式，而是要经历语言转换过程，运用合乎译语受众理解的语言来无障碍地进行沟通与交流，再现中国话语在译语中的主观能动性，进而向世界大舞台发出中国之声（黄艺俊，2015：145）。

话语权源于法国哲学家米歇尔·福柯（Michel Foucault）的言说，他认为话语不仅是字句的表面之意，更重要的是它深层次的延伸义，即较为繁琐的权力（文贵良，2007：95）。语言即权力之源泉，语言的自身将形成一种语言描述和传递中的社会指导性活动。也就是说，话语即一个社会团体根据某种话语准则把自我定义递交给他人，继而为他人所熟知并采纳，从而确立起相对应的社会等级制度并将为其他组织所认知的历程（王治河，1999：62）。多样化的文化沟通与传播及为他人认识且熟知的过程都与语言符号这一重要载体紧密相连。译语语言及言语被命名为世界话语活动的必要且充分因素。在国际交流的话语与权力的角逐下，话语不光是传递语义的应用工具，而更多的是再现其权力的重要性。国家对外传播时的译语话语发出者充分发挥译者个人的主观能动性，通过最为合适且融洽的译语话语模式（即他人的语言行为模式），主动陈述自我话语诉求及文化诉求，并自然地令译语受众感知和接受。

权力在以语言为基础条件之上进行架构，权力的实现形成于实现意义、传递文化和表达需求的语言表述。而译语话语权重要的一点就表现在译文在译语环境中对译语受众产生的一种凝聚力量，也就是说译者运用恰当的译语表达方式，最大化地让译语受众理解和认知，从而获得国际话语主导，以此实现对外传播的预期目的。因此，构建成熟的对外话语体系，即言语传播力，对话语权的获取产生极大的作用。正如福柯所言，在一定意义上来说，人类未知的世界里，一直都弥散着语言和符号，也被叫作言语的世界，离开了符号和语言的世界是难以预见的。毫无例外，任何言语（包括原语和对外传递使用的译语）的身后都隐藏着一种神秘联系，即权力关系。以符号为基础的话语通过译语的话语形式再次传播原语中的话语含义，展示自身文化的底蕴，在实现对外传播自身话语诉求的同时产生一种新的话语权力关系，进而形成权力间的相互制衡。

一个国家的国际话语权主要体现在用国际社会广为认知的译语话语形式充分展示本国和本民族的文化魅力，表达自身的国际诉求，以此把控国际大环境中的言论方向。中国国际话语份额的多少（这里主要指译语话语权的大小）体现了中国在当今国际大舞台中扮演角色的轻重。在中国国际经济地位不断提升、中华民族优秀的传统文化得以传承并展现出蓬勃生机的大背景下，对外传播中华文化既是一种民族文化自信的张扬，更是为了加强国际间不同文化之间的互动和沟通，使中华文化更多地融入国际文化的大家庭之中，让中国之声（中国故事、中国诉求、中国价值和中国主张等）为国际社会更为深入地认知、理解和接纳。

译语话语权由话语权这一内涵外延发展而来，同时也是话语权的进一步深化。译语话语权在依照尊重原文且合乎目的语规范的翻译理论探究前提下，寻求通过构建恰如其分的译语话语体系，进而实现对外传播活动中不同话语含义的互通和多样优秀文化的共存。译语话语权就是要主动地通过对外译语话语形式与国际社会进行正面的坦诚交流与沟通，最终占有国际话语主导。

根据福柯的权力话语理论，话语并不是简单地根据某种语法规则将词汇和句子进行组合，更为重要的是话语中蕴含着的极为复杂的权力关系（文贵良，2007：90）。权力寓于话语语言，即一个社会群体根据某种言说规范将其自我意义传于他者，为他者认知和接受，从而树立其相应的社会地位，并为其他团体所认识（王治河，1999：62）。语言本身作为全体社会成员之间相对完整的抽象符号系统而言，无论对语言的创造者还是使用者，都具有全民性和抽象性的特征；言语个人对语言形式和规则的具体运用，具有如地域、性别、年龄、文化素养、社会地位等具体的个人特性；动态的言语就是说话，具有无法统计的无限性，而相对静态的语言往往具有规则和约定的有限性。因此，根据上述学者们的观点不难看出，通过言语传达的内容绝不仅仅只是语言层面的内涵或更深层次的意义，除此之外还应包括言语对广大目标受众的一种潜在影响力。

因此，译语话语权更多的是强调将原语语言转化成目的语语言之后对译语受众产生的影响。然而，由于译者和译语受众的语言文化背景及表达方式的差异，译者通过话语传达的译语话语权与原语作者试图通过话语建立的话语权之间存在着梯度差。出现这种情况主要是因为原语作者的话语在某种程度上是为特定的原语受众和话语意图服务,原语受众与原语作者之间语言和文化背景相同,所以其话语意图很容易在原语受众中实现,而目的语受众与原作受众对于原作话语意图的理解绝不可混为一谈,他们之间存在着巨大的语言文化差异。这些差异具体表现为:

第一,当原语作者想要传达的话语意图涵盖所有受众(包括原语受众和译语受众)时,译者就需要借助一定的语言手段将原语作者的话语意图"真实地"转换成译语,传递给译语受众。

第二,当原语作者想要传达的话语意图仅仅是针对原语项下的某些受众,而非为所有受众(包括译语受众)服务时,译者便需要充分发挥其主动性,对原语进行再认知创作,将原语中独有的意蕴在译语环境中建立起译者独有的话语权,也就是译者本人真正想要通过话语传达的译语话语权。值得注意的是,译语话语权与话语霸权之间的内涵截然不同,前者强调的是译语话语正作为一种软实力潜移默化地渗透到译语环境当中,而话语霸权则是指通过话语进行内涵的强势植入,迫使译语受众在接受译语信息的过程中被动接受外来文化。所以,在"权力关系"的研究中,话语霸权探究的是文化间征服与屈服之间的权力关系,是一种文化对另一种文化的管控与抑制,而译语话语权中包含的原语文化与译语文化两者之间并非权力关系,而是一种旨在通过译语受众喜闻乐见的话语形式将原语文化中想要传达的各种社会因素展现出来(南华、梅艳红,2017)。

译语话语权的重点落在如何关注译者这一话语主体在翻译过程中用何种贴切的译语话语表现形式进行语义内涵和文化因素的传递,以更好地实现原语话语意图。与福柯的权力话语理论研究不同,译语话语权这一内涵更凸显译者在译语话语权力诉求过程中的独特身份和作用。译语话语权不仅包含原语和译语的话语权力,还隐含原语作者的说话意图和译者的翻译意图。目前已有基于译语受众接受(张瑜,2001)、话语意识形态(王东风,2003)、译者话语权的主体性和主体间性(金敬红、周茗宇,2004)、译者话语权的翻译策略(金敬红、张艳新,2007)等方面研究(潘文国,2012:2)的众多文献。

二、译者主体性的理解

本节我们将主要探讨译者主体性在译语话语权构建中的显性及作用,以及译者主体在译语话语权中的适应与诉求。

译者主体性可以从多个角度去定义，因此也会产生不同的概念，但这些不同的概念在其本质上是一致的。比如，译者主体性是指译者在翻活动中表现出来的本质特性，即翻译主体能动地操纵原本（客体）、转换原本、使其本质力量在翻译行为中外化的特征（刘畅，2016：18）。译者主体性亦是译者的主观能动性。主观能动性在克服客观制约性中得到表现。客观制约性包括双语差异，不同的文化语境和政治语境等（方梦之，2003：54）。又如，译者的主体性就是在尊重原文信息的前提下，为实现良好的传播效果而表现出的主观能动性，主要体现在译者将自己看作是与原文作者地位等同的信息传播者，将原文翻译成目的语传播到目的国家（谢柯、廖雪汝，2016：15）。综上，可以将译者主体性简单概括为：译者在翻译过程中体现出的主观能动性，包括要翻译哪里、省略哪里、采用哪种翻译策略、要忠实原文还是要进行改写等。

译者主体性这一内涵是从"主体性"的相关论述中衍生而来，而所谓的"主体性"是指行为主体在对象性活动中本质力量的外化，能动地改造客体、影响客体、控制客体、使客体为主体服务的特性，即主体的能动性（南华、梅艳红，2017）。主体与客体之间的作用是相互的，也就是说，主体同样会受到客体的反作用与制约，因此主体也具备一定的受动性。但在翻译过程中，译者需明确，主体的能动性并不能随意发挥，而要具备一定的方向性和目的性，所以主体在具有能动性和受动性之外，还具有为我性。据此，译者主体性是指译者作为翻译主体，在翻译过程中，在尊重原语的前提下，在译语中充分发挥自身主观能动性、受动性和为我性，从而实现翻译的目的（南华、梅艳红，2017）。

在对外传播的翻译活动中，作为翻译活动主体的译者，其主观能动性尤为重要。这是因为，译者会依照自己所理解的译语文化选择恰当的翻译策略与翻译方法，这充分体现了译者主体性的"为我性"价值取向。而这类价值取向更多的是通过翻译活动体现在译者的翻译目的上。翻译目的论（Skopos Theory）主张：对外翻译活动就是基于满足某种传播目的或受众需求的前提下，进行新语境下的语篇建构（Vermeer，1987：29）。为达到此目的，译者需要充分发挥其在翻译中的主体作用。因此译者在进行翻译活动时，更多的是对原语语言的话语意图进行传递，而意义传递过程中的目的语语言形式或表达方式则由译者主体决定。同时，鉴于翻译这一行为活动的特殊性，在整个翻译过程中，译者主体性的参与或作用发挥不仅需要考虑原语作者自身想要传达的意图，还要考虑到受众能否自然接受。换言之,译者主体地位的确立并不以排斥作者为前提,也不以否认受众的作用为目的,其主体作用是与作者和受众的作用紧密相连的(许钧,2003:293)。作者、译者、受众三者之间并不是相互独立存在的主体,而是一种共在的自我。基于此种背景,译者需要充分理解原语作者的话语意图以及对译文的接受程度,选择出适当的话语形式与话语表达方式进行原语意义和原语文化的传递。

对译者主体性的探讨一直是中国翻译研究中最活跃的话题之一,尽管这些话题一直争议不断。翻译行为活动具有复杂性和多面性,学者们在翻译过程中产生了不同的问题和看法。许钧从"谁是翻译主体"这一问题出发总结了国内外四种不同的翻译主体观(许钧,2003:10):"一是认为译者是翻译主体;二是认为原作者与译者是翻译主体;三是认为译者与读者是翻译主体;四是认为原作者、译者与读者均为翻译主体。"从整个翻译活动的结构上来看,如果无法准确理解原文,也就没有翻译活动的产生。如果译者没有足够的双语渗透力和跨文化交际意识,翻译活动就容易出错。因此,译者对原文的理解是翻译成功的前提和翻译活动中的重要一步。许钧认为,翻译的唯一主体就是译者。尽管译者已经成功摆脱了传统翻译理论中的"仆人""媒人""翻译机器"或其他身份,并成为翻译活动中不容忽视的话题,但仍然无法完全超脱其自身对材料选择、文本理解和话语表达方面的某些主观因素的干扰(许钧,2003:7)。在主观和单一原则的哲学思想影响下,翻译研究始终遵循"以作者为导向的范式,以重构作者的原始设计,以文本为导向的范式,以结构主义语言学反映出受众对取向的接受"。但是,无论译者的翻译中心如何变换,在以往对翻译活动的研究中,形而上学的二元思维模式始终占据主导模式。翻译研究的范式强调原语语言和目的语语言统一的优势,即反映了狭窄的译者个体主体性和翻译活动群体。只承认个性并否认社会性,翻译研究将不可避免地停滞不前。译者主体性是译者的主观能动性的充分发挥,他们有着自己的语言操纵体系、跨文化意识、艺术创造力、审美标准和人文特色。"语言操纵"功能使得语言之间和语言内部得以快速转换,这也是对译者提出的基本要求。译者个体的语言能力不会在短时间内快速提升,这需要多年的不断学习和积累。在译者的整个翻译活动过程或翻译生涯中,通过大量的翻译活动实练,译者的语言技能可以不断积累和提高。

哲学上的跨主观转折为翻译研究提供了一种人文主义的方法论和一种对

话的思维方式,特别是为译者的主体性研究开辟了新的理论视野,并为思想开辟了广阔的空间。有的学者将译者的主观性定义为"译者在翻译活动中,以实现翻译目的的主观能动性"(何明珠,2015:68)。无论时代如何,翻译的主观性都是翻译中不可忽视的重要因素。众多实践证明,译者必须不断学习、扩充自己的知识储备并通过具体实践运用其掌握的基本技能,选择恰当的翻译策略、协调好译文的"忠诚"和"创造性叛逆"两者之间的关系。随着时间的流逝,译者必须将时间的特征整合到翻译中,并展现出一种时间文化。译者在充分发挥自身主观能动性时,必须兼顾译语受众的接受心理,方能创作出出色的翻译作品。

自 20 世纪 80 年代以来,翻译活动中译者的主观性发挥到了一个前所未有的水平,译者的角色日益独特,翻译理论也日趋完善。英国翻译理论家乔治·斯坦纳(George Steiner,1975:26)在《巴别塔之后:语言与翻译的各个方面》(*After Babel: Aspects of Language and Translation*)一书中认为理解就是翻译,并从阐释学角度将翻译过程划分为四个步骤:"信任"(Trust),"侵入"(Aggression),"吸收"(Import),"补偿(Compensation)"。从这四个步骤来看,译者均直接参与并成为其中的主导。自从西方翻译的"文化周期"以来,翻译的主题主要是知识和技能领域,研究的主要重点便是译者主体的主观能动性问题。译者作为翻译活动的主体,就必须要主动侵入到原语文本,发挥自身的主观能动性,在充分吸收并解读原文的基础上,在译文再现时考虑其中文化、语义或修辞等缺失时的补偿策略。主观,不仅是人的一种意识,更是一种精神,与"客观"相对应而存在,是对客观的主观反映和有意识的改造。译者的主观性在翻译活动中呈现为某种有目的的主动作为。

翻译作为有针对性的跨语言、跨文化交流活动,译前阶段的译者主动性对译者的工作有微妙的影响,尤其是译者对原始翻译文本的选择。译者对文本的选择是一种主观活动,译者对文本的兴趣很好地解释了翻译在这一过程中的主观性。译者自身的兴趣和个人成长历程、学历和文化积淀都是至关重要的因素。译者在翻译活动中经常评估作者,并根据自身特点和喜好来确定翻译的文本类型。德国哲学家、哲学解释学的主要代表汉斯-格奥尔格·伽达默尔(Hans-Georg Gadamer,1900—2002)的哲学解释学(又被译为哲学诠释学)中的三原则——理解的历史性、视界融合与效果历史——为我们解答了翻译活动中译者的理解和解释之间内在联系的统一性。斯坦纳认为理解即翻译,而伽达默尔认为解释本身就是理解的一种形式,理解是全部世界的本体论存在,是主体存在的一种方式,进行解释的语言和概念同样也是理解的一种内在构成要素(伽达默尔,1960:435),因此他认为翻译其实就是一种再现的解释(伽达默尔,1960:439)。翻译活动是译者对给定单词的完整而又准确的解释。翻译的最终结果就是让译语受众收到并接受译语文本所传递的信息和观念。因此,在生成译语文本之前,译者必须仔细分析译语受众的实际信息需求和审美价值,把控翻译目的,确保翻译策略、方法和技巧的选择有利于对外传播翻译活动目的的实现。

在不同的时代、背景和文化水平下,翻译不应完全一致,译者必须在翻译之前充分评估受众的处境,并朝着可以满足受众要求的方向开展工作。翻译活动过程或翻译研究,必然离不开译者的话语表达,因此翻译活动中的译者主观性客观存在并始终贯穿整个翻译活动中。对于译者而言,追求自己的主观能动性可能是一个更好的限制,但也有可能是译者的翻译潜能。只要我们正确理解译者的主体性,充分发挥其积极和有益的作用,译者就可以在"忠实"的前提下充分发挥译者的主体性,并在该领域具有广阔的视野。

三、译者主体性与译语话语权的辩证关系

译语话语权离不开译者主体性的主动参与,但又不是主体性的完全发挥,两者既有联系又有区别。译者主体性不仅体现在译者充分理解原语作者的话语意图和话语目的后,用最贴切的译语话语表达方式再现原语作者的话语意图;还体现在译者掌握原语文本主旨之后,出于某种传播目的,对原语作者话语意图进行加工或重新改写,从而达到译者在译语环境中建立起译语话语主导的目的。译者主体性的发挥主要体现原语文本的选择和解读以及译语话语形式的建构。当译者为了达到某种传播目的,而不将纯粹地传达原语文本意图奉为宗旨时,译语话语权则体现为译者对原语文本内容以及观念的主动解读和在译语文本中的创造性再现。译者主体性的发挥是为了获得原语文本内涵在译语文本中的最大呈现以及方便译语文本受众的认知和接纳,从而获取译语话语权;而译语话语权的获取离不开译者主体的主动侵入与诠释,译语话语权不会被主动赋予,它需要译者主体的能动发挥。译语话语权的获得与译者主体性的能动参与息息相关,译者主体往往决定着原语文本解读的正确与否,同时还决

定了译语文本的话语表现形式和语义再现方式。译者主体性在翻译活动中的参与程度往往决定着译语话语在受众中的认知和接纳程度。两者之间的差异最主要体现在时空上,因为原语文本在转换为另一种语言版本后,就成了一种历史,而历史又是无法重现的,所以译语文本受众无法在历史情境中解读作品,但译者可以跳出原语文本的时空限制,进而对其进行有目的的控制,这就显示出了译者的主体性,即将依附于原语话语上的某些社会因素(如政治、经济、文化等诉求)在译语话语中最大限度地表达出来。这强调的是译者在原语文本"历史"允许的范围内,发挥自身主体作用,即通过使用适切的译语表达方式,进而最大限度地获得译语受众的认可。

译语话语权在当今国际话语权的争夺中举足轻重,离开了译语的话语主导,就谈不上国际话语权的获得。从本质上来看,权力指的是在话语活动中,话语主体对话语议题的设置具有主动权,还包括运用何种话语进行表达的表达权以及如何让译语受众主动或被动地感知、认知、体悟或接纳话语者话语的正向预期。根据福柯的权力话语理论,依附于话语的权力争夺,说到底就是话语双方对话语主导权的争夺。话语是可感知而不可触摸的抽象事物,包含有声或无声(体态语或艺术作品等)的、有形(书面体)或无形(自然语言)的语言。无论是译语话语内容还是其话语形式,都离不开话语主体——原语作者或译者——这一能动的参与者。

(一) 译语话语权下译者主体性的作用

随着中国经济的腾飞和国际影响力的不断提升,越来越多的人希望能更多地了解中国语言及中国文化,希望听到更多的中国声音。在经济全球化的浪潮中,国与国之间的经济、社会、军事、人文等各项活动的交往前提是以译者的主体参与为桥梁,最大限度地打破语言隔阂的固有藩篱,建构起畅通无阻的交流平台。没有译者的这一翻译主体的参与,缺少译者的创造性或主动转换的过程,对外传播则无异于天方夜谭(夏黎丽、熊欣,2016:20)。译者主体能动性的发挥指的是译者是主动而非被动参与到这一翻译活动中,主要体现在对译语语言现象主动加以解释说明,主动改变译语中晦涩难懂的部分并进行生动解读。在译者的解读过程当中,译者本身的价值观、审美观也会在其中运作,因而在其译语话语表达过程中,不可避免地会存在取舍。为达到对外传播效果的主动表述、自我定义,译者的个体思维方式常常会导致目的语语言中会有意或无意地涉及某些中式英语的表达范式,久而久之,像"long time no see""people mountain people sea"等逐步得到西方译语受众的接受和认同(夏黎丽、熊欣,2016:21)。译语话语权下的话语关系也可以理解为一种语言关系,因为话语转化过程体现了在对外传播活动中试图进行原语转换的话语发出者和译语话语受众之间相互作用的方式。因此,译者主体性在翻译活动中的发挥一定要做到以下几点。

1. 了解译语受众需求

译语受众需求往往对对外传播活动中话语议题的选择与设计起着决定性作用。同时,还要对中国的一些重要议题,如"和平发展""一国两制""一带一路""中国梦""民族和谐""科学发展观"等,用受众看得明、听得懂的话语讲清楚、说透彻,发出中国的声音,方能让国际社会更好地了解中国的主张和诉求,树立良好的国际形象。

在对外传播的翻译活动中,要有意识地将中国的话语体系及文化价值理念潜移默化地传播到西方话语体系和西方文化价值体系之中,以适应译语受众对中国语言文化持续增长的兴趣需求。当然,这一过程中必然存在着语言沟通中的某些妥协和让步,因为交流的最终目的就是要在尊重双方语言及文化的基础上,通过话语活动来各取所需。如中国人自称"龙的传人",在对外传播的译文里也常用"dragon"翻译"龙",但因为东西方文化中对"龙"和"dragon"两个词的固有解读和认知存在差异,"中国龙"长期受到西方受众的误解。随着中国对外国际交流活动的不断深入,西方受众逐渐意识到"中国龙"在中国人心目中的蕴含,实现了对"龙"在价值理念上的认同和接纳。如今某些学者重提"龙"的译名替换,似乎有些矫枉过正,是对国际话语主导权的放弃。跨文化沟通与交流中任何的妥协与让步,都不是没有底线的。尤其在对外传播或对外宣传的翻译活动中,无论在何种情况下,译者都要始终牢记"守土有责"这一翻译底线,切忌一味迎合译语受众而丧失了对外传播翻译活动中的话语主导地位。

翻译活动中的造词,很大程度上是将两个词进行重新组合从而形成一个意义合成词或全新语义词。语际之间的造词方法常常表现为通过直译(literal translation)、音译(transliteration)、直译+音译、音译+直译等翻译方法组成新的译词语汇;而语内非外来新词的构造往往通过两个词(字)之间的有机结合形成一个全新语义词。如2016年英国脱欧而产生的 Brexit(Britain + exit 英国脱欧)及其派生词"brexiter""brexiteer""Bremain"(Britain + remain 英国留欧),又如"email"(electronic mail 电子邮件)、"flash mob"(快闪族)等就是语内合成造词。中国对外传播过程中亦通过造词的手法形象生动地向译语受众传递着中国的声音,如中国词语翻译时的"mahjong(麻将)""tycoon(大款)"等音译造词,"smilence"(smile+silence 笑而不语)等合成造词,"Long kudo"(龙虎斗)、"taikongnaut"(太空员)等音译+意译衍生的新词,"gelivable"(给力)、"Gobelieve"(狗不理)等音译派生造词,"vegetable basket project"(菜篮子工程)、"phoenix man/guy"(凤凰男)等直译构词法。在中国话语对外传播的翻译过程中,适当运用造词手法,不但有利于形象生动地传达原语的语言特色和文化内涵,而且丰富了译语词语库,实现了传播的双赢。

2. 牢记责任与使命

对外传播的语际转换活动中,传播者对译语话语的变形和加工就是为了调节与化解异质文化之间的差异。如关于"中医"译法仍然沿用了"Traditional Chinese Medicine(TCM)——传统中医",该表述无法彰显当今中医的博大精深和与时俱进,毕竟"传统"一词,可能会给人一种未经当代医学验证之误解,一定程度上阻碍当代中国医学的国际传播。在翻译活动中,没有文化差异的译语文本几乎是不存在的。文化词的释译确实是一种有效的处理方式,但若解释活动完全妨碍了交流的顺利进行,就得不偿失了。比如,曾有学者建议将中国"龙"的对外英译,谐音译为"loong",而将西方的英文单词"dragon"音译为"拽根",因为西方文化中的"dragon"和中国"龙",两者之间存在着巨大的文化内涵差异,前者象征着邪恶与恐怖,后者象征着祥瑞与正义。对此,本书作者曾经对来自不同国度和不同文化层次的以英语为母语或官方语言的受众进行过一次访谈,因为他们通过各种方式已然明了中国"龙"之正面意象,因此,对于中国人表述的"龙的传人"和"东方巨龙"中的"龙"在译语中使用"dragon"一词,绝大多数受访者并无反感。因此,对于某些约定俗成或较为西方受众熟知的译名,在不造成理解歧义的基础上,不妨直接沿用,无需额外造词以代之,一旦我们使用新造英语词"loong"替代"dragon",因为该新造词不符合英语的构词方式,我们将不得不以大量额外的释义去消减西方受众对该新词的理解困惑。如此,反而增加了交流的障碍,影响了传播的效率。

在对外传播的翻译活动中,当民族身份和语言身份无法兼顾时,不妨有意识地通过文化移植以达到中国文化的更好传播。如对外传播中,中国茶叶中龙井茶之译名不妨直接音译为"Longjing",更有利于该品牌的树立和国际传播,实现定名主动权。文化移植既是使命,也能更有效地保留话语主导,实现交际目的。就某些特有的民族文化特色词的对外传播翻译策略,要做到有理有据,既不能不顾译语受众认同去强行推介,也不能忽略对外传播中的文化嵌入。发挥主体性以维护话语者的自身话语权,适当音译在某种程度上利于文化移植,但需充分考虑受众存异心理基础上的文化求同感。所以,加大中国对外宣传的力度,不是简单地传播中国传统文化之精华,更多地要考虑如何将融入传统文化的中国现状与主张推送给世界。

3. 积极讲述中国故事

中国上下五千年的历史、艺术和文化传统为叙事提供了丰富的素材,但必须以听众能够理解和回应的方式诉说这些富有魅力的故事。在对外讲述中国故事的时候,我们必须要明确的就是,由于世界上各个国家的发展历史、文化传统和民族现实的不同,包括中国在内的每个国家的发展道路在世界范围内都是独一无二的[①];中华民族精神是中华民族之魂,深深植根于优秀传统文化之中,是中华文化的结晶,始终是维系中华各族人民共同生活的精神纽带和支撑中华民族生存、发展的精神支柱,这也正是构成中华文化软实力最强大的部分;另外,中国特色社会主义道路的选择,植根于中国文化、历史和现实实际,是符合人民意愿的。立足于中华优秀传统文化的中国传统价值观,是社会主义核心价值观的重要思想来源,历史和现实都表明,文化是一个国家、一个民族的灵魂,只有坚持足够的民族文化自信,方能积极主动地向世界讲述中国的故事,那些述说中国人民为人类文明做出贡献的故事,以及那些讲述中国人民所创造的辉煌事业等具有中国特色、符合中国基本国情的故事,才是真正反映中国成就、中国奉献和中国主张、极具潜力的故事。

我们要向全世界讲述中国故事,讲述中国国家繁荣、人民幸福、民族复兴及其为国际社会提供机遇和实现共同繁荣的愿景。整个国际社会的和平发展、合作共赢契合了世界各国人民的美好愿景。"中国梦"(Chinese Dream)的世界传播和中国经济发展模式的对外宣传,使得过去国际上追求霸权的强权国家模式得到改变,这将有利于实现全人类的进步。中国面临的现实问题在发展中国家普遍存在,美国著名国际政治学家、新功能主义和相互依存理论的重要代表约瑟夫·奈(Joseph S. Nye, Jr., 1937—)认为,其他发展中国家从中国的经济增长中获益匪浅,并且有些国家还以中国的发展模式为例。通过对中国的研究,

---

① 张冠楠. 中国的发展在世界独一无二[N]. 光明日报,2019 - 09 - 23(09).

他相信,尽管中国还有问题需要解决,但中国的软实力终将同其硬实力的增长相匹配①,中国倡导的政治价值观、社会发展模式和外交政策都将获得热烈的回响,发挥出强大的影响力。

在追求中国梦的同时,中国不忘做到和谐共处,始终遵循着独立自主、和平共处的外交原则,加强与其他发展中国家的友好交流与合作,也是中国外交政策的基本原则。2020年12月15日,求是网首页刊登了习近平总书记2017年1月在瑞士达沃斯国际会议中心举办的世界经济论坛上的主旨演讲稿《共担时代责任,共促全球发展》,其中坦率表达了:中国人民深知实现国家繁荣富强的艰辛,对各国人民取得的发展成就点赞,为他们祝福,希望他们的日子越过越好,不会犯"红眼病",不会抱怨他人从中国发展中得到了巨大机遇和丰厚回报。中国人民张开双臂欢迎各国人民搭乘中国发展的"快车""便车"②。中国的发展对世界来说是机遇,中国不仅是经济全球化的受益者,更是经济全球化的贡献者。早在2014年8月访问蒙古国时,习近平总书记就曾指出"独行快,众行远"③,体现了中国帮助周边国家发展的诚意。同年9月,出访斯里兰卡时习近平总书记又发表讲话,指出中国的指导原则是善待邻国,真诚待友,在经济、政治上互惠互利,在文化上相互理解。中斯双方的经济合作是互利共赢的,斯里兰卡可以搭乘中国的经济快车④。

"一带一路"倡议在政策协调、实体联系、贸易便利化、相互理解等方面取得了许多积极成果,2019年4月,中国已经和世界上20多个国家达成生产力合作协议,在24个沿线国家建设了82个境外经贸合作区,为当地创造近30万个就业岗位⑤;截至2021年1月18日,中国已与147个国家、32个国际组织签署了200多份共建"一带一路"合作文件。2013年10月2日中国倡议筹建、2015年12月25日于北京正式成立的亚洲基础设施投资银行(Asian Infrastructure

---

① 约瑟夫·奈. 中国软实力的上升及其对美国的影响[EB/OL]. 凤凰资讯,2008-04-11. https://news.ifeng.com/opinion/200804/0411_23_486463.shtml
② 习近平. 共担时代责任,共促全球发展[EB/OL]. 求是网,2020-12-05. http://www.qstheory.cn/dukan/qs/2020-12/15/c_1126857192.htm
③ 王宁,吴刚,等. 成果丰硕,意义重大——国际社会高度评价习近平访问蒙古国[EB/OL]. 新华网,2014-08-23. http://www.xinhuanet.com//world/2014-08/23/c_1112201025.htm
④ 习近平主席出访斯里兰卡的重要意义[EB/OL]. 人民网,2014-09-16. http://world.people.com.cn/n/2014/0916/c157278-25673122.html
⑤ 区域开放司. 推进"一带一路"建设工作领导小组办公室举办"一带一路"标志性项目案例报告会[EB/OL]. 中华人民共和国国家发展和改革委员会网站,2019-04-02. https://www.ndrc.gov.cn/fzggw/jgsj/kfs/sjdt/201904/t20190402_1086339.html?code=&state=123

Investment Bank,简称亚投行,AIIB),截至2018年5月1日,其成员总数增至86个,遍及亚洲、欧洲、北美洲、南美洲、非洲和大洋洲等六大洲,全球代表性与影响力进一步增强①。中国政府同时于2014年12月设立了丝绸之路基金(Silk Road Fund)和2014年9月正式启动了中国-欧亚经济合作基金(China-Eurasian Economic Cooperation Fund,缩写为CEF),努力提升中国与"一带一路"沿途国家以及欧亚地区国家整体经济的合作水平。另外,2016年8月,中华人民共和国教育部官网发布新闻称:未来5年,中国每年资助1万名"一带一路"沿途国家新生来华学习或研修,并在未来三年每年向沿途国家公派留学生2 500人②。中国"一带一路"倡议的对外宣传和实施,给沿线国家注入了经济增长的强心针,创造了无数的工作岗位,也有力地证明了"中国梦"对世界和平与发展作出的贡献,表明了中国在其发展路上是一个勇于担当的、具有创业精神的、爱好和平的、友好合作型的国家。这些真实的数据,在中国对外传播宣传中讲述中国故事时,应该更积极主动地予以展示。

讲好中国故事、不断增强中国文化在国际社会的影响力是一项需要长期坚持的事业。增强中国软实力要通过讲述中国的重大事件、重大历史时刻、当代中国深刻的社会变革、中国思想的无限智慧和对未来的积极态度,这些构成了中国文化发展的精髓,也恰恰证实了中国对世界和平与发展作出的巨大贡献。

中国的故事可以展现人类历史的不朽部分,同时,中国梦指的也是个人的梦想,细小的情节应该与伟大的事件一同传播。中国的文化传播近年来获得了巨大的成功,如纪录片《舌尖上的中国》之所以收获全球人气,正是因为讲述了一个又一个普通人的感人故事。这些故事的讲述,很容易引起译语受众内心的共鸣,从而以一种潜移默化的方式影响着国际社会的方方面面。要从不同的角度描述中国,除了讲述汉族、城市地区和健全个人的故事外,还可以感同身受地描绘中国的少数民族、城乡边缘地区或边境地区的人、残疾人等,还可以讲述关于妇女、儿童和老年人的故事,讲述中国人如何减少污染和保护野生动物的故事。以真实的方式描绘中国,可以使观众相信他们所见所闻的是"一个可信的中国"。这些故事真实、多样地描绘不同的领域、地域和各行各业,描绘不同民

---

① 财政部. 亚洲基础设施投资银行成员总数增至86个[EB/OL]. 中华人民共和国中央人民政府,2018-05-04. http://www.gov.cn/xinwen/2018-05/04/content_5287937.htm
② 教育部将设"丝绸之路"中国政府奖学金[EB/OL]. 中华人民共和国教育部,2016-08-12. http://www.moe.cn/jyb_xwfb/s5147/201608/t20160812_274736.html

族以及中国各个发展阶段。虽然内容多样,但所有故事都能够揭示中国的主流思想和社会主义核心价值观。

虽然中国经济在全球的地位是不言而喻的,但中国的主流思想和社会主义核心价值观仍未能得到广泛认可。如今,中国的对外传播就是要讲述中国的主要发展、中国当代所取得的主要成就以及带有中国特色的发展道路等的中国故事,更好地向世界传达中国的民族精神追求和社会主义核心价值观——富强、民主、文明、和谐,自由、平等、公正、法治,爱国、敬业、诚信、友善。对外宣传中国的发展道路,就是要让其他国家和人民通过真实、生动的中国发展故事充分认识到,这是一条符合中国实际的、人民自己选择的光明大道,从而获得国际社会的最大理解和支持,这也是讲好中国故事、实现文化传播的终极目标。

4. 兼顾受众接受心理

译语受众接受主要是指译语受众对于中国文化对外传播或宣传过程中的话语(译语)信息、话语形式以及话语中传递的价值理念的接受度。由于中外语言根植于完全不同的土壤中,历史、文化、地域、风俗等不同因素导致在某种情况下对同一事物的理解、看法也不同。原语文化中约定俗成的话语表达方式和审美价值观念,在译语语言及文化语境中仍需再次集约,切忌"想当然"。毕竟,在不同的话语语境中,意义也可能因受众差异和文化差异而获得不同的阐释。

对外传播活动中的译者要充分考虑不同语言背后的文化异同、译语受众的审美价值取向以及接受习惯,从而让译语话语实现其传播效果、达到预设目的。下面以"China dream"与"Chinese dream"为例,谈一谈"中国梦"英译译语考量中的受众接受。

"Chinese dream"更为着重强调全体中国人民的共同理想和追求,体现以人为本;而"China dream"则显得脱离群众,容易为人误读。我们可以将其与西方社会比较通用的"美国梦"的英文表述"American Dream"(并未使用 America Dream)进行比较。因此,在对外传播时,要充分注意细节与文化差异,否则传播目标必会因译语受众在语言及文化认知上的差异而造成偏离。

另外,对于中国"龙"的翻译,仁者见仁,智者见智,一直以来学界对其翻译有着很大的争议。从其生物属性来看,中国"龙"和西方"dragon"都具备能飞、会喷火的特质;早在很久之前,西方汉学家就将"dragon"直接对译为中国的"龙",但是由于两者的内在文化蕴意相去甚远,所以很多学者主张重译中国"龙",提出了本土化的音译——"long""lung"和"loong"等,反对将"龙"译为

"dragon"。但随着中国逐渐融入世界以及中国政治、经济及文化对世界的影响力不断扩大,西方社会学界对于"dragon"一词的解读和释义已经产生根本的变化,西方受众对中国社会和文化的认知也有了一定的改观,从《韦氏新国际大词典(第3版)》(Webster's Third New International Dictionary)和《牛津百科英语大词典》(The Oxford Encyclopedic English Dictionary)中关于"dragon"的词条变迁及释义情况可见,西方受众对于"Chinese dragon"已然有了全新的解读和认知,并开始逐步接纳中国"龙"。所以就译语受众接受来看,直接将中国"龙"译为"dragon"并不会再如百十年前一样,造成译语受众的偏见和误解,这也符合当代译语受众的接受心理。因此,在翻译那些中国文化负载词时,应该要充分考虑到译语受众接受心理,否则会导致译语受众产生理解和认知的心理障碍,从而影响传播效果[①]。

(二) 译者主体的尺度把控

翻译过程是译者话语主体性的直接、生动体现,如果译者没有足够的文化积淀,那么对中国古文的翻译时就会极易出现断章取义的情况,这便是译者主体性的问题症结所在。譬如某些年轻人常把"酒肉穿肠过,佛祖心中留"作为自身不当行为的借口,其实完全误读或者说是故意选择性无视了原文所处的上下文语境:酒肉穿肠过,佛祖心中留。世人若学我,如同进魔道。翻译同理,若译者只翻译某一部分,而舍弃另一部分,则会造成译文与原文含义的偏差。除此之外,译者价值观与原文存在偏差,也会曲解原语作者想要表达的真实意图。

当然,如果译者过分强调对外传播翻译活动中的主观能动性,对原文任意解读,对译文肆意发挥,只会造成原语文化的流失和译语受众的抵触。因此,同样作为传播者,译者对原语文本或话语真实意图进行取舍或解读时,在任何情况下都不可借助译语话语权这一面大旗,肆意妄为。比如很多人现在过分夸大中式英语,将"不三不四"译作"no three, no four",可以说,这完全是对译语话语权的一种亵渎,对中国国际形象的树立有百害而无一利。

(三) 译者主体的意识形态把控

意识形态是在一定的文化与社会环境中形成的,确切地说,意识形态是在

[①] 本节内容参考了李艳飞、熊欣的文章《对外传播翻译活动中的话语权认知》(该文刊载于《河池学院学报》2018年第1期,第69-73页)。

一定的文化与社会环境中的人所形成的观念集合,如宗教、文化、价值、道德、伦理、审美等观念都可看作意识形态的组成部分。译者是沟通两种不同语言的桥梁,同时也是其所在民族的一分子,会受其所在社会与文化的影响,即受其所在民族意识形态的影响,译文自然也是如此。通过上文对译者主体性的定义可以得知,译者主体性是译者在翻译中所体现出的主观能动性,这里所谓的主观能动性既包括翻译内容的选择,也包括翻译方法策略的选择。而后者其实可以归为对意识形态的选择,即对母语意识形态与译入语意识形态的选择。

一名译者,要学习的不仅是译入语的单词、语法、句子、修辞等单纯的语言知识,还有译入语的意识形态。因此,翻译实践行为衍生了两个基本的翻译方向:体现原语意识形态与体现目的语意识形态。两个方向的翻译实践也会导致两种基本的结果。相对而言,体现原语意识形态较多的译文所携带的外来信息更多,受众读起来相对生涩;体现目的语意识形态较多的译文所携带的外来信息很少,受众相对容易理解。译者主体性也在这两种方向的主观选择上得到了充分的体现。

另外,意识形态对译者的影响很多时候是无意识的,因为译者在翻译过程中无论对译入语熟悉到何种地步,也无法完全摆脱母语意识形态对译文的影响,就像外语学习者永远也成不了外国人一样,译者的译语使用总是体现着自己母语的意识形态(李勇华,2016:33)。

译者的对外话语意识,主要体现为译者翻译目的的实现,即译语文本呼唤功能的充分体现。译者话语权的充分发挥,有助于译者将本土文化译入目标语文化时,或强势再现或润物细无声地将原语文化内涵进行移植。中国在构建全新的国际话语权过程中,对外传播译者的责任举足轻重,这里所说的译者,主要是指中国本土译者。

"人类命运共同体"的理念要赢得国际社会的了解和信赖,必然要基于中国不断增强的软、硬实力,以及西方受众对中国发展道路的接受与认可。此时的译者应当坚守新闻报道的客观性和全面性,加强国际传播能力的建设和对外话语体系的构建,增强中国声音的国际公信力,讲好中国故事,要通过向西方受众充分展示中华文化的独特魅力,让世界人民了解到当前的中国在政治、经济、文化上取得的巨大进步。

尽管西方汉学家在中国的对外传播活动中发挥了重要的作用,但与生俱来的语言、文化或意识形态上的差异,让他们难以独自承担起中国政治、经济和文化对外传播的历史使命。因此,中国译者在对外传播翻译活动中,应该具备基本的政治素养和高超的双语语言素养,努力完成时代赋予的责任和义务,将中国源远流长的文化与日新月异的发展清晰地传播给整个世界。

(四)中式英语的世界影响及话语张力

英语成为国际语言的必要条件是其包容性,因此,英语较其他语言而言,具有较强的生命活力,成为应用最为广泛的国际通用语种。恰恰是语言本身所具有的海纳百川的灵活特性,给予了印式英语、日式英语以及中式英语等各式国别特色英语以发展的基础与可能。

1. 国际话语体系中的中式英语使用现状

因为中国语言与中华文化在世界上的地位和辐射力越来越强,西方话语体系也慢慢出现音译和意译形式下的中式英语。湖北大学和社会科学文献出版社在2015年4月29日于北京联合发布了《文化建设蓝皮书·中国文化发展报告(2014)》①,该报告研究并评估了中国2013—2014年的文化发展事业,其中提到:相比以往,在国际话语权方面,中国文化取得的进步是显而易见的。除此之外,报告还指出:据美国全球语言监督机构的数据统计,近20年来,源自中文的借词在英国新词词库中的占比从5%增长至20%。中国贡献的英语词句表达各样各色,数量众多。例如:"taikonaut"(中国宇航员)、"square dancing"(广场舞)、"tofu"(豆腐)、"hongbao"(红包)、"redology"(红学)、"geilivable"(给力)、"Go and look!"(走着瞧)、"Good good study, day day up!"(好好学习,天天向上)、"Long time no see!"(好久不见)等词句。中式英语表达浸入到英词语库,逐步改变着西方受众的话语思维方式,也帮助他们更多地认知到中国话语的魅力。

早年《华尔街日报》(The Wall Street Journal)也浓墨重彩地介绍了中国"Dama"(大妈),大妈们对世界经济与股市行情的影响也颇具"重量级"。无独有偶,中国"Tuhao"(土豪)的身影也出现在英国广播公司(BBC)的报道里,并为发达国家展现了中国近期经济社会的巨变以及经济实力的崛起。再就是,像

---

① 人民政协报.文化建设蓝皮书·中国文化发展报告(2014)[R/OL].人民网,2015-04-30. http://politics.people.com.cn/n/2015/0430/c70731-26928339.html

"guanxi"(关系)一词常常用来讲述中国过去人与人之间的复杂关系网,西方商学院教材《规则与网络》(*Rules and Networks*)就曾特意收录了该词①,这些词条的出现从某种程度上反映了中国在某些特殊时期存在着的特有社会文化现象。实际上,拥有中国特色的英词语汇正在愈来愈多地渗入西方受众生活的各个方面,润物细无声般在认知和价值观上改变着他们对中国社会的刻板印象。无论是英国《经济学人》(*The Economist*)报道中的"Guanggun"(光棍)、《纽约客》(*The New Yorker*)中的"Fenqing"(愤青)还是央视英语网页中的"Chinsumer"(中国海外购物狂)都是很好地证明。

2. 中式英语的国际国内顺应

在国际话语权舆论场中,中式英语的产生正是顺应了时代的需求,并有利于提高中国的国际话语权,蕴含中华民族特色的中式英语词汇慢慢融入英语文化世界的"大熔炉",在进一步夯实并提升中国话语权的同时,还促进了中国文化的可持续发展。其中广泛传播的表达有:"day day up"(天天向上)、"long time no see"(好久不见)等,这些词已然被西方世界接纳并内化到自己的交流中。例如,国外科幻巨制《阿凡达》(*Avatar*)的人物对话中就多次出现"long time no see"。还有一些收录现代网络用语的词典中也有不少中式英语,如美国在线俚词语典《城市词典》(*Urban Dictionary*)就对"no zuo no die"进行了收录并做了如下注解"This phrase is of Chinglish origin",有"不作死就不会死"或者"自作孽,不可活"之意。还有部分网络流行语不仅作为单独词条被收录到国外词典内,有些表达甚至有配套的用语,如"You can you up"(你行你上啊)有与之配套使用的"No can no BB"(不行就别说话),可丰富该表达使用的情景。中式英语作为英语的一个分支,许多表达已经得到西方受众普遍认可,以上众多示例说明了中式英语的发展与推广是顺应世界对中国文化需求的增长以及中国经济不断发展、科技日益进步的现实国情,也正是因为中式英语表达的独创性和时代性收获了西方受众的广泛认可和高度肯定,才能够得到普及,我们应该对这种"英汉绝配"乐观其成。

全球语言监测机构(Global Language Monitor,缩写GLM)从全球视野和英语语言发展的角度对中式英语给予了高度评价,认为它是一种可喜的混合

---

① Richard P Appelbaum;William L F Felstiner and Volkmar Gessner. *Rules and Networks*[M]. London:Hart Publishing,1988.

体,像"People mountai people sea"(人山人海)等中式英语表达形式,可以让译语受众通过中国式思维及话语形式、形象生动地感知中国的语言特征及蕴含其中的各种传统文化元素。值得一提的是,中式英语中所反映的中国社会文化群像还有特定的经济政治等因素,如"Hukou"(户口)等,有益于译语受众加深对中国的了解,进而形成更加立体的中国印象。

早先,有一则关于中国女孩卖煎饼的报道引爆了美国网络,而她卖的"小飞猪煎饼"也受到了西方受众的欢迎,从而将中国饮食文化推向了更广的海外市场。"A little flying pig Jianbing"这一译文很好地表达了中文译语的"自我",在对外传播过程中,体现了中华美食命名的自主权,也受到美国大众的欢迎。英文词汇配合中文语法的表达形式,非常利于中国语言特色和文化特色的对外传播,就如"Jianbing"这一"异域风情"十足的名词与"flying pig"表达出的萌趣含义,能引起受众的浓厚好奇与兴趣,推动中国传统食物"煎饼"在海外更广更快地传播。"Jianbing"与"pie"并不能完全画等号,因为不管从制作手法还是其背后中国特有的文化内涵而言,译者都不能抛弃原意而将为其译为"pie",这里取"Jianbing"的音译形式(一方面来说,音译词也属于中式英语的特有表达形式),既是为了区别于英语中的"pie",也是译者主体对本民族饮食文化的能动保护,同时也尊重了译语受众的构词原则。

3. 中式英语与译语话语权

在译语话语体系下,中式英语的表述方式,或者说中式思维下英语话语的表达方式,有意无意间流露出中国人民的国际需求。中式英语在翻译过程中的有意运用,其本质目的便是要让中国的语言特色、文化魅力和部分价值理念更好地得到译语受众的接受和认可,通过这种主动表述获取国际话语权。

面对如今大量涌现的中式英语,我们必须清醒地意识到:尽管西方世界或者英语国家对中式英语这种结合中国特色与英语语言特点的新型"嫁接"语言产物的接受度越来越高,然而与英语语言中新词的高速生产相比,中式英语的发展速度仍远远不能为英语语言提供发展的动力源泉。其关键原因便是中式英语的传播缺乏足量且够格的传播者,同时也缺乏丰富和系统的外宣资料来满足西方受众了解中国的诉求。此外,我们不能忽视的是,有一些带有负面信息的中式英语会造成不良的影响,如"Tuhao"和"Dama"等中式英词语汇既带有负面含义又不利于构建良好的中国国际形象。所以,对于中式英语的广泛传播我们不能盲目自信、沾沾自喜。相反,在对外传播中式英语的过程中译者应多输出如"taikonaut"、"the 14th Five-Year Plan"("十四五"规划)、"vegetable basket project"等意义积极、内涵丰富且利于传播的表达。这些带有积极含义的中式英语来自译者的主动创造,更反映了中国主流文化和主流的社会价值,更大程度彰显中国的语言特色和中华民族文化的无限魅力。

中式英语在英语语言中的大规模融合,从某种程度上来说,既是时代发展的需要,也是中国国际话语权不断提升的力证。但本书研究中式英语对中国国际话语权的提升作用,并不是要去宣扬盲目的文化自信和眼高于顶的文化传播态度,或是不顾译语受众情况而强行进行文化移植。我们必须要承认中式英语会对提升中国国际社会地位和国际话语权起着必不可少、也是无法取代的关键作用。有人会问:译语受众对中式英语的接受程度就不应该被考虑吗?回答是肯定的,但可以通过对中式英语的释义或中式英语顺应时代的自我更迭,来解决受众的认知问题,如同"gelivable"(给力)等的翻译词一样,让世界更多地感知中国。

四、译语中话语权的再现与表达

传播的作用就是运用客观、准确的话语或文字来反映社会的客观存在。国际上的对话与交流日益增多,每个国家对争取世界舞台上的发言权态度越来越积极,意识也逐渐强烈。因此在从事翻译活动时,对于原语的翻译不能只是单纯地传达语义与传递文化,而是要求译者在译语环境中实现本国语言与文化的再现,从根本上说就是原语话语权要再现于他者语言与文化中。

(一) 译语中话语权的再现

其实,译语话语权不单单体现在国家层面上,在一种语言转换成另一种语言的过程中,它体现为要显示出原语的某种写作意图或翻译意图,哪怕这种意图并未在原语文本中得以完全体现。这种带有一定话语意图的翻译不再是"原语中心论"的实践,也不再是"被动"或"机械"地将原语语言转换成译语语言形式,而是需要译者的主动参与,帮助完成原语意图的实现(南华、梅艳红,2017:96)。

除此之外,在实现"语言"到"文化"转向的翻译过程中,译者获得更多自由,译者的地位和身份也被抬高到以前未有过的高度。译者不再"隐身",这为译语话语权的实现提供可能,积极满足了译语话语权的实现需要。比如,对于中国外宣文本多次提及的"中国梦",国外译者曾将其翻译为"China dream",而中国的官方英语译文则是"Chinese dream"。比较两者的不同可发现,这两版译文所站的角度不同,"Chinese dream"代表的是中国人民的梦想,体现的是人民是国家的主人、是中国梦的实现者;而"China dream"所体现的梦想只是单从国家的高度出发,意为"中国国家之梦",并没有深入到人民的层面,也未体现出人民主体的内涵。这个例子可以有力说明,在译语环境中完成对译语话语权的再现时,必须究其语言的深意,并在翻译过程中牢记和完成特定的翻译目的,这样才能让一个国家在对外传播过程中保持将一些国家自身因素(如政治、经济、文化等)有意识地移植到目的语国家,再现其译语话语权,实现在他语语言文化中译语话语的自身权力。

翻译的过程就是传播,而译者主体的参与在国际话语权的对外传播中更是至关重要。前面已经提到,国际话语权中有译语话语权,而译语话语权,从某种程度上来说,体现出了一国的国际话语主导权。无论是原语作者的写作出发点还是原语传播者的传播目的,都离不开译者用合适的语言对译语话语体系进行重构并对译语话语内容进行选择。

(二)译语中话语权的表达

译语话语权就是关于译语话语在译语语境下对译语受众产生的正向反馈,即译者通过适当的译语话语方式,最大限度地传达原语的表达意图,使得传播的内容、形式或价值理念为译语受众认可或接纳,达到对外传播的根本目的,获取国际话语权。根据不同的传播目的和意向,译者需要主动参与整个传播活动中,而不仅仅只是一个语言符号转换的执行者或表层语义传递的传声筒。譬如,为促进国家更好地融入世界的舞台,在文化传播过程中,译者应尽可能地贴近原语文化国家的语言风格,充分保留并凸显原语文化特色,从而真实再现原文风貌,实现文化的有效移植,达成译语话语的有效表达。

以具有中国特色的翻译词汇为例,从最早且最为英语受众所熟悉的中式英语"kongfu"(功夫)、"hukou"等词,到近期较为流行的中国词汇,如"gelivable""taikonaut""add oil"(加油)等,译者大多数时候会采用异化来对译文的话语形式进行调整和处理,如直译、音译、音译+意译/直译或音译+注释等,从而实现对话语议题设置和发展方向的主导,获取译语话语权。如今许多具有中国特色的翻译热词虽然并不完全符合英词语汇的构词规则和英语语言的话语表达习惯,但因其独具的异域特色仍被广大英语受众热捧,甚至有些还被收录到众多英语词典当中,成为英语受众的日常用语,如"long time no see"和"people mountain people sea"等。这些内涵丰富且独具中国思维的英语表述方式,看似是施与译语语言至上的某种语言暴力,实则从话语形式上体现出了中国话语的国际影响力日趋增加,像"the Belt and Road Initiative"(一带一路)、"remain/stay true to our original aspiration"(不忘初心)等网络热词在英语国家的出现,对中国的国际话题设置是有利的,也极大地提升了中国话语的国际影响力。这种蕴含异域特色、富含时代气息的中国新词汇的译语话语表达形式,实现在译语国家话语体系中的成功植入,折射出了中国在世界舞台上话语影响力的不断扩大。

由此可知,译语话语权的实现并不只靠原语语言到译语语言或译语话语形式的转换,更要求译者对原语作者的写作意图加以理解和解读,并将译语受众接受能力考虑其中。简单的原语文化语符移植并不能完美地表达译语话语权,同样,采用类似或相关语义的译词语汇将其代替也是不可行的,要实现译语话语权必须经过译者的再次加工与重构,用一种喜闻乐见、润物细无声的方式把原语符号植入到译语语言之中,从而扩大中国的国际话语权。

五、译语话语权与译者主体诉求

许钧就"翻译的主体"归纳出四种不同的观点:译者是翻译唯一的主体;原语作者和译者同为翻译的主体;译者与受众同为翻译的主体;原语作者、译者和受众同为翻译的主体(许钧,2003:292)。在笔者看来,翻译活动中只有译者才可能是那个具备主观能动性的唯一主体。译者主体性其实就是指译者的主观能动性,由译者的语言综合素质、跨文化意识、艺术再创造能力、美学标准和人文品格等要素构成,其基本特征就是翻译主体自觉的文化意识、人文品格和文化审美创造性。只有正确认识了译者主体性的内涵,才能提升译者自身的翻译能力。

译者的主体性直接且生动地体现在译语话语的翻译过程中。译者在解读原语时,不可避免地会掺杂受自身背景影响形成的价值观与审美眼光,所以译者在后续译语话语表达的过程中,一定会面临多次的取舍抉择。在译语话语权下,译者主体如果进行了过度解读,对译语的表达方式也不拘小节、随心所欲,那么就会有碍于原语及原语文化的传播,还有可能损害原语文化的表达。译者主体性的发挥不能主观随意,而应遵循一定的时代背景、社会意识形态及当代社会普遍价值观。在翻译过程中,译者还要考虑原作和译语受众。译者自身的译语文化素养与积累也会影响到翻译创作。因此,译者需要发挥自身的主体性,努力挣脱原语文本的桎梏,对原文进行再创造,用译语尽可能地将原语话语中的社会因素表达出来,从而获得译语受众的认同。

(一) 权力诉求

话语是"权力"的表现形式,而所有的权力通过"话语"来实现(南华、梅艳红,2017:94),因此,原语到译语的转换也依附于暗藏的权力关系。原语作者的写作目的对这种权力关系起决定性作用,而其目的背后是原语作者特定的话语意图和话语权力,原语作者对受众有早已设置好的思想预期并将这份预期呈现于作品中。所以译者主动抑或被动参与这一过程,都会在某些程度上体现译者主体性的权力诉求。

译者主体性的权力诉求,指原语主体希望借助译者的相关帮助为其在目的语环境中实现其话语意图。原语作者、原语受众、译者以及译语受众之间的关系复杂,一方面,原语作者写作的意向受众不一定是其译语的期待受众,所要表达的思想以及暗含在原作品中的话语权力在译语中很难显现出来,或者说很难为译语受众所发现(南华、梅艳红,2017:97)。另一方面,由于语言文化以及历史条件的差异存在,原话语主体话语活动的诉求需要借助译者的参与才能达成,凸显译者的主动参与性,尤其是在帮助原话语主体在他语文化中实现其话语意图、话语权力方面。如以前在他语文化环境中,中国特色类的译语话语并不多见,中国常常处于一种"失语""失声"的状态。以往,外国译者会对输入本国的中国商品起些"洋名",如"silk"(丝绸)、"tea"(茶叶)等,如此译文十分符合译语受众的用语习惯和语言风格。但是,这些翻译后的商品名几乎已经抹去了该商品产自中国这一事实特点,商品所附的民族特性难以通过名字告诉英语受众。所以,译者本不是通过单纯的语言转换把原语文化移植到英语环境之中,而是通过转换译语的语言形式或表达方式将原语文化融入译语文化中。这样的传播方式对译者的主体创造性提出要求,要求译者创造出符合译语话语表达习惯,描述或指代原语文化的话语形式。

译者应认识到:当向译语受众输出原语文化时,首先就是要考虑原话语主体话语活动的诉求,采取最恰当的译语话语形式去传达该原语的诉求;如果没有现成的便于传达的译语形式,不妨再创造出适用于原语话语的形式,进而最终实现对译语话语权力的表达。

(二) 文化诉求

翻译行为指对语言、文化差异性较大的原语译语两者进行转换,所以翻译时除了要凸显原语作者的写作意图外,还需要在语言上最大限度地再现原语文化,并要帮助实现译者主体性的文化诉求。傅雷在1960年8月5日的家书中写道:"唯有不同种族的艺术家,在不损害一种特殊艺术的完整性的条件之下,能灌输一部分新的血液进去,世界的文化才能愈来愈丰富,愈来愈完满,愈来愈光辉灿烂。"[1]因为这股新鲜血液的注入,翻译开始重视艺术与审美对其的作用和影响。译者努力将原语文化和内涵完整传达,不仅能促进译语受众与原语环境和主体进行更多的心灵沟通,还能加深对自己国家的文化认识和了解(沈洁、王宏,2019:21)。

但事实上,因为文化的"千人千面",其文化特色很难,甚至几乎不能在文化传播过程中找到功能相似的译语表达形式来进行传达,所以译者需要灵活动态地选择翻译方法,如采用音译或采用音译/直译+释译/诠释的译法来处理文化词语的翻译。譬如,2015年11月7日,习近平、马英九在新加坡会面。马英九向习近平赠送礼物"台湾蓝鹊"和"马祖老酒",这两份礼物颇具中华民族民俗文化特色。那么,译者到底该如何将其中蕴含的文化特色传递出去呢? 其中,手工瓷器"台湾蓝鹊",根据《中国日报》(China Daily)2015年11月9日双语新闻上的译文为"a handmade china carving of a blue magpie",译者采用了直译+释译的英译方法。蓝鹊(blue magpie)采取直译,而喜鹊(magpie)在中国文化中象征着好运与吉祥,有"喜鹊叫,好事到"的俗语,译者借这样的译文向世界传递着两岸关系和睦友好的信息。通过对比英汉两种不同语言文化环境下关于"magpie"的意象内涵不难看出,此"鹊"非彼"鹊"。虽然在中文文化中,"鹊"代表的是好运,但在英语文化中象征的却是"不祥之兆"。英国诗人约翰·克莱尔(John Clare)在其田园诗《乡村歌手》(The Village Minstre,1821)中就有如下的诗句"Magpie that chatted, no omen so black"(没有比鹊噪更黑的预兆了),可以看出,"magpie"在西方文化中多为不吉的征兆。因此,如果将"蓝

---

[1] 傅雷. 傅雷文集·傅雷家书(最新增订本)[M]. 南京:江苏文艺出版社,2010.

鹊"直译为"blue magpie"的话,恐怕会造成译文与其原本的传播和宣传翻译意图相悖,传递不出原语中吉祥、喜乐的文化意象,如此不但实现不了对外传播的预期效果,反而很容易给译语受众情感心理上造成一种负面效应。下面我们再看看"马祖老酒",在 2015 年 11 月 9 日中国日报网双语新闻中其被解释性英译为"vintage rice wine made in Taiwan",着重介绍了其产地和酿造成分,从而让西方受众不至于困惑于其中"老"字蕴含的酒文化元素,很快就能得知该产品对身体的保健功效。假如译者采用"音译法"把"蓝鹊"译作"Lan Que",而"马祖老酒"译为"Ma Zu Lao Jiu",则无法传递该产品本身的信息。但从另一个角度来解读这两个音译名称的话,译者撇开了语义的传递而直接将原语词汇的读音进行传播,可以激发英语受众进一步探究的好奇心和兴趣,从而更好地了解其中蕴含的中国文化内涵,从某个角度来说,如此对外传播,亦有可取之处,如该音译名的对外传播活动得到更多译语受众认可的话,其实更有利于创建中国产品的品牌效应,从而增大中文话语表述方式在译语话语体系下的份额占比,获取话语主导。对外传播英译活动中,话语权的获取需要译者通过适当的译语话语形式运用和文化移植中的维度转换去主动争取其译文所传达的原文价值观念、立场等。这个过程中的译者需灵活把握译语受众的各项心理因素,巧妙地使译语受众内动地去探索原语文化的内在含义,从而减少在译语话语中保真移植原语文化内涵的难度,达成原语文本对外传播或宣传的最大效应。

当然,要对原语文化进行更好地传播,译者不能只是凭借单纯的音译转换,也不能简单粗暴地将原语文化符号嵌入译语体系之中,而是要在译前与译中都充分考虑译语受众的"期待视野",即考虑文化背景、兴趣、需求等因素之后确定翻译方式。因为真正的传播是以译语受众对译语文本的理解、接受和认可为前提的,只有这样才能在译语环境中建立起属于自己的话语领域,进而满足译者主体性的文化诉求,实现译语话语权的再现与表达。

译语话语权的建立不仅关系到话语主体在译语环境中的语言存活度,也关系到其文化的传播,但译语话语权的构建很大程度上由译者决定,也是译者主体性文化与权力的诉求,所以译者对于译语话语权的建立具有很大的主动参与性。通过译者主体性在译语话语权构建中的参与或作用发挥,不仅有助于原语文化在译语文化环境中建立属于自己的本土语域(南华、梅艳红,2017:98),而且还有利于原语作者实现其文本中的文化内蕴对外传播时的主动表达,从而促进原语文化在译语文化语境中的移植、传播与交流。

在全球治理的趋势下,争得应有的国际话语权对中国的进一步发展至关重要,而文化是国际话语权制约因素中最长远、最稳定的因素,因此国际话语权的构建离不开文化传播。翻译是不同文化间的桥梁,同时也是文化传播的一条重要路径,翻译策略的选择在很大程度上决定着原文本在译入语文化的传播效果,也决定着国际话语权份额的占有。理解译语话语权、国际话语权以及译者主体性三者之间的关系首先要明确每一个概念的主体是谁,这样才能更好地把握他们的内涵,从而为构建中国国际话语权这一目标服务。

第二节 对外传播本地化

本地化是将与特定想法、服务或产品相关的内容适应其使用地区或市场的文化和语言的过程。而对外传播的本地化,主要是中国对外传播为适应特定的社会文化环境而采取的操作技巧和管理方法,即"全球化思考""本地化行动"(孟锦,2004:46)。对外传播中的本地化翻译活动,某种程度上可以被视为对外传播翻译活动中的翻译规划及翻译策略。根据当前的国际形势、国际特点和中国国际地位的变化,黄友义先生在接受朱义华(2019:118)访谈时指出,新时代外宣翻译工作的重要性和新特点是伴随着中国国际地位的变化而出现的,外宣翻译就是为党和国家的大局服务。译者在对外报道中要使用西方受众听得懂看得懂的语言来讲述中国故事,从而引起他们的共鸣,有效传播中国声音。

在实际的翻译活动中,"本地化"的作用尤为重要。2003年本地化国际标准组织(LISA)在《本地化产业初级读本》(*The Localization Industry Premier*)一书中[①]对"本地化"作出了如下定义:本地化是为满足不同市场需求而对产品或服务进行加工的过程(Localization is the process of modifying products or services to account for differences in distinct markets);莱因哈德·舍勒(Reinhard Schäler)在《译者与本地化》(*Translators and Localization*)一文中

[①] LISA(Localization International Standard Association),本地化国际标准组织,是工商界国际化、全球化、本地化和翻译(Globalization, Internationalization, Localization and Translation, GILT)的一个重要组织,1990年在瑞士成立。

指出:本地化是对数字化内容进行语言和文化上的调整,以适应国外目标市场的要求(莱因哈德·舍勒,2007:119)。(Localization is the linguistic and cultural adaptation of digital content to the requirements and the locale of a foreign market.)同样,中国翻译协会也在 2015 年对"本地化"进行了阐释:本地化是指当市场有需求时,为满足特定国家/地区或特定市场上的用户对语言和多元文化的特殊要求而将产品进行加工的生产活动。而本地化翻译,通俗地讲,就是指对外部引进的事物进行改造,使之满足特定客户群并与特定区域的文化背景相吻合,目的是克服产品本身的文化障碍,从而吸引更多的本地用户[①]。

目前国内学者对翻译本地化的研究还不是很深入,大部分仅只停留在简要介绍层面,缺乏客体的实证研究和主体的理论共识,尤其缺乏对于翻译活动中的本地化研究,主要是一些跨国公司、游戏公司、合资公司等在做翻译本地化,如此情况不利于中国国际话语权的获取。

一、译语话语本地化及传播平台建设

我国对外传播媒体的目的就是为了能有效地影响译语受众以及西方大国的主流舆论,从而在国际上塑造一个负责任大国的良好国际形象,最终为我国的国家利益服务。因此,对外传播中的翻译活动须时刻牢记传播时译文的有效性和主导性,多摆事实,少讲大道理,将自己要发出的声音和诉求润物细无声地蕴含在客观数据和事实报道之中。一定要把握好传播话语的归化性、内容表述的客观性和道理阐释中的可见性,通过调查研究来确定传播的内容和话语方式,多用数据来说话。

对外传播的译语话语必须充分考量受众国别性或区域性特征,在尊重受众收听、收看、阅读的习惯以及话语规范和价值标准的基础上,有针对性地选择传播时的译语话语形式和传播内容。如果对外传播翻译时,译文远远超出了其原文的语言与文化范畴,那么对外传播的有效性就无法得到保障。

因此,中国对外传播翻译活动中的译者要充分把握受众对中国信息的需求,明白他们的疑问、怀疑甚至是误解,充分利用西方受众群体众多的媒体或平

---

① 本地化翻译. 百度百科. https://baike.so.com/doc/72929-76971.html

台,用受众喜闻乐见的话语方式来讲述中国故事,逐步构建起中国的国际话语体系,提升对外传播的有效性,避免无效传播。对外传播话语的本土化,就是通过传播媒体或平台的身体力行,用西方受众听得懂的译语话语形式来介绍和宣传中国,消除西方民众对中国的片面认知,让他们切身感受中国政府和中国人民的善意。美己之美,勿忘美人之美,如此,方能真正实现世界的共生共荣,达成对外传播翻译活动中译文的美美与共。

对外传播媒体或传播平台的本地化,除了前面提到的对外传播中的译语话语规范、价值理念和合共存以外,还要从传播平台或媒体风格(包括版块结构的设计、颜色搭配、音频和视频的有机结合等)上尽量贴近译语受众的阅读或收听收看习惯;另外,报道中应该尽量使用平民化的语言增强对外新闻报道的贴近性,加强传播平台与西方受众之间的互动性,从而实现对外传播的最佳本地化效应;还应强化对外媒体事件报道的可读性和体验感,加强对外传播平台的欣赏性和娱乐性(赵随意,2003:62);同时还需加强与西方主流媒体之间的互动,在借鉴和学习的过程中,推动我国媒体和传播平台对外宣传或传播中的本地化进程。

二、译者本地化的维度转换

在互联网高速发展、科技软件迅速更迭、云计算和人工智能逐渐进入日常生活的大背景下,人们进入了"互联网+"时代,一部手机便可知天下事。这对于中国的对外传播既是一种机遇——传播形式更加多样化,信息获取途径更为便捷,能直接将各种讯息迅速地传递给更大范围内的、多样化的西方受众群体,也是一种挑战——传播内容的真实性考量和传播话语的适切性选择。

云计算(Cloud Computing)在互联网和科技不断发展的推动下诞生并且逐渐壮大,云计算支持线上沟通服务、处理项目和支付款项等多种模式,业务机构和服务对象使用互联网获得服务需求并扩展项目效率。云计算与翻译信息化相结合的云语言服务平台可以集聚各类资源,整合各种产业链,将线上线下的语言活动连接到一起,高速地完成对外传播活动中的语言翻译服务工作。在新媒体技术的参与下,中国的对外传播活动呈现出海量化、多元化、碎片化、多模态、即时性等重要特征,给译者提出了更高的专业术语把控和在线技术水平方面的要求:借助 SDL Trados、Alchemy Catalyst 等软件,高速处理海量信息,提取有效信息,过滤无用信息(崔启亮,2015:69),建立健全规范的传播文本翻译记忆库,不断丰富各领域对外传播翻译活动中的术语库,构建符合规范和受众喜爱的传播话语体系,使原语文本对外传播时的译文话语形式既满足受众的信息需求和审美需求,也能在立足本土的基础上发挥其主观能动性,把控对外传播中的政治正确,做到翻译活动中的"守土有责"。

要做到对外传播翻译活动中的"守土有责",译者就必须具有国际视野即较高的译者本地化水平,以确保译语文本忠实传递中国事件的前提下熟知国际新闻和网络媒体的一贯表述方式,尽量贴近译语受众的言语习惯,切不可自说自话,让人误解。而且,译者还应该牢记本土译者对外传播翻译活动之根本性目标的达成,在多模态的对外传播翻译过程中,通过文本调整、视觉效果设计、格式和单位转换,以译语受众需求及文化规范为翻译任务进行工作部署,从而获得更多的国际话语权。

对外传播翻译过程中的高效管理始终是一个重要的因素。因为文化和语言具有多样性,所以对对外传播翻译活动提出了新要求,即考虑目标文化市场消费需求的同时,原语文化产品或服务形式需要符合并适用于译入语环境下的实际情况(罗慧芳、任才淇,2015:25)。译者要明白,有效的对外传播必须牢牢地把握住译语受众的需求点,侧重于话语者和话语对象之间的有效沟通与顺利交流。通过实地参访当地机构、参加各种交流会议、举办各种培训、主动接受多家主流媒体的采访、采用短视频式人物故事或事件的国际推送等多模态的对外传播方式,引起西方受众和主流媒体对我国译语传播内容的关注、转发和评论,使西方受众对中国有一个更为全面的了解、接纳和认同,从而为中国国际话语主导权争取到更多的份额。多模态化"三贴近"原则下的对外传播,让更多的西方受众如沐春风地认知和感受到中国的国际友好姿态,体会到中国政府及中国人民构建人类命运共同体的决心和大国担当。

对外传播中的本地化翻译离不开翻译技术、工程技术、排版模式、测试管理等基础技术的辅助。其中管理支持作为一门新兴的管理科学技术,它的操作主要是通过翻译管理系统(Translation Management System)完成的,而其展开内容业务需求服务的平台是内容管理系统(Content Management System),并通过连接全球化管理系统(Globalization Management System)在全球范围内开展技术和流程上的沟通交流,实现翻译服务和翻译产品的条理性、系统性和全局性发展(王华树、刘明,2015:81)。

对外传播中的翻译活动,由于其处于信息海量化、受众多元化和信源碎片化的大环境中,应充分利用数据时代下多模态的传播形式,确保对外传播中信息传递的即时性和保真性,译者既要考虑译语受众群体的即时需求,又要坚持对外传播的根本目的。要想实现快速而有效的对外传播,获得国际话语主导,就必须多方位思考译语受众的话语习惯、阅读方式和审美需求,充分利用多模态化的传播媒质。对外传播的多模态传播形式离不开互联网的东风,译者在对外传播的翻译活动中,可以通过在线直播、网络电视和推送文章等多种网络平台和形式进行全方位的报道,同时加大西方本地化翻译软件的开发和应用,建立起跨区域、跨时空、开放共享的对外传播平台,潜移默化地影响西方受众,使他们更直接、更正确地了解一个真实的中国。

三、翻译语料及翻译术语本地化

语料库的构建和术语的收集关乎数据种类、数据大小、囊括范围、科学程度等要素,语料库和术语库越大越全,传播话语中信息保真度、传播意图的达成性就越能接近话语受众的需求和期望值。所以,我们必须开展语料库翻译学的建设,而它是以语料库为基础,把双语语料和翻译语料作为主要对象进行研究的。语料库翻译学的研究主要凭借数据统计和理论分析,如融合语用学理论、语言学理论、多元文化理论及翻译学理论,去研究分析翻译本质、过程和现象之间的关联性和系统性(王雪玲,2014:53)。在对外传播的翻译活动中,译者可以适当参考现在英语国家普遍使用英国国家语料库(The British National Corpus,BNC)和北京外国语大学的语料库检索软件(BFSU ParaConc)作为构建本地化翻译语料库的借鉴,从而使对外传播话语方式和行文规范更加贴近译语受众,增加传播译语文本的可读性和易接受性,逐步建立起中国对外传播中的翻译语料库和译语话语体系。要实现对外传播效果的最大化,必须确保译语文本通达准确并充分考虑语言层面和文化层面的差异性。因此,构建对外传播翻译活动中本地化的平行语料库意义重大,旨在实现译语文本语义传达的完整性,更为贴近中国实情和西方受众的审美需求。在对外传播的翻译活动中,本地化平行语料库的构建可以使译者摆脱母语式思维习性,避免译文中出现某些不符合译语受众思维、话语和阅读习惯的英语表达,从而影响对外传播效果,甚至导致无效传播。

比如在中文话语中,会经常出现"不幸遇难""胜利召开""非常完美"和"心旷神怡"等语义重叠的四字词语表达,这在中文表达中可以起到增强气势、方便诵读等作用,但这些表达在翻译过程中并不能完全匹配英语的表达习惯。假如将上面的四字词语对译为"be unfortunately killed""successfully convene""very perfect"和"happy heart and relaxed spirit",就完全与受众语境及表达习性相悖了。因此,对外传播翻译活动中的平行语料库建设关系着传播效果和传播速度,好的翻译语料库不仅可以有效避免译者翻译过程中不合理的词汇、句子和表达习惯,而且还能极大地提高译者的翻译速度和翻译质量,提高对外传播效率,真正达成传播目的。

当然,从严守译者职责角度考虑,翻译平行语料库的构建亦不能脱离中国语言及文化实际,如"菩萨"(Bodhisattva)、"中国人民政治协商会议"(CPPCC: Chinese People's Political Consultative Conference)、"人民民主专政"(democracy among the people and dictatorship over the enemy)等中国文化特色词,就不能被简单地意译成 the God、Chinese Parliament 和 People's democratic dictatorship。这样的翻译很容易导致译文对外传播中的文化错位和政治误导。因此,对外传播的翻译活动必须在上文提到的"守土有责"的基础上建立科学的平行语料库,为西方受众提供最为真实而贴近的翻译文本,否则只会加剧双方的误解,增加文化之间的隔阂与摩擦。

从术语学的角度来看,翻译术语本地化也囊括术语的多个维度,同时也严格遵守术语的各项原则:专业性原则、单义性原则、科学性原则、理据性原则、国际性原则、系统性原则和简明性原则等(殷健,2020:18)。就对外传播中的相关术语本地化翻译而言,术语译文的长度应该有所控制,做到尽量简洁并避免使用生僻词,确保其表述贴近译语受众语境的本土化术语表达形式,确保译文的易懂、易记、易读、使用方便、便于传播,不需要译者人工记住所有的术语,也不需要被动地查询术语是否存在,如此,既降低了译者的术语识别和记忆负担,也保证了译文术语的正确性和一致性。术语一致性原则是对外传播翻译活动中的一项重要原则,它不仅对于存在很多术语的专业领域翻译非常有效,而且在外宣性质的对外传播翻译活动中,会使中国的对外译语话语体系和国际诉求更易于为受众识记和认知,从而避免解释性翻译的一再反复,造成译语受众的阅读中断。所以说,对外传播翻译活动中的术语构建需要把握好国际形势、专业领域用语、术语用词的文化含义,尽量规避使用国家之间易产生歧义的术语，保持表达的高度准确性和语义的简明性，克服语义混淆、内容不搭和关键词匹配率低等问题，从而防止宣传的负面效果。

在任何时期、任何阶段和任何事件的报道上，都不能放松对国际话语权的争取。本地化翻译有助于增强中国文化传播的亲和力，作为争取国际话语权的重要一环，必须引起译者的足够重视。把握中外在文化观念、价值标准、审美理念上存在着的显著差异，建立有效的对外传播翻译活动中的译语话语体系，始终是中国对外传播翻译活动中的工作重点。本地化翻译即多模态归化翻译策略下的"守土有责"，实现了传播形式与翻译技术的有机结合，提升了内容传播的广度、深度和传播速度，促进了译语受众对传播的理念和事实的认知维度与接纳意愿。但本地化翻译不应一味迁就受众，一旦失去了原语文本中蕴含的民族文化内涵，就会成为一个没有灵魂的对外传播文本，不但无助于中国实现对外传播以争取国际话语权的终极目的，反而会削弱中国的国际话语影响力和国际竞争力。

第三节　译语话语权下的翻译策略

对外传播翻译研究中的译语话语权研究事关一国国际话语权的争取，提到译语话语权就绕不开对外传播时的翻译策略。译语话语权研究在学术领域不仅涉及译语语言层面，还涉及政治和文化层面，有时甚至还会深入到科技、企业甚至高校等具体场景的研究。关于中国对外传播或对外宣传翻译活动中的译语话语体系建设，本书中主要谈的是英汉互译时的各种转换策略、方法和技巧，当然，更多的是如何将海量的与中国相关的信息从中文译成英语，并通过各种媒质如报纸、期刊、图书、广播、电视、互联网以及国际会议等，向外发布或传播，以占有更多国际话语份额。对外传播的译文除满足翻译研究中严复提出的"信、达、雅"的基本翻译标准外，还要求对外传播/宣传的译语文本内容切实贴近中国的发展实际、贴近译语受众对中国信息的需求，语言表达方式上贴近译语受众的逻辑思维习惯和话语定势。

为了解决原语作者与译语读者之间的概念鸿沟，德国翻译家和普遍诠释学之父弗里德里希·丹尼尔·恩斯特·施莱尔马赫（Friedrich Daniel Ernst

Schleiermacher，1768—1834)在《论不同的翻译方法》(*On the Different Methods of Translating*)中指出了两种解决方式：要么使原语作者的语言概念世界尽量靠近译语读者，即：让作者靠近读者；要么将译语读者带入原语作者的语言概念世界，即：让读者靠近作者。施莱尔马赫认为将读者带入作者的语言概念世界是唯一可以接受的方法(Friedrich Daniel Ernst Schleiermacher，1813：183)。后来美籍意大利解构主义翻译家劳伦斯·韦努蒂(Lawrence Venuti)继承了他的思想，进而提出了归化法(domesticating method)与异化法(foreigning method)。韦努蒂认为，异化法即偏离民族中心主义，压制目的语文化价值观，保留外语文本的语言和文化差异，把受众"送到国外去"。采用异化策略进行的翻译最突出的特点在于保留了原文中语言文化的异质性。韦努蒂在《译者的隐形：翻译史论》(*The Translation's Invisibility: A History of Translation*)中极力主张使用异化的翻译策略，认为归化的翻译一般是"通顺"原则下的翻译，造成了译者的隐形，译者的工作被忽视、边缘化；从文化与政治的层面上讲，归化策略下的翻译助长了英美文化主流的统治地位，是对其他文化的剥削、欺凌，是一种文化霸权主义(韦努蒂，1995：24)。韦努蒂的观点在当下仍然具有一定的现实意义，异化翻译中异质性使原文本中的文化内涵得以凸显，有利于多元文化的形成与融合。从翻译伦理理论的角度看，异化的翻译策略也有利于文化之间的平等交流，符合伦理道德的要求。

从国际话语权构建的角度看，在某种程度上合理的异化翻译有助于中国形象的塑造，有利于中国深刻文化内涵的显化。很多国内学者认为文化传播相关的翻译应多采用异化的翻译策略，但需要注意的是，这种说法对于单个或几个文化词的翻译确实适用，如果异化的策略是应用于整个篇章的，那么实际的文化传播效果可能会大打折扣，因为异化的程度越大，译语受众的阅读障碍就越大，译语受众的数量就会减少，从而传播的效力就会降低。国际话语权的构建离不开单个文化词的传播，但它更离不开大文化背景的传播以及文化背后价值观的传播，因为国际话语权中很重要的一个指标就是对国际舆论的导向能力。

因此，对外宣传或传播，内容上要能真实反映出中国发展的实际，同时亦要满足宣传/传播对象——西方受众——的信息需求，对外传播的译语话语则应符合西方受众的话语规范。所以，对于译者来说，在任何的外宣或对外传播的翻译活动中，一定要深入了解译入国的文化特征和受众的心理需求和思维习惯，准确把握两种语言和文化之间的细微差异。若要完美地对外传播译文，译者就一定要依据译语受众的逻辑思维习惯,对中文原语进行再一步的雕刻。

一、对外传播翻译中常见的处理策略

黄友义认为:对外传播翻译是"门面工作",一旦出现错误和不妥当之处,其失误就一定会被扩大化(黄友义,2005:31)。换言之,对外传播翻译对国家的重要性,绝不仅仅是停留在沟通交流层面,更主要的是体现在国家的文化底蕴及其国际地位上。所以,对外传播翻译的质量不仅影响信息的传播,而且影响着国家的文化地位和国际话语权,从跨文化的角度来研究对外传播翻译是十分重要和必要的。

(一) 对外传播翻译中的普遍问题

如何实现有效的对外传播翻译呢? 在探讨翻译策略前,首先应该对中国对外传播翻译工作中普遍存在的两大基本问题有所认识。

一是字面翻译的问题。对外传播翻译时,如果简单地按字面意思直接字字对译,一般情况下很难保证译文语句的通顺或语义的忠实,虽然间或可行,但肯定不是最佳的翻译,常常会因为语言蕴含的文化差异导致传播的尴尬或无效。例如:

【原文】

听到"日本"一词时,你会想到什么? ……是你最喜欢的日本流行乐队? ……

【译文】

When you hear the word "Japan", what do you think of ? ... is it your favorite Japanese pop group? ...

从以上译文可以看出,对原文采用直译在一定程度上还是行之有效的。但如果将译文后半部分的"... is it your favorite Japanese pop group?"与译文"... does Japan bring to mind your favorite J-Pop① bands?"相比较,原【译文】后半部分就明显少了一丝灵动。

再以富含中国文化特色的菜名翻译问题为例。目前,很多餐馆里的菜单将

---

① 注释:J-Pop(或Jpop),即Japanese POP(日本的流行音乐),在日本被广泛地用来称呼受西洋影响的日本现代音乐,包括了流行音乐、R&B、摇滚、DANCE-POP、嘻哈和灵魂音乐。

"佛跳墙"直接按中文字面意思译成"Buddha Jumps over the Wall",令人啼笑皆非,译语受众也不知所云。实际上,"佛跳墙"这道菜是一份汇集了众多名贵食材(如鲍鱼等)的功夫菜。因此,对外传播翻译活动中如果一味按照字面意思字字硬译,不仅会造成译语受众的困惑,也必然会对中国餐饮文化的对外传播造成负面效应。

二是事物名称喻义转换的问题。不同民族、不同地域文化语境下的群体,即使对于同一喻体下的事物名称的认知和理解,也可能会具备完全不同甚至相反的喻义和联想。如动物名称里面的"狗",对于处在汉英两种不同语言和文化中的人们而言,其联想意义就大相径庭。中国人虽然也喜爱狗,认为狗是人类最忠诚的伙伴,但因受千百年来传统文化的影响,对狗的看法更多倾向于一种贬义联想,如"狗急跳墙""狗仗人势""狼心狗肺""走狗""丧家犬""狗嘴里吐不出象牙"等;而处在英语语言文化中的人们,更多的是将狗视为人类的良友或伴侣,多用于褒义的语境,如"a lucky dog"(幸运儿)、"love me love my dog"(爱屋及乌)等。

任何一个词都存在于具体的文化语境之下,仅靠字面语义加以解读是远远不够的。例如英语中的"individualism"(个人主义)一词,在英语的文化语境下,通常被视为一个蕴含积极意义的单词:代表自由和丰富的创造力。而在中文的文化语境下,常被认为是一个贬义词:自负自大、追求个人至上,甚至自私自利、不顾及集体利益。所以,在对外传播的翻译活动中,必须弄懂词语所特有的文化寓意,方能真正译出语言中蕴含着的文化元素,从而达成有效的传播。

(二) 对外传播翻译问题的影响因子

语言的文化问题处理是对外传播翻译过程中极其重要性的一环。而导致对外传播译语话语效果低下、无效甚至适得其反的主要原因还是在于译者的跨文化传播能力和外语运用能力的不足。对外传播翻译或报道过程中,译者或报道者出现的对原语语言和文化的错误解读或刻意误读,必然就会导致外国的主流媒体对中国报道的失实或选择性不闻,如此,西方受众就无法了解到一个真实的中国,甚至还会形成对中国文化或中国事件的固有思维偏见。

另外一个原因就是对外传播中不断出现的网络流行语,如"蓝瘦""香菇""你咋不上天呢""搞事情"等。因为文化之间的固有差异以及生活方式、思维习惯、价值观念、宗教信仰等方面的差异,常常导致译者在传播这些网络流行语的过程中出现文化断档甚至词不达意,严重损害中国国家形象。说到底,翻译既是沟通的桥梁,也是文化碰撞和文化冲突的桥头堡。翻译传播过程中,如若忽视了不同国家之间的文化差异和价值冲突,忽视了译语受众的信息需求和接受心理等各方面的因素,必然会造成低效、无效甚至负效的传播。

(三) 对外传播中的常用翻译方法

从上文中不难看出,在对外传播的翻译活动中,译语文本首先得尽量保留原语文本中的民族文化精髓,否则就谈不上内涵的传播;其次,译语话语还得考虑译语受众所处的社会文化语境和话语规范及审美情趣,否则译语文本就无法清楚地将原语中的文化精髓诠释给译语受众,甚至可能还会适得其反。因此,要确保对外传播中译语文本的传播效果达成,解决翻译过程中的文化缺失或文化错位,就应融会贯通各种翻译方法。

1. 移植法

移植法指的是在译语文本中原封不动地借用原文中的词语,多用于科技翻译或新闻媒体中,如汉译名的 IQ、EQ 和 DISCO 等,英译名的 BYD 等专名或缩略语语词,用译语语言文字写出或读出原文中如 New York、bbq、kongfu、Sun Yat-san、Canton(旧称)之类的专有名词。当然,如果直接移植可能会存在较大语义差异或错误的文化联想时,则可创译,如"龙虎斗"就可创译为"Long Kudos"("kudos"源于希腊语,意为"荣誉、名声",而"long"可以理解为"渴望")。另一种移植法是,在译语文化和原语文化存在共通且译语话语形式不会造成译语受众联想偏差的情况下,按字面直译。比如,"cold war"(冷战)、"group wedding"(集体婚礼)、"black market"(黑市)等。

2. 套译法

由于原语和译语之间存在着文化背景的差异,原文的话语表达有时不符合译语的话语表达习惯,若直译只会使受众费解;若意译则存在译语文本过长的情况,反而事倍功半,甚至有时会导致译语受众的另类联想,影响原文语义的切近传达,此时大多译者都会采用套译法,以达到事半功倍的传播效果。

套译法指的是参照译语中的习语或成语等固定的俚俗语话语表现形式,将其直接用作原文中对应表达的译语话语表述。套译法多用于具有文化共通的俚俗语的翻译。因此,套译法的使用也是有条件的:原语文本中的意象词不同于译语语境中的意象词,但同时,两者之间又必须要具有相同或相似的意义以及类似的形象比喻,如此,原语中文本中的意象词才能被译语中的意象词所替代,使译语受众真正领悟到原语文本中润含着的丰富的民族文化精髓。比如,将"Can the leopard change his spots!"和"Beggars cannot be choosers."分别套译为"江山易改,本性难移!"和"要饭的哪能挑肥拣瘦"。又如,将"Spoil things by excessive enthusiasm"套译成"揠苗助长",这样的套译就比直译成"多余的热情会损坏东西"更能让译语受众明白和理解原文语义所指。

3. 重塑法

翻译实质上就是通过不同的方式和方法阐释并转换出原语文本主旨的形象意义,而语言转换就是形象重塑的手法之一。在影视片名的翻译和字幕翻译中,重塑法是最为常见的一种翻译方法。例如英文电影 *FLIPPED* 的片名翻译,就是旨在体现该影片的故事性,根据其内容中展现出的邻家少男少女间青涩又懵懂的恋情,译者将其译作"怦然心动"。该部影片讲述了一个懵懂少女对一段青涩恋情的思考与抉择,刻画出了青少年青春期所面临那种对自我、对成长和对爱的不解和惶恐。重塑译名"怦然心动"比将其直译名"轻弹"更能给这部电影的观众带来心灵的震撼和情感的冲击。

4. 直译补偿法

直译补偿法主要是通过对原语文化信息的补全让译语受众更为精准地理解原语及原语的文化内涵,所以,此种翻译方法常常使用补充说明或解释性翻译,以减少因文化缺失导致的不可译现象或译文可读性差。例如:

【原文】

Young athletes, while holding hands on the ground, while watching the front.

【译文】

年轻的运动员们,目视前方,双手撑地,准备起跑。

译文中的"准备起跑"就采用了直译补偿法填补了"正在双手撑地"和"目视前方"中因文化差异产生的理解空白区,解决了译语受众的认知困惑。

5. 意译法

意译法摆脱了原文字面意义的羁绊和结构层面的束缚,侧重于原文语义的传递和文化的移植,以译语受众为中心,通过译语文本"结构的自由"和"话语形式的自由",实现译文与原文内容的一致性,避免因生译出的译语话语形式和原文句子构式而导致受众理解的困惑。例如:

【原文】

塞翁失马，焉知非福？

【译文】

When the old man on the frontier lost his mare, who could have guessed that it would be an actual blessing?

以上这种按照字面直译出的译文，拖沓冗长，非但无法还原原语语言的精炼美，更无法再现原语的哲学文化意蕴，反而会令译语受众觉得莫名其妙。所以，遇到此种深蕴中国传统文化哲理的语句时，译者在尽量保持形式对等的情况下，抓住原文的核心要义，如此处应抓住"因祸得福、福祸相依"进行传译，可以将其意译为"A loss might turn out to be a gain"或者"Misfortune might be a latent blessing"，如此，言简意赅，直达其意。

在跨文化传播活动中的翻译策略、方法和技巧，得根据不同的传播目的、传播内容、传播平台以及传播对象等具体情况而定。但无论侧重点在哪，都应该尽可能地保持信息传递的忠实性和译语话语方式的规范性，尽可能全面、完整地再现原语意图。当传播目的与话语内容冲突时，译者应充分发挥译者主体性，恪守"守土有责"的传播理念。一个成功的译者，厚重的文化积淀比语言或语法知识的积累更为重要——对外传播翻译活动中的译者不仅要熟练地掌握原语和译语两种语言技能，更重要的是还要能精准把握话语双方之间固有的文化差异。只有这样，译者才能在透彻理解原语及原语文化的基础上，用译语受众听得懂的话语来讲好中国故事，最大限度地满足译语受众的信息需求，减少因为译者素养缺失（一知半解或误读）造成的沟通不畅，真正实现跨文化间的传播与交流。

二、翻译策略——"异化"与"归化"的认知

美籍意大利解构主义翻译家劳伦斯·韦努蒂在《译者的隐形：翻译史论》中提出了"归化"（domestication）和"异化"（foreignization）这对翻译术语。书中，韦努蒂把翻译作为一个差异集合体进行研究，旨在传达而不是消除不同语言和文化间的差异。"归化"是以通顺为目标的本土化翻译策略，即用符合译语受众习惯的话语方式传达原文的内容和文化精髓。"归化"的翻译策略要求译者向译语受众靠拢，译者必须像译入语国家的作者那样说话，原语作者要想和译语受众

直接对话,其译作必须是地道的译入语语言(钱文娟,2015:31)。"归化"策略有助于译语受众从语言到文化更好地理解原文,增强译语文本的可读性和欣赏性。

"异化"就是译者在翻译活动中设法保留原语的语言与文化特点,尤其是原语中的文化异质成分,以便译语受众更好地感悟和体验异域风情、文化及其语言特色。"异化"的翻译策略,可以将受众带入异域情景,让译语受众向原语作者靠拢,如此可以极大地补充和丰富本民族语言形式和文化内涵。异化法要求译者向作者靠拢,以原语文化为归宿,提倡译文应尽量去适应、遵从原语文化及原作者的遣词用句习惯,保留原语的异国情调(林国艳,2008:39)。

不同时期,人们对翻译活动有着不同的理解和认知,并形成各自不同的翻译美学规范和原则。翻译中的接受美学扬弃了"文本中心论",强调了接受者(受众)的需求,强调了审美主体(译语受众)的审美意识对译文这一艺术作品的调节机制(陈洁,2007:150)。同样,译者也只有真正品味出原文的深意和精妙,体会到原文的非表象美,方能创作出美的译文,真正处理好翻译过程中的"内容真"和"形式美"。

从上述分析来看,无论是异化法还是归化法,都有其存在的客观必然性,这也是翻译目的论下的必然选择。语言常被视作文化的载体,但其本身也处在文化的范畴之中。中外语言和文化是相互联系但又存在着一定的差异性,这种语言和文化之间的差异性使世界多姿多彩,其本身就是一种美。而正是这种差异美或者说不同语言所承载的多彩文化的相异性增加了跨语言、跨文化交流和翻译的难度。为了保持两种"不同"之间的平衡,译者也有必要综合两种翻译策略,尽量将原语中的某些特有表达形式无障碍地融入译语中,以确保传播译文的"美美与共"。

从本质上来说,翻译活动中两种"不同"的兼顾,就是指译者如何处理翻译过程中译语语言环境和原语语言文化环境之间相互作用的问题。翻译活动中,更多的是要考量两种语言分别所处的文化背景和时代背景以及传播的目的所在。很多时候,我们会将翻译中的语言转换过程看作完全是两种不同文化之间的移植或转换。而译者自身的审美情趣又常常会自觉或不自觉地体现在这个特定语言和文化转换的翻译实践中。异化法下的译文,保留了原语文本中的语言和文化特色,但绝不是原语文本的简单翻版,它必然要兼顾译语受众的多方需求,此时,"归化"策略则必然得以充分体现。所以,异化法绝不是简单的"一对一式"的"字字对译"。对外传播的翻译活动中,如果忽视受众的接受心理和接受美学,不顾译语的语言习俗和规范,一味追求译文与原文形式上的对等,只会产生晦涩难懂的译文,导致传播的低效或无效。

譬如,"老大哥"一词在中国文化语境下是一个极为亲切自然的称谓词,该称呼意为把对方当作家人一般。但在西方受众眼中,"big brother"则是英国小说家乔治·奥威尔(George Orwell)作品中战无不胜且有坏心肠的恶人形象。因此,对外传播翻译活动中的译者,要严格要求自己,不仅要具备扎实的国内外政治、经济和文化等知识能力,而且还要使译文合乎译语受众的用语规范和文化习俗,这样的外宣译文方能真正实现对外传播翻译活动中的译语话语权。

但需要牢记的是,对外传播翻译的根本任务就是要确保译文能最大限度地再现带有浓厚异域情调的原作思想、文化和语言风格,这离开了"异化"是很难实现的。而任何的对外传播必然会为了实现其传播意图,要求译文能够像原文一样通顺且富有文采,令译语受众体会到原语受众的感受。要做到这一点,传播翻译活动中的译者就必须在译语语言表达形式上做出合理的取舍和调适,即在语言和文化上做适度"归化"。所以,任何翻译活动中的译者,都会采取"归化"与"异化"的并行策略,只是侧重的程度不同而已。

对外传播翻译中的"归化"策略在翻译活动中并无法真实地再现原语文化之精髓,更多展现的还是西方意识形态下的文化映射,因此丧失了译文在译语环境中的话语权份额,难以真正实现对外传播的使命与宗旨。而"异化"策略则可以凸显原语民族文化的特质,激发译语受众对该民族文化的认知兴趣。所以,中国对外传播翻译活动中的译者,要密切关注中国文化特色词语中所蕴含着的民族文化、话语风格及话语含义,全面考虑不同文化的差异性及其话语呈现方式、思维方式以及受众接受心理等诸多因素。为了凸显译语话语中原语文化诉求的重要性和显著地位,在不造成译语话语理解困难的前提下,"异化"策略较"归化"策略更有利于译语话语权的获取。

翻译因客观存在着的不同种群和国别之间语言和文化的差异而产生,又以传达差异为己任。译者必须要具备克服语言与文化之"异"所造成的交流障碍的能力和品质,如此方能使操不同语言、行不同文化的民族与国度之间进行有效沟通。所以,如果传播的译文中缺少了"异",翻译之意义就不复存在,也没有必要进行翻译了。任何一种文化必然都有其产生的基础、存在的价值和发展的社会需求,翻译活动中无论采取何种应对文化差异的处理策略,都不应该以牺牲原语民族文化特色为基准。特别是志在弘扬本国本民族文化的译者,在从事本国文化对外传播的翻译活动时，要时刻牢记历史和时代赋予译者的使命感与责任感及文化外宣的重大意义。

三、"异化"策略与"归化"策略下的话语权体现

"异化"和"归化"与直译和意译在意义上有重合但不完全相同，前者可被看作直译与意译的概念延伸。直译和意译主要从语言层面考虑如何处理形式和意义之间的关系，而"归化"与"异化"则冲破了语言层面的局限，主要从美学、文化、意识形态等维度考虑翻译的问题。对外传播翻译在对外宣传和构建中国国际话语权的过程中起到举足轻重的作用。对外传播翻译活动的目的就是为了讲述中国故事，传播中国文化，发出中国声音。实际上，中国公开发行英文报刊、建立国际广播电台和创建各种英文网页，都是为了更好地向世界传播中国政府在某些国际事务上的观点和主张，向国际社会表达中国人民对世界和平和幸福生活的美好向往，所有的这些都可以为西方受众提供发生在中国的最新信息，也是西方受众进一步全面而深入了解中国的窗口。对外宣传中资料翻译质量的好坏可能直接影响到信息传递的真实意图以及中国的国际形象，所以，在对外翻译过程中必须确保"实"与"表"相结合。

（一）"实"的"异化"与"表"的"归化"

做好对外宣传工作的有效途径之一就是做好对外传播翻译工作，这就要求在对外传播翻译工作中注重"实"的"异化"（foreignization）与"表"的"归化"（domestication）。应该意识到，对外宣传中归化和异化的受众是特殊的，因为不同国家的受众有着不同的文化背景、价值观念和思维习惯。只有采用符合受众习惯和心理的宣传手法，才能使传播内容为受众所接受，否则传播只能是无效的。对外传播翻译过程中应当选用他人听后即可理解的话语方式，真实地去传达中国的信息、塑造中国的形象。在对外传播翻译的内容上应采用"异化"，但在包装该语言的表达形式上应采用"归化"。换言之，就是要做到其"实"为"中"、其"表"为"西"，用国际的包装来销售货真价实的"中国制造"。钱锺书相应地将翻译中的"归化"和"异化"这两种情形叫作"汉化"与"欧化"（钱锺书，1981：1）。钱老这一言说的立足点主要是从外译中的角度考虑的。实际上，对外传播翻译主要是中译外，"实"与"表"并非简单的归化和异化，两者必须有机

地结合起来,方能用适当的"表"来阐释准确的"实"①。

1."实"的"异化"

"异化"的要求是忠实于原文,并对原文中语言文化所体现的民族特性和异域风情进行最大限度的保留。其中"实"的翻译是指在对外宣传时中文语言所传达的内容及其背后所隐藏的含义在语际间的语码转换,而对外传播翻译中"实"的"异化"是一种在"双保证"前提条件下的语码转换:一是在对外宣传的翻译过程中必须切实保证中文所传达信息的真实性;二是在保证传播信息量最大化的同时又不损伤目的语文化,而这点主要体现在时政性、法律合同性等文体中。

比如,"打破大锅饭的体制",在中文的历史文化里"大锅饭"是指一种极端的平均主义、干得好和干得差的所得都一样,该词内涵丰富,翻译时需对背景有所了解,但是随着对外交流的长期历史演变,其译文"big rice pot system"也因保留了原语的生动性而被选入了英词语典,逐渐为西方受众所接受,这种情况下我们在对外宣传中就不必将其再补充翻译成:"the absolute egalitarianism, whereby everyone gets the usual pay and benefits irrespective of his performance."如此翻译虽然在语义表达上是更加清晰了,但没有体现翻译的省力原则。

另外,还有像"走后门"(back door)、"纸老虎"(paper tiger)等词语的翻译强烈地反映出了中国当时的时代特征,保留了中国语言文化的民族特色。"走后门"是指某人为了达到某种目的而使用的非正当手段;"纸老虎"则指外表看起来强悍实际内在无一用处之人,也可特指当时的一切反动势力。如今这些词语的翻译也已为英语受众所接纳并在日常话语中得到了广泛运用。

随着中国政治和经济的崛起,"实"的"异化"现象中的某些中式英语(Chinglish),如"Heart warming Project"(送温暖工程)、广东话吃点心的"饮茶"(drink tea)等,这些根据中文式思维所翻译过来的不规范甚至从英语语法上来说是错误的英语语言表达方式,也开始出现在英语受众的口语中,并逐渐得到国外广大受众的接纳和青睐,中国对外宣传的外宣资料翻译中也开始采用这些表达式(熊欣,2011:122)。

2."表"的"归化"

"归化"的翻译策略可以确保译语语言和文化元素更趋近于译语受众,方便

---

① 注:该部分内容主要参考了本书作者2011年发表在《湖南第一师范学院学报》上的《对外宣传翻译中的"实"与"表"》一文。

译语受众理解和认知。然而彻彻底底的"本土化"并不能使译语效果达到更佳,相反还会让译语站不稳脚跟,失去翻译存在的凭据,无法实现对外传播翻译的目的。本小节所提及的"表"的翻译是指当中文作为原语时,对外传播翻译过程中文字的运用。对外传播翻译中"表"的"归化"是指尽可能使用标准且正确的英语语言(包含句法与语法等)或俗语翻译中文语言,并传达中文语言所内含的文化与意义,在合理运用译语语言的前提下不损害中文语义传递,使目的语语言的文化受到最大程度上的尊重。

"表"的"归化"这一点主要体现在广告语等文体之中,如2008年北京奥运会口号"同一个世界 同一个梦想",短短两句话却内含深意。从这句口号中可以看出中国人民想同世界各国人民共同守护美丽地球、分享文明成果、一同创造光明未来的美好愿景;也能体现出中国作为文明古国正在紧跟时代的步伐,积极面向和平发展与现代化而努力向前迈进,坚定不移地为人民谋幸福;更能体现全体中国人民期望能为美好和平世界的构建作出贡献的友好心声。同样,其翻译"One World, One Dream"句子结构极具特色。首先,两个One运用了排比手法,句式对齐;其次,World和Dream的含义前后呼应,又在发音上相近,从而保持了韵律上的一致性,口号整体响亮而又简洁,意蕴深长,既有利于传播又朗朗上口。

随着中国综合国力的增强,其开放程度以及影响力也在不断增强,"表"的"归化"现象中的特殊的一类,即前文提到过的"中式英语"(Chinese English,又称Chinglish),如代表中国文化的"Chinese Baijiu"(白酒)、"Jiaozi"(饺子)、"Qipao"(旗袍)、"Kungfu"(功夫)、"Tofu"(豆腐)、"Congou"(功夫茶)等词汇已逐渐被纳入英语语言词汇库中,并为英语国家的人所熟知与使用。中式英语,如同美国英语(American English)、印度英语(Indian English)和新加坡英语(Singlish)等一样,是一个有别于英格兰英语(England English,又称标准英语Standard English),具有中国特色的英国标准英语的变体,其并不完全遵循英语的句法、词法的结构范式和语用规则。中式英语是中国英语学习者在英语学习过程中产生的不完全符合英语句法结构和词法构成特征、在中国思维方式下的英语表达形式,如"我俩谁跟谁呀?"(We two, who and who?)、"无风不起浪"(No wind, no wave)等,看似英语表达,实际并未遵循英语语句的语法规范结构,也不符合英语国家人的思维概念。

有人曾经将"中式英语"与"中国式英语"完全对立,并分别用Chinglish与

China English 予以表述。但对比美国英语、印度英语、泰国英语的英文表达来看,中式英语和中国英语并不是截然对立的两个概念,他们两位一体处于同一个连续体概念之下,随着中国英语学习者的语言水平和认知程度的不断提高,某些不合英语语法规范且有损中国形象的中式英语表达是完全可以避免甚至可以转化的。现如今,很多中式思维下的中式英语表达已经为西方主流英语国家的标准词典或俚语词典收录并得到使用。其实,反观英语语言本身,其中亦有相当不合语法规范的俚语表达被西方受众广泛运用,如近似中式英语构式的"no pain, no gain"(一分耕耘,一分收获)、"no-brainer"(不必伤脑筋)、"no cross, no crown"(未经风雨,怎见彩虹)、"no discord, no concord"(不打不成交)等,结合第二章内容不难看出,通过中式英语这一"表"在英语语言中的"归化",能极大提升中国元素的国际影响力。

总之,"表"的"归化"就是要求译者偏向译语受众一方,采用译语受众更习惯的译语表达方式来传达原语文本内容;"实"的"异化"则是要求译者偏向原语作者一方,采取与原语作者使用的相对应的原语表达方式来传达原语文本的内容(熊欣,2011:123)。

(二)"实"的"归化"

从对外传播这一过程来看,"实"的"归化"是指尽可能地基于规范化的目的语语言去翻译中文语言,从而准确地传达出中文语言所要表达的浅层意义及其蕴含的丰富文化内涵。同时,对"实"的"归化"的运用是指译者不断地向原语作者靠拢的一个过程,即在运用目的语语言的基础上,既不损伤中文语义的传递,又能准确地通过译语语言传达出原文的丰富文化内涵。一种语言在使用过程中必定会与使用者相互结合产生影响,然而有时由于未能真正地从政治高度、语言意义、文化内涵及社会背景等维度出发,某些中式英语的词汇和表达从诞生起就"洋相百出"。如果对外传播翻译时不考虑所用译语语言的深层内涵,只是简单进行字对字、句对句的翻译,必然会闹笑话。德国汉学家纪韶融(Oliver Lutz Radtke)编写的《日常生活中的中式英语》虽然多为戏谑之言,但我们不能不清醒地意识到,许多公共场合的标牌、饭店的菜单等往往是借着"中式英语"之名进行胡译乱译较多的地方。除了这些场所对翻译要求较低之外,这些发布单位或经营者对译语受众阅读时可能产生的歧义或误读所产生的影响不够重视,总以为标上了英语就显得自己高大上或国际化了。前面我们已经谈到过,适当的中式英语运用有助于中国的国际形象树立与国际话语权的争取,但如果不计后果、盲目乐观地滥用中式英语的概念,必然会产生诸多负面的影响,这样不但不利于中国的国际形象,反而会导致中国国际话语份额的流失。如:

"用心烘焙好美味"(Bake a good heart deliciously)、"拿铁咖啡"(Coffee with iron)、"骨三科"(Bone is sorted)、"会长室"(It will grow room)、"文明养犬"(Civilization Raises The Dog)、"直梯运转中请注意手"(Please pay attention to your hands when running the straight ladder)、"当心卷入"(Danger! Rolling)等,此类令人啼笑皆非的译文,令人捧腹之时,不得不考虑其传播效力;更为糟糕的是,当西方人看到这些译文时,又会作何感想呢?

在全球化进程不断加快的过程中,中国的综合国力、经济发展水平的国际影响力也不断提升,中国人民内心深处激发出强大的民族自豪感,导致国内一些人对某些所谓的"中式英语"盲目自信,甚至某些高校教师对翻译教学中学生译作出现的一些中式表述也未能予以足够正视,没有及时指出其中问题和弊病所在,导致了大家对传播翻译的认知仅限于某种程度上的字面语义传递,而忽略了对外传播的翻译活动是一项综合性和挑战性都很强的工作。正是这样,很多单位的翻译工作从上到下都没有得到足够的重视,以至于那些只要稍微学了点英语的人都敢替人翻译,各地英文标识和公示语的翻译过程中既没有校对者也没有审译者,更谈不上过程监控。因此,切不可打着"中式英语"的名弄出上述令人啼笑皆非的传播译文。

又如"水深危险 注意安全"的译文"Deep water Keep away safety",这对那些从中文思维角度来理解英语含义的受众来说,很容易就明白了英语所想传达的中文意思(语义本源之"实")。但从英语语法和句法的角度考查分析英语中所蕴含的中文意思来看,其英语表达之"表"在译语受众看来与原语含义大相径庭,英语译文表达的是"远离安全",该译文产生的传播效果与想要通过制作英文标示语来警醒西方游客的预期目的就相去甚远了。长此以往,仍有此种译文泛滥,不仅使中国对外传播的效果大打折扣,甚至还会在无形中损毁中国的国际形象。

对外传播翻译活动中对"实"的兼顾,体现的不仅是译者个人的语言、文化素养,更体现了译者所在国家的深层文化内涵和国家整体风貌。所以,对外传播无小事,处处皆学问。任何一位学者或对外传播工作者,在对外传播的翻译过程中,必须谦虚谨慎,在借鉴国外经典语句时,首先要了解本国文字项下所传达的深厚底蕴之"实",近而与国外经典进行深层对照结合,让译语受众更好地理解中文语言所要传达的内涵。在对外传播的译文审校中,尤其要组织专家学者对那些标志性的译文话语表述进行规范,以免对外传播活动中出现假借"中式英语"之名胡诌乱编的译语话语。译者在对外传播的翻译活动中要深入了解西方受众的表达规范和接受心理,熟练掌握并运用语言的国际通用规则,不断增强中华文化在对外传播中的吸引力、亲和力,让更多西方受众感受到中华民族上下五千年时间里孕育出来的文化魅力和民族风貌。

(三)"实"与"表"的结合

对外传播翻译活动,即在翻译这一过程中将中文语言中所蕴含的"实"经由"归化"的译语话语的"表"加以传播。译语之"表"必须基于原语(中文语言表达内容)之"实",脱离了"实"的"表"是无效的,其根本达不到对外传播的目的,因此不能称之为有效的传播。脱离了译语话语形式的规范性之"表"制约的"实"亦不能有效达到对外传播的目的。

1. "实"现于"表"而不囿于"表"

新中国成立以来,中国的对外传播实践经验生动诠释了,除了译者的中文理解水平会影响对外传播效果外,译者外语水平的高低更是影响对外传播效果的重要因素。在对外传播的译文文本创作中,确保原文语义及文化不失真,方能最大化地实现对外传播翻译活动的预期效果。

对外传播翻译这一过程应尊重译语语言特征,翻译不是简单地把原语语言形式强加给译语语言,而必须把这些词句转化为西方受众心里的语言(mental language),让他们真正通过译语话语形式理解原语文本的内涵。

对外传播翻译过程中,将原语语言表达之"实"局限于浅层译语语言表述之"表"是远远不够的。应在基于"归化"的规范性语言基础上,将"表"进行进一步加注,避免因文化背景及内涵的差异造成外宣工作的失当。

2. "表"基于"实"而活于"实"

在很长一段时间内,外宣资料的译文质量良莠不齐,究其原因主要是译语语言之"表"未能遵循原语语言之"实"。例如 2010 年 8 月出版的《中国画报》(*China Pictorial*)扉页上有这么一句话:

【原文】

在这里,读懂千年中国!——中国道都 世界地质公园 江西龙虎山

【译文】

There Exists A Millennium Place in China! — the Taoist Holy Place in China, the World Geopark, Dragon and Tiger Mountain in Jiangxi.

江西龙虎山位于江西省贵溪市境内。龙虎山景区为世界地质公园,道教正一派发祥地,是闻名遐迩的丹霞地貌风景区。2010年8月1日,联合国世界遗产委员会(WHC)在第34届世界遗产大会上一致通过将湖南崀山、广东丹霞山、福建泰宁、贵州赤水、江西龙虎山、浙江江郎山"捆绑"申报的"中国丹霞"列为世界自然遗产[①]。基于此背景知识,可以判断出原语语言在排序上已经出现了问题,原语中的"这里"指的是什么?是中国道都,世界地质公园,还是江西龙虎山?显而易见其所指不明。不论是原语中的"中国道都""世界地质公园"还是"江西龙虎山",其三者在一定程度上都没有明确指出其中的隶属关系,所以译语受众不能准确地理解原语信息。因此,原语的语序可调整为:在这里,读懂千年中国!——江西龙虎山:中国道都,世界地质公园。就其对外传播翻译活动之"表"译语语言来看,"A"在这里不符合目的语语言的表达法则,应该和后面的介词"in"一样,为小写;破折号后面的解释指称存在相对混淆的情况,"in China"和"in Jiangxi"连续两个地点状语,使江西龙虎山、中国道都和世界地质公园三者的范围关系模糊;另外从文化差异来看,虽然"dragon"一词作为龙的意思已为当代西方受众熟知并接纳,但与其后的"tiger"一词连用之后,仍不免将凶猛、残忍之意再现于词语之间,故此处专有地名"龙虎山"最好还是音译为"Longhu Mountain"。从以上例子不难看出,如果"表"不从意之"实",就会产生语义理解上的误差,因而也就达不到向西方受众宣传龙虎山这一风景名胜的对外传播目的,形成一种无效宣传,甚至还会产生诸多误解。

一般来说,在非政论性、法律性文本或在科技类文本的翻译活动中,译语语言对原语语义进行还原时,无需严格囿于原文语序及其字面语义。下面以菜肴名英译对外传播为例进行简要阐述。中国淮扬菜系中的"狮子头"可以直接英译为"pork meat ball";川菜中的"宫保鸡丁"可以处理为几种译名:"sautéed chicken cubes with peanuts""Gongbao chicken cubes""diced chicken with chilli and peanuts"。这样就摆脱了原语的字面含义,直接从菜品的食材入手,

---

① 中国丹霞申遗成功[EB/OL]. 新浪新闻,2010-08-03. http://news.sina.com.cn/o/2010-08-03/015717901470s.shtml

方便西方受众一目了然地明白其到底为何物。又如："这座寺庙能够持久不倒，是因为其建筑的牢固。"（美）琼·平卡姆（Joan Pinkham）认为应该译为"This temple has endured because it was solidly built."（2000：46），中文意义为："这座寺庙建造得非常牢固，所以能历久不败。"动词的运用使整个句式显得更加生动，而如果过多地使用名词进行翻译，如将其译成"The prolongation of the existence of this temple is due to the solidity of its construction."，则语言表达会显得呆板，也失去了语言的生命和魅力。

3. "实"与"表"的辩证统一

在对外传播过程中的各项翻译活动，要从中国和世界的发展现状出发，更加贴合西方受众对中国信息的需求，贴近他们的思考方式和对译语的接受习惯，便于他们获取相关信息。在中华文化对外传播的过程中，要展示中国团结进取、平等友好、坦诚负责的大国形象，向世界介绍中国优秀文化的深刻内涵，庄严宣告中国走和平发展道路的相关政策主张，向世界展示中国昨日的璀璨文明、今天的发展进步和明天的和平愿景，不断拓展对外传播的内容领域，改进传播的方法手段，完善体制机制，努力构建对外传播新格局，推进对外传播的工作内容、形式、方法和手段创新，讲究传播策略和技巧。

在对外传播翻译活动中，翻译工作不仅要以"三贴近"原则为基础，同时还要具备一定的政治高度。此外，译者作为对外传播的桥梁，在尊重原语意图的同时，也要充分了解西方受众的思维和文化接受习惯，灵活巧妙地处理翻译中出现的各种问题。"实"与"表"在何时"归化"何时"异化"，须有恰当考虑，切忌生搬硬套和盲目杜撰。美国友人杜大卫（David Tool）认为，带有中式特征的英语标识或译文是有其存在空间的，如"keep space"（保持距离）的意思非常清晰，是完全可以保留的。但是他也慨叹中国标识中存在着太多不规范的译文或误译，如中式思维下"禁止疲劳驾驶"的英译文"Don't drive tiredly"就应该要符合外国人的思维习惯，修正为"Don't drive when tired"。公示语用英语进行标识的目的就是为外国人服务，让外国人更多地了解中国。可如今很多场合下的一些英文标示或英文产品介绍中的中国特色英语，似乎弄错了服务对象，因为懂点英文的国人能看懂，而真正的外国人看了该英语却不明所以。这些错误的译文，是译者对中国文化的不尊重，也没有充分考虑到以英语为母语的西方受众的语言和文化特征。所以在对外传播的翻译活动中，译者对自身赖以生存的文化尊重也是对别人文化的尊重。在对外宣传或传播的译文中，过度"归化"或过度"异化",脱离"实"或者脱离"表"都有可能产生难以弥补的误导和深远的负面影响。2010年世界杯期间,"给力"作为网络热门词汇进入大众的视野。"给力"一词源于日本搞笑动漫《西游记:旅程的终点》中文配音里面悟空的一句台词:"这就是天竺吗,不给力啊老湿。""给力"是中国北方的土话,其读音为"gěi lì",表示给劲、带劲的意思。所谓"不给力"(ungelivable)就是形容现实情况和预想目标相差甚远,而"给力"一般为有帮助、有作用(helpful 或 useful)的意思。由于在英词语汇中无法找到一个对等的词汇进行对译,于是有人将其直接音译为"geli",根据英词语汇的构造结构,将其形容词译为"gelivable",如此较为形象生动地再现了原语的话语特色。当然,如果当该词第一次使用时,考虑到译语受众的思维定式和接受心理,不妨在异化译文后加以"归化"释义其"表"下之"实":"helpful or useful",从而很好地实现对外传播翻译活动中的"实""表"结合。

翻译并不是一个在词典中找对应词汇的活动,而是要充分了解原语语言背后的文化和译语受众的接受心理,尽量消除交际中的误解和障碍,更好地促进中西方文化的交流、融合,否则就失去了交际的效果,达不到交际的目的,更谈不上尊重、保护和传播中华文化,树立良好的国际形象。

对外传播翻译应确保译文对译语受众的正面影响,保护民族语言文化和国家形象,尊重译语文化和译语受众的接受心理(王东风,2002:25)。不能一味地将翻译等同于寻词的简单对应,在考虑译文时,译者必须考虑到其"实"的真实传递、其"表"的合理规范运用,也应关注对受众会产生的功能或作用。外宣工作要统筹国内国际两个大局,准确把握当前国内外的形势,增强对外传播的能力,积极影响国际舆论,在维护民族语言文化和国家利益的前提下,对外传播翻译须求同存异,用受众熟悉的方式宣传中国文化,树立国家良好形象,提升国家文化软实力(王克非、王颖冲,2016:91)。要让西方受众毫无语言障碍地读懂中国,对外传播翻译时就要充分考虑到他们的语言习惯和文化价值观念,利用译语的形式之"表"来传达和阐释中国政治、经济和语言文化等内容之"实"。

科学的翻译要求译者积极采取一定的对译语语言及文化变形来移除两种语言及文化之间存在的这样或那样的差异,通过某种异质的调节,将受众送到国外而不是将外国作者带回给受众,即译者将受众带到外国作者面前(刘微,2013:48),继而增强译文的可接受性。在对外传播的翻译活动中,当译者无法兼顾其民族身份和语言身份时,不妨有意识地进行文化植入以期促进中国文化的传播,一定程度上通过译语话语展示出文化他者——求同存异。翻译应该为译语文化带来差异,而译语话语应尽量符合译语受众的语言习惯,因此译语行文要采取有利于译语受众理解的表达方式。"存异"不是文化上的隔绝,而是要在保留自身文化的基础上"求同",以期通过翻译活动来消除语言的壁垒,从而促进文化之间的沟通与融合。任何翻译活动都会给原文本带来影响,在这一过程中,异质性无法完好地在译文中体现出来的,但是译者必须要能通过对译语语言和文化的某种干预来将异质性在译文中具体体现出来,从而让受众在译文中感受到、了解到语言或文化之间的差异,并乐于接受这种差异。如果译语话语牺牲了对外传播的根本目的,丧失了译出国国际话语权份额的获取,那样的翻译活动就会失去文化传播的本源,往往会导致国别文化的弱势甚至消亡。

四、特色词汇翻译中的"归化"与"异化"

如前文所述,在翻译方法中,直译和意译侧重于语言层面上的考虑,而翻译策略的"归化"与"异化"则主要从文化层面进行讨论。如今,在与国际社会进行交流、交往时,中国特色词汇的运用层出不穷,愈发常见。大多数的中国特色词汇是基于中国特有的国情或特有的历史背景所积累而产生的,如果在翻译过程中对此处理得不够精确,就会产生中西方文化的错误信息解读与传递,从而出现交流困难、沟通理解障碍甚至误会等情况。因此,解决好中国特色词汇的翻译问题,是译者很重要的责任以及任务之一。译者要充分理解中国特色词汇的内在含义以及其所负载的文化内涵,从而使得对外翻译中的中国特色词汇能更好地传递文化信息、传播中国文化(文军、高晓鹰,2003:41)。

(一) 特色词汇的定义

语言是文化的载体之一。对外传播翻译研究中不可避免地会涉及那些蕴含丰富中国文化元素的中国特色词汇和话语形式。译者在考虑译语用词通顺和可接受性时,对中国特色词汇中的文化传播考量也尤为重要。在翻译中国特色词汇时,以译语为中心的"归化"与以原语为中心的"异化"这两种翻译策略都有其各自的优缺点。而翻译策略的选择主要基于对不同翻译目的、不同意识形态、不同文化、不同受众定位的考量,所以,研究中国特色词汇的翻译对弘扬中国传统文化、促进中外文明的交流都有一定的促进作用。

中国特色词汇指蕴含中国文化底蕴、反映一定的具有中国特色的社会现象的词语或短句。中国特色词汇成因复杂多样,深受中国五千年的历史背景、文明发展以及社会变迁的影响。而语言作为文化的一种载体,是文化交流的纽带,在文化交流过程中扮演着不可或缺的角色。在中国文化的国际传播中,中国特色词汇的作用不容忽视。中国特色词汇作为中国文化的一部分,体现中国人文社会的方方面面,传达着中国文化特有的内涵,蕴含着中国文化的精髓内容。由于文化的差异性和不可译性,在对中国特色词汇进行翻译的过程中,译者应该要灵活运用相关的翻译方法,既要兼顾译入语受众的接受程度,考虑到翻译语言的可读性,便于译入语受众理解其所表达的意义,也要尽力传达中国特色词汇背后的文化内涵与文化意义。

(二) 特色词汇译例分析①

【原文】

大道不孤,天下一家。经历了一年来的风雨,我们比任何时候都更加深切体会到人类命运共同体的意义。②

【译文】

We are not alone on the Great Way and the whole world is one family. After a year of hardship, we can understand more than ever the significance of a community with a shared future for mankind. ③

"大道不孤"出自《论语·里仁》:"德不孤,必有邻。"其意为:品德高尚的人不会孤独,一定有志同道合的人与他作伴④。"大道"指古代政治上的最高理想,"大道之行也,天下为公",即当大道得以施行的时候,天下是人所共有的。"天下一家"出自《礼记·礼运》:"故圣人耐以天下为一家,以中国为一人者,非意之也。"⑤意为圣明的人能把整个天下看成是一个大家。所以说,"大道不孤,

---

① 注:本节中的英语译文主要来自《中国日报》(*China daily*)双语新闻网里面的相关译文,未标注的则为本书作者所译。
② 国家主席习近平发表二〇二一年新年贺词[EB/OL]. 新华网,2020 - 12 - 31. http://www.xinhuanet.com/politics/2020-12/31/c_1126934359.htm
③ 习近平. 2021年新年贺词:惟愿山河锦绣、国泰民安![EB/OL]. 中国日报双语新闻网,2020 - 12 - 31. https://language.chinadaily.com.cn/a/202012/31/WS5fedde5ba31024ad0ba9feb3.html
④ 论语·里仁篇[M/OL]. https://lunyu.5000yan.com/liren/
⑤ (西汉)戴圣. 礼记[M]. 胡平生,张萌,译注. 北京:中华书局,2017.

"天下一家"的意思引申为：人类命运休戚与共，在构建人类命运共同体的过程中，没有人是独善其身的，世界是一个统一的大家庭，各个国家都是这个大家庭的一分子。所以，在翻译这句话时，一定要把其深层含义翻译出来，要体现出实现人类命运休戚与共，每个人都要参与到建设中来。

又如，"同舟共济"本意指"坐一条船，共同渡河"，喻指"人们团结互助，同心协力，相互帮助共同战胜困难"，如若直译其文为"share the same boat and across the river"则无法传达出该成语背后的喻义，此时不妨"归化"意译为"hold together and coorperate"或"soliderize and coorperate"或"help each other and unit for the common goal"。下面我们再看看"火上浇油"的英译，该成语意指"往火上倒油，使火烧得更加旺盛"，喻指"使他人更加愤怒，使事态更加严重"，"火上浇油"的现象在中英两种语言文化现象中存在着共通性，因此直译为"add fuel to the fire[①]/flames"或"pour oil on the flames"[②]不会导致译语受众产生理解上的困惑。当然，我们亦可采取意译方法将其译为"aggravate the situation"或"make the situation worse"[③]。

"闭门羹"一词最早见于唐代冯贽的《云仙杂记·迷香洞》，其背后的典故与唐代宣城以倾城美貌、出众才艺而著名的青楼女子史凤有关，为一睹她的芳容，许多风流才子甚至平头百姓都纷至沓来，经常是观者如堵、风雨不透。所以史凤便把来者分为三六九等，那些有钱或有地位的客人来，她便下楼接待，做羹款待；而对于那些没有什么金钱和地位的客人，她便关起门来不下楼去与之见面，让他们自己在楼下吃羹。因此，"闭门羹"原指访客"被拒门外或被拒绝"，后来被用来喻指某人"遭到冷遇或碰壁"。如果"异化"译为"a thick soup for a closed door"则会令西方受众不知所云，此时不妨转译为"冷淡、冷眼相待"（cold shoulder 或 give the cold shoulder，表示 reject or be deliberately unfriendly），或根据故事直译为"slam the door in somebody's face"[④]。

"化干戈为玉帛"的历史典故最早见于《左传·僖公十五年》，意思是消除仇

[①] 习近平会见欧洲理事会主席米歇尔和欧盟委员会主席冯德莱恩[EB/OL]. 中国日报英语点津，2022-04-02. https：//language.chinadaily.com.cn/a/202204/02/WS6247b32da310fd2b29e54d59.html

[②] 习近平会见欧洲理事会主席米歇尔和欧盟委员会主席冯德莱恩[EB/OL]. 中国日报英语点津，2022-04-02. https：//language.chinadaily.com.cn/a/202204/02/WS6247b32da310fd2b29e54d59.html

[③] 习近平会见欧洲理事会主席米歇尔和欧盟委员会主席冯德莱恩[EB/OL]. 中国日报英语点津，2022-04-02. https：//language.chinadaily.com.cn/a/202204/02/WS6247b32da310fd2b29e54d59.html

[④] 一课译词——闭门羹[EB/OL]. 中国日报英语点津，2020-12-17. https：//language.chinadaily.com.cn/a/202012/17/WS5fdb1627a31024ad0ba9c712.html

怨,变战争为和平,变冲突为友好。"干"为防具,古时特指盾牌,而"戈"则是指攻器,类似于矛,它们两者后来都被引申为战争、冲突;"玉""帛"指玉器和丝织品。两者皆为进贡之上品,是古代诸侯会盟、诸侯与天子朝聘时互赠的礼物,后来用于表示和平共处之意。在中国传统文化里,"干戈"指代打仗;"玉帛"常用来指代"和好"。因为涉及中国古代的兵器等知识点,若异化转译为"beat swords into plowshares"①,容易造成译语受众的阅读障碍,此时不妨采取"归化"的翻译策略,将其意译为"eliminate animosity in order to turn war into peace and turn conflicts into amity"②可能会更为明了。

"叶落归根"出自宋朝释道原的《景德传灯录》,其字面意思就是树叶从树根生长出来,在它凋落以后,会再次落回到树根附近。该词比喻事物有其特定的归宿,现多指久居异乡的人终究会返回故里。"叶落归根"饱含了中国人自古以来便普遍具有的一种乡土情结,这也是绝大多数中国人的传统思想:故土难离,即使身在外还是牵挂故乡。在中国古代,基于以农耕为基础的小农经济生产方式和以宗法制为基础的封建阶级制度,中国人对于土地和家族血脉十分看重,对故土和故乡有着深深的依恋,对家族、亲人、国家有着极强的和难以舍弃的责任感、使命感和信念感。因此,可以直接将"落叶归根""归化"译为"end one's days on one's native soil"或"what comes from the soil will return to the soil"③。当然,就中西方受众对家园在情感认知上的共通之处而言,这里如果直译为"fallen leaves return to the roots"也未尝不可。

"一碗水端平"出自著名作家刘绍棠(1936—1997)的《刘家锅伙》,如果按字面直译为"hold a bowl of water level",则无法体现其"处理事情时要公开、公正,不偏袒任何一方"的寓意。公开、公平、公正是中国人民自古以来就坚持的价值观,是中华民族的价值和道德取向。为防止直译造成受众困惑,也不妨直取其寓意"没有偏见的、公平的""归化"意译为"equitable"或"even-handed"或"impartial",即"give sb./sth. a just or fair treatment"或"treat sb./sth. Fairly"(公平地对待某人或某事)。

---

① 王毅国务委员兼外长2019年两会记者会(双语全文)[EB/OL].中国日报双语新闻,2019-03-09. https://language.chinadaily.com.cn/a/201903/09/WS5c833a35a3106c65c34edad6_3.html
② 一课译词:化干戈为玉帛[EB/OL].中国日报英语点津,2020-11-09. https://language.chinadaily.com.cn/a/202011/09/WS5fa8f3c2a31024ad0ba86394.html
③ 一课译词:叶落归根[EB/OL].中国日报英语点津,2020-09-17. https://language.chinadaily.com.cn/a/202009/17/WS5f632400a31024ad0ba7a35f.html

"此地无银三百两",比喻一个人极力想要隐藏掩盖某事,却因过度掩饰导致事情败露,可译为"a very poor lie which reveals the truth"①。但是,其背后有特定的历史文化背景:古时候,有个人费了九牛二虎之力积攒下来三百两银子,心里很高兴,但总是担心会被别人偷走。于是他拿来了个大箱子,把三百两银子都放在箱子里面,用钉子钉死,然后埋在屋后地下。做完这一切后似乎已经很安全、保险了,但是他还是提心吊胆,担心失窃,于是他采取了一个他自认为很"聪明"的招数,写了"此地无银三百两"的字牌,然后他自以为放心地安然离去了。隔壁的邻居阿二看到字牌后立刻明白这里有三百两银子,于是将其偷走了,也写了个字牌"隔壁阿二不曾偷"。如果省去其背后的故事及内涵而只是按"此地无银三百两"的字面意思直接译为"No 300 taels of silver buried here",则会令受众读完后摸不着头脑,不知其意。

"竹篮打水一场空"指用竹篮子来打水,水都通过篮子的缝隙溜走了,什么也没打到。若按字面意思逐字逐句"异化"译为"draw water with a bamboo basket: all in vain",则比"异化"译文"work hard but to no avail"或者"a fruitless attempt"更能保留原语中的中国民俗文化,令西方受众耳目一新。

"事后诸葛亮"出自《煤城怒火》。"诸葛亮"是中国古代三国时期的蜀汉丞相,杰出的政治家、军事家、发明家和谋略家,而"事后诸葛亮"也可称之为"马后炮",意指事后自称有先见之明的人,或做某事太迟了,主要用于讽刺,带有贬义。在对外传播英译时,若要保留中国文化元素,则需保留其中人名的"异化"直译:"Zhuge Liang (a wiser man in ancient China) after the event",或"归化"意译为"be wise after the event"或"second guesser"②。

"春运"指中国春节期间的旅客客运高峰时期,被 BBC 称为"每年世界上最大规模的人口迁徙",这是中国所特有的一种社会现象,因此可以"异化"译为"Spring Festival travel rush"③。

"五十步笑百步"出自《孟子·梁惠王上》,讲的是战国时期的孟子跟梁惠王在谈话过程中打的一个比方,说有两个士兵同时在前线败退下来,一个后退了

---

① 一课译词:此地无银三百两[EB/OL]. 中国日报英语点津,2020-03-05. https://language.chinadaily.com.cn/a/202003/05/WS5e60c693a31012821727caa1.html
② 每日一词:马后炮[EB/OL]. 中国日报英语点津,2019-02-21. https://language.chinadaily.com.cn/a/201902/21/WS5c6e749ea3106c65c34eaa66.html
③ 每日新闻播报(January 18):Spring Festival travel rush kicks off[EB/OL]. 中国日报英语点津,2022-01-18. https://language.chinadaily.com.cn/a/202201/18/WS61e67f77a310cdd39bc81d94.html

五十步,另一个后退了一百步,后退了五十步的就讥笑后退了一百步的。其实两人都退却了,只是每个人退得距离远近不同而已。该俗语常被用来比喻自己和别人都有问题和缺点,只是程度有所不同,却还要嘲笑讥讽别人。这与英文习语"the pot calling the kettle black"含义切近,因此,我们可以采取直接"归化"进行套译。

"送瘟神"(send away the god of plague)中的"瘟神"在中国古代神话中专指用瘟疫祸害人间的鬼神,而现在主要用于指那些无恶不作、凶神恶煞之人或势力。人们常用"瘟神"来表达不吉利、会给别人带来灾难或者坏运气。在古代人的想法中,瘟疫产生于神力。如果人类作孽太多,上天就会派瘟神来惩罚人类。瘟神便由此得来,因人们敬畏他,自然就有了祭祀瘟神、"送瘟神"的习俗。在中国古代的民间,人们会采用巫术将鬼神请走,用意是消灭瘟疫。现如今流传下来的"傩戏",相传就是兴于秦汉时期的驱逐瘟疫的形式之一。"送瘟神"属于中国的一个传统习俗。因为古时候科技落后,人们对发生的瘟疫或疾病不能做出合理的解释,所以对这份神秘更添畏惧之感,他们除了在平常祭祀瘟神之外,过年时还要集体"送瘟神",以祈求来年全家人健康平安。如今,这个俗语多用来比喻远离给自身带来坏运气的人,因此可以直接将"送瘟神"意译为远离不好的人或事,即"get rid of something or somebody undesirable"①。

在中国,婴儿出生满一个月被称为"满月",又称为"弥月",若是直译为"a one-month-old baby"或"a baby's first month birthday",也是能为译语受众接受的。在中国,婴儿满月时要"摆满月酒"以示庆贺。因为在中国的传统风俗中,满月酒上是要吃红鸡蛋的,所以"满月酒"也可称为"red egg party"②。

最后我们再来赏析一下"隔岸观火"和"落井下石"的英译文。"隔岸观火"意为隔着河冷眼旁观别人家着火,比喻在别人有危难之际不伸以援手,还在一旁看热闹;"落井下石"意为看见有人掉进井里不营救,却朝井下扔石头,形容在人陷入危难时刻更对其加以迫害。如果简单将两者"异化"直译为"watching fire across the river"和"throw a stone into the well",可能会给译语受众造成阅读障碍,不知其意,这样的对外传播译文是无法传神地再现原文的内在文化

---

① 一课译词:送瘟神[EB/OL]. 中国日报英语点津,2019-11-19. https://language.chinadaily.com.cn/a/201911/19/WS5dd38b8aa310cf3e355786c5.html
② 每日一词:满月[EB/OL]. 中国日报英语点津,2019-06-28. https://language.chinadaily.com.cn/a/201906/28/WS5d15c966a3103dbf1432ae35.html

含义。所以,翻译时不妨采用"归化"策略下的意译翻译方法进行处理。

【原文】

隔岸观火最终会殃及自身,落井下石到头来将信誉扫地。①

【译文】

When a disaster wreaks havoc, watching from an apparently safe distance and sitting idle will eventually backfire. Pointing fingers at others will only end up damaging one's own reputation.②

五、翻译中的"异化""归化"与折中

劳伦斯·韦努蒂(2008)认为"归化""异化"可以说是一种伦理态度或者是伦理效果。而这种伦理态度或伦理效果在中国译者身上的体现便是其翻译时的爱国主义行为。在选择翻译实践材料时,中国译者大多会择取许多具有中国特色的材料。事实上无论是在政治、经济还是文化各方面,中国都具有其独特性。中国译者期望在翻译中保留和强调本国特色的同时,也能让西方受众认识中国,感受中国的魅力。译者有时不得不采取以西方受众的认知为核心来传达中国特色的"归化"翻译策略。而具有爱国主义伦理诉求的中国译者,在翻译实践中承载文化责任,持有文化立场,进行文化比较,履行文化使命,使译文在译语环境下具有较高的辨识度(高洋,2020:128)。这种做法既能让中国文化"走出去",着重宣传中国成就,大力弘扬中国文化,也是满足译者自身的文化荣耀姿态,将自己的工作定位在文化输出层面,自觉承担传播中国文化的重担。

东西方文化习俗相融相通却又千差万别。中国在当今世界舞台上的角色举足轻重,但因为19世纪中叶到20世纪中叶以来各种外界因素的影响,其优秀璀璨的文化并没有完美地展示给世人,尤其在中国文化"走出去"的过程中,存在着一些翻译上的误区和欠缺。因此,中国对外传播活动中,要求译者对语言形式这一外化的"表"与其承载文化内涵的"实"进行有机结合,无论是植入还是输出,都要恪守"以我为主"的传播原则,创造"美美与共"的国际发展环境。

---

① 国务委员兼外交部长王毅回答中外记者提问(现场实录)[EB/OL]. 新华网,2020-05-24. http://www.xinhuanet.com/politics/2020lh/2020-05/24/c_139083738.htm
② 王毅国务委员兼外长2020年两会记者会(双语全文)[EB/OL]. 中国日报英语点津,2020-05-26. https://language.chinadaily.com.cn/a/202005/26/WS60330c22a31024ad0baaa211.html

(一)"异化"翻译

"异化"理论认为翻译要尽其最大可能保留文本所蕴含的异域文化特色,其翻译过程不应该受到译入语的文本习惯限制,要尽量传达出译出语所携带的文化以及其背后所蕴含的深刻意义,而不是只考虑译入语受众的接受程度。"异化"翻译策略中最常使用的翻译方法是字词、句式相对应的直译,采用这种译法能最大限度地保留原语语言中地道的中国韵味和民族特色,这也是对外传播翻译过程中被译者广泛采纳的一种翻译策略。"异化"翻译策略认为译者要尽可能真实地转述原作内容的同时,还要尽量保留原语文本的话语形式,不可以得"意"而忘"形"。

1. 西方文化植入中"实"的"异化"[①]

早在19世纪,德国学者施莱尔马赫就意识到要不断完善改进本国文化和语言,接收与借鉴异国文化的有利方式(施莱尔马赫,1813:03)。如今,在对外传播的过程中,尤其是对于对外传播翻译来说,做到"实"与"表"的结合,也就是"归化"与"异化"的有机统一,关乎对外传播的成效。这里的"实"指的是传播过程中信息的真实和文化的保全。文化互植的译入过程中,既要确保原语信息传递中的切近原则,也得符合目的语文化层面的语符再现规范。西方文化词的翻译不能是简单粗暴的音译,应该在尊重西方文化内蕴的基础上,考虑译入语受众的理解和审美需求,能直译时直译,该意译时意译,很多时候为求"美美与共"的植入效果,往往将直译与意译有机相结合。

下面以女性励志美剧《了不起的麦瑟尔夫人》(*The Marvelous Mrs. Maisel*)第一季中的字幕译文为例简要分析翻译活动中异质文化元素的保留:

【原文】

I would never eat a domestic scone.

【译文】

我永远都不会去吃国产的司康。

原文中的"scone"是一种食用方便的传统面包,源于英国皇室,传说是由一块称为命运的石头演变而来。此时音译下"司康"的"异化"手法很好地给译语

[①] 注:本节部分内容引用了本书作者2019年发表在《社会科学动态》第12期上的《从译语话语权看东西方文化之间的互植》一文,文中不再一一标注。

受众传达了异域的文化习俗,保留了他语的饮食文化元素。

又如:

【原文】

I'm so fat that I used to took Rubenesque.

【译文】

我以前看起来就像鲁本斯画笔下的女人。

巴洛克画派早期代表彼得·保罗·鲁本斯(Peter Paul Rubens)所画的女性人物大多体格丰满,因此用"鲁本斯画笔下的女人"表示女性的体型特征极为形象而生动,也避免了"fat"一词直接带给受众的一种负面效应。如此"异化"的保留大大加深了译语受众对原语作者笔下人物的印象,从而体会到西方文化艺术的精髓。

再如:

【原文】

You keep it clean for the Hasids?

【译文】

你为了哈德西派才穿得这么干净吗?

哈德西派属于犹太教的一个分支。"异化"的翻译策略表明了剧中女主一家是典型的犹太教家庭,译语受众也能通过该译文快速地知道剧中人物的家庭背景。

因此,在一种文化主动植入另一种文化的语言转换过程中,译语话语权更多强调翻译过程中"异化"的翻译手法。在接触西方语言和文化时,语言转换的活动难免会受到强势的英语语言文化的影响,只要是有利于我们更好地了解、吸收西方的文化,获取更多的话语信息,不妨用"美人之美"的"异化"保全或植入,以此推动中国文化的进步和语言词汇的丰富。

2. 中国文化输出中"实"的"异化"

采用"异化"翻译策略进行翻译的过程中,译者要以原语作者为中心,尽可能保持原文的语言特色,展现原文本所带来的文化特点,让译语受众清晰、明确地感受到异国文化。这种翻译方式虽然有利于异国文化的传播,但由于并没有考虑到译入语接受者的接受度,可能会导致一定程度上的文化流失以及不明所指等问题的产生。而且,对于没有异国文化相关知识背景的译语受众而言,这种翻译方式没有考虑到译文的可读性,可能使异国文化所蕴含的内容无法得到精准传达,并会造成一定的误解,使译语受众无法对作品产生深刻理解,带来糟糕的阅读体验。

要在构建译语话语体系的过程中更好地运用翻译中的"异化"策略,最先要做的便是保留中国独有的语言民族特色与文化印记,力图构建哲学社会科学的中国国际话语体系,更加凸显中国作为大国的气度和风范,并在其中重点展示"中国特色、中国风格、中国气派"。

国际话语传播所面对的是来自不同文化背景的受众,所以,在译语话语体系的构建中,就应该相对应地去兼顾和处理语言与文化方面的不同所带来的影响,如受众接受心理方面的影响、信息来源与获取的影响、异域文化需求方面的影响等,以此来确保原语语言及文化特色在译语中能被充分体现,换言之就是要在译语话语中充分体现中国特色和中国风格。要使译文具有中国特色也是中国对外传播翻译活动和传播译语话语体系构建的重要前提,因为只有保留国家特色,才能有效提高译语话语形式的可辨识度,才能让译语受众自然地产生国别意识,从而能从各色世界文化里很快识别出中华民族的文化。中文中的许多词汇都不是一蹴而就的,而是有其时间和历史的必然积累,进而逐渐具备了高语境的文化特征与丰富的文化内涵。

以道家文化提倡的"阴阳"和"金、木、水、火、土"五行为例,这些词历史悠久,文化底蕴深厚,而且在英语中不能找到相对应词汇,所以就算有前人对其进行了翻译,也只是实现了部分含义的转换,其内在价值和更深层的含义无法有效体现。面对此种情况,为确保其文化内涵能真实而不受损地得以移植或传递,可以采用不改变原语内在含义的音译方法,将其译作:"yinyang, Jin, Mu, Shui, Huo, Tu"。但这注定会造成译语受众在理解上的困难,如此,必要的释义便不能省略。这样既无损于原语文化特色,同时又实现了原语语言形式的转换,从而激发译语受众对原语文化的探究兴趣。这种"不译之译"下的音译或谐音译形式被称为对外传播中译语的"异化"。国际话语权的说服力、渗透力和吸引力主要通过文化来展现(王啸,2010:59)。中文里丰厚的文化历史积淀在译语话语形式中的主动保留是在对外传播翻译活动过程中取得国际话语权的基石,悠久灿烂的中华文明为译语话语权的生长给予了肥沃的土壤。如果要让译文能充分展现中国文化特色,起到传播中国文化的作用,就应该切实考虑主动自发地通过译语"异化"形式,把融合了优秀传统文化因子的中国信息积极地向世界宣扬。

(二)"归化"翻译

"归化"是指采用译入语受众容易理解的语言,将原文本本土化,从而更好地传输原文本材料的内容。"归化"翻译要求译者向目的语受众靠拢,尽可能考虑到译入语受众的接受度,不对其造成阅读障碍,给受众带来良好的阅读体验。"归化"理论要求译者必须以切身考虑译入语受众的阅读习惯和文化背景,认为只有表达清晰、本土化的译作才能为受众接受。

1. 西方文化引入中"表"的"归化"

"归化"的翻译策略是为了使译语受众更好地理解原语文化的内涵实质,如实地传达原语的语义信息。"表"的"归化",指运用适当的目的语话语方式,贴近再现原语言的意义及文化所在。换句话说,就是对原语话语及附着于该话语形式中的特有异域文化内涵,要使用译语受众看得到、听得明和乐于接受的译语话语方式予以再现或移植,使其服务于译语受众或译语文化,而不是受众语言及文化的粗暴入侵和简单替换。"表"的"归化",更多强调的还是基于原语话语体系上译语话语体系的构建。

下面继续以美剧《了不起的麦瑟尔夫人》(*The Marvelous Mrs. Maisel*)第一季中的字幕翻译为例进行分析:

【原文】

Where do you come off?

【译文】

你是从哪个石头缝里蹦出来的?

以上翻译中,"come off"本身是有"脱离、结束或脱颖而出"之意,这里通过采用"归化"策略译成口语体里面的"蹦出来",从而使人物的个性生动鲜活地展现在译语受众眼前。此处若直译为"你是从哪个石头里脱离出来的",就会显得翻译腔十足,完全背离了译语受众的话语习惯和接受心理。"石头缝里蹦出来"可以使中国受众很快联想到中国传统神话故事《西游记》中孙悟空出世的生动画面,如此便于中国受众更好地体会影视剧中人物的性格并了解异域的文化。

【原文】

That would get some sort of attention.

【译文】

你一定会闪耀全场。

【原文】

I feel like I've been living in a bubble.

【译文】

我感觉一直活得与世隔绝。

以上两句均采用意译"归化",将英语原文译为了中国式的四字成语,惟妙惟肖,符合了译语受众的话语方式、审美情趣及接受心理,字幕译文也因此摆脱了直译"异化"带给中国受众在理解上的困惑,推动了中西文化之间的融合。

在西方文化引入的翻译活动中,作为译入语为母语的译者,切不可舍本逐末,忘记"为我服务"的根本。也只有立足本国文化,方能做到洋为中用,更好地发扬本国文化之精髓,令本国受众更为透彻地明了和理解他国语言及文化。语言形式之"表"服务于信息及文化内涵之"实"。

译者在翻译过程中要以译语受众的阅读体验为中心,注重译入语的文化背景,尽量忠实于译入语。"归化"的翻译方法能够让译文更为符合译语受众的思维方式和阅读习惯,促使译语受众准确、清晰地获取到原语作者的写作意图。"归化"翻译也可以让译语受众欣赏到原文语言文化的优美与特点,但是对于译者来说要做到保留文体风格是非常困难的。

"归化"的翻译方法,可以避免由不同文化背景所造成译语受众对原文的误读和误解。为了使译出语的文化内涵得到更好的传达,译者最重要的任务就是在翻译的过程中尽可能避免文化差异性所带来的理解障碍。译语受众可能不熟悉原文的文化背景,译者必须以其熟知、了解的文化思路对其进行解读。运用"归化"策略翻译的译文,更为通顺、流畅,不会过于"洋腔洋调"。在运用"归化"的翻译策略时,译文词语的选择也更为灵活,这一点是一把双刃剑,缺点和优点并存。一方面,可以灵活地对文本材料进行翻译,使得不同译入语、不同文化背景下的受众都能对原语有更好的理解及良好的阅读体验。而另一方面,也会出现译者根据自己对文本材料的理解,对其进行一定程度的改写,造成原文内容的扭曲,无法正确传达原语作者的想法,影响原文的表达效果,甚至会对原始文本造成很大的破坏,从而使得译语受众对原文本材料产生误解,进而对其所蕴含的文化产生误会和错误解读。

"归化法"也是韦努蒂在受施莱尔马赫启发后提出的一种翻译策略,他认为"归化法"是带有民族中心主义倾向的、以减损外语文本为代价以适应译入语文化价值、将作者带到国内的翻译策略(韦努蒂,1995:20)。韦努蒂如此定义"归化法"与他极力主张"异化法"、批判"归化法"不无关系。"归化"的翻译特点为：译语流畅、易懂，符合译入语国家价值观，淡化原文外来元素。根据许多学者的观点，"归化"指导下的翻译往往无法体现文化间的差异，将外来文化的价值观同化到了译入语国家的价值观框架之内，仅仅传达了文本字面的意思却没有完整传达文本所携带的文化信息，造成了文化间的不平等。这种观点虽不无道理，但却有失偏颇。因为文化间的差异，字面意思与文化信息完全对等的翻译是无法实现的，任何译文都不可能完全隐去翻译的痕迹。在2008年再版的《译者的隐形——翻译史论》(第二版)一书中，韦努蒂对自己之前的观点也有所改观，他指出："异化"策略并不是简单地、彻底地、不可逆地抛弃"流畅"，而是要创造性地重写(韦努蒂，2008：6)。译者对外传播翻译活动中使用"异化"的翻译策略就是为了扩大翻译实践的范围，让译文的话语方式靠近译语受众的话语规范，从而使译文更具可读性，而不是妨碍受众的阅读。

文化互植中任何的"归化"和"异化"传播策略都不可能孤立存在，直译与意译也不可能完全对立。因此，"归化"与"异化"能否适时转化，"实"与"表"能否完美融合，关乎传播活动的成效。一味迎合或屈从于目的语文化的"归化"策略满足不了输出语文化对外传播的根本目标，更谈不上获得本国的国际话语主导。因此，相对"异化"的翻译策略将更贴近译出语国家或民族的语言和文化的异域传播，可以为其建立起更有利的国家形象和国际话语语境。

2. 中国文化输出中"表"的"归化"

中国国际话语权的获取需确保对外传播译文及其传达的价值观等被更多的西方受众认同和接纳。所以，中国文化的海外传播，在通过"异化"策略确保中国特色话语形式、文化内涵和国际诉求保真传递的同时，考虑受众接受的"归化"的翻译策略亦得引起译者的足够重视。前文中已经谈到，国际话语权的力量悬殊是由多方面因素制约而形成的，包括国家的经济、军事等硬实力和文化等软实力。要在对外传播过程中获取国际话语权，就要解决好翻译中面临的两种语言及文化之间的矛盾和冲突。语言实乃文化的载体，文化通过语言得以传承和传播。中国优秀传统文化的海外传播必然离不开语言层面转化下的翻译，翻译质量的好坏，往往决定着传播效果的高低。因此，对外传播的翻译过程中，翻译策略、翻译方法和翻译技巧的选择不可掉以轻心。

在中国文化对外传播中"表"的"归化"势在必行。

首先，翻译的内容不是语言符号本身，而是语言符号所承载的文化，而译者的任务是尽量消除两种文字间的文化交流障碍(杨贤玉,2001:72)。从字、词方面着手研究文化翻译固然重要,但更重要的是要从全局的角度考量,"归化"的翻译虽在一定程度上丧失了原文的异域风情,但其通顺、易懂的特点又使原文背后的文化内涵更容易得到传播,利大于弊。

其次,彻底的异化是不存在的,"异化"也是在"归化"的范畴内进行的。不翻译就是彻底的"异化",这显然是行不通的,其文字信息与文化信息虽然保存完整,但都无法得到传播,同样的问题也会出现在过度"异化"的文本中。

最后,翻译理论研究必须基于社会客观实际。翻译研究的"文化转向"要求译者不再仅仅关注翻译这个实践,而是将关注点放在整个翻译的产业链以及传播的产业链上,比如出版社是否接受出版译作、受众是否排斥译作等。

(三) 折中翻译

这里所要谈的折中翻译策略,就是在对外传播翻译过程中"归化"与"异化"的有机结合,两者相辅相成,从而达到对外传播的译文"既以我为中心又关照受众"——通过"归化"策略使译文语言规范、文化移植顺畅,有助于译语受众的喜闻乐见和正向反馈;亦可通过"异化"策略在一定程度保留原文的语言和文化特色,使译语受众切身感悟其中的异国风情。

就"归化"与"异化"是否二元对立的问题,在韦努蒂看来:"归化"与"异化"并非单纯建立在"流畅"(fluency)与"抵抗"(resistancy)翻译之上的二元对立关系,这两者的概念不应该同"直译"和"意译"、"形式对等翻译"和"动态对等翻译"、"语义翻译"和"交际翻译"这些二元对立的概念划等号(韦努蒂,2008:19)。"归化"与"异化"反映的是一种译者对于异域语言与文化的基本伦理态度,进而能够体现译者在翻译过程中对文本和策略的选择对译者翻译伦理的影响。根据本节开篇提到的施莱尔马赫在《论不同的翻译方法》一书中更为倾向于将读者带入作者的语言概念世界,并且认为这是唯一可以接受的方法;韦努蒂也在《译者的隐形》中对"异化"策略极力地推崇,但我们应该明白,任何对外传播的翻译活动中对两种相异的语言和文化的处理都不是非此即彼的问题,该"归化"的就必须"归化",该"异化"时则应该"异化",两者是缺一不可,否则,对外传播的效果就会大打折扣。

以2012年1月11日在湖南省第十一届人民代表大会第六次会议上所作的政府工作报告中的一段话为例予以分析:

【原文】

过去一年,在党中央、国务院的坚强领导下,我们贯彻落实中共湖南省委的决策部署,心往一处想、劲往一处使、汗往一处流……大力推进"四化两型"建设……①

【译文】

In 2011, under the strong leadership of the Central Committee of Communist Party of China (CPC), and the State Council, we thoroughly implemented the policies and strategies of CPC Hunan Provincial Committee with determined hard work and collective actions ... and facilitated new-type industrialization, new urbanization, agricultural modernization, informatization and "Two Oriented" Society construction.②

在这段文字的对外传播的英译文本中,译者充分考虑了政治文本题材的特殊性与中西方在意识形态方面存在的差异性,翻译策略的运用较为恰当。作为政治题材稿件的对外传播翻译活动,信息传递的准确性始终是首选。在处理西方受众较为陌生的中国特色政治术语时,适度的"归化"策略和较为详尽的解释,可以防止受众误解。如上文中的"党中央"译为"the Central Committee of Communist Party of China (CPC)","四化两型"译为"facilitated new-type industrialization, new urbanization, agricultural modernization, informatization and Two Oriented Society construction"。同时,译者也注意到,由于审美情趣的不同,写作时中国人重意合,措辞喜欢重复,追求对仗,以达到强调的效果;但西方人却容易将此视为冗余。美国著名英语语法和写作文法专家威廉·斯特伦克(William Strunk Jr.)与埃尔文·布鲁克·怀特(E. B. White)曾在《风格的要素》(*The Elements of Style*)一书的第二章中(1999:35)指出,一篇有说服力的文章就在于简洁,一定要删掉文中任何多余的词语(omit needless words)。经济性原则也是翻译活动中的一项基本原则,尤其对于政论性文本和法律性文本的翻译,更应简洁明了。上文中"心往一处想、劲往一处使、汗往一处流"的翻译文就遵守了翻译中的简洁性原则,译者将其高度概括地译做"hard work and collective actions",译文未再纠结于原文语句中的同义排比句式的特征,从而

---

① 徐守盛在湖南省人大六次会议所作的政府工作报告[R/OL]. 中央政府门户网站,2012-01-24. http://www.gov.cn/gzdt/2012-01/24/content_2051828.htm

② Hunan's "Two Sessions", January 11, 2012. http://www.enghunan.gov.cn/SP/Report2012/

有效避免了同义重复的赘述。译文简洁明了,更为契合译语受众的话语特征和审美习惯。

"归化"与"异化"的翻译策略在中国特色词汇翻译过程中的灵活运用,就是为了消除和弥补两种语言负载的文化差异,解决因此产生的受众理解问题,从而保证原文语义及文化的切近传达,更好地促进双方的交流与沟通。在对中国特色词汇进行翻译的过程中,如何使其更好地被西方社会及受众所接受,是需要译者认真思考的问题。翻译是一个文化传输、文化移植和文化碰撞的过程,并不是简单的词汇替换和堆叠,更多的应该是站在中华文化对外传播的立场上,最大限度地考虑译语受众的接受度。当然,译者必须牢记,无论使用何种翻译方法或采取何种翻译策略,都应尽可能地保留原文的中国语言特色、文化内涵和价值标准。所以,对于中国特色词汇的对外传播翻译,不能一刀切地"异化"或"归化",不能将其机械地割裂开来,而是要采用两者相辅相成的策略。

(四)对外传播中的民族文化话语权

在西方文化译入的过程中,中国译者无论是采用直译还是意译,"归化"抑或"异化",都应始终牢记"以我为主""为我服务"的译入原则。同样,在中国文化对外传播的译出活动中,中国译者的处理策略应本着"以我为主"的原则,做到"守土有责"。中华优秀传统文化的对外传播怎样才达到润物细无声的高效传播效果呢?那就是,拥有自主独立的国际话语权,营造公平公正的国际舆论场域。对构建中国国际话语体系、发声方式和渠道的研究,在国际文化的沟通与交流活动中林林总总,研究探讨的文章甚多,但如何构建中国的译语话语体系,一直以来虽为学人孜孜以求,但仍止步于中国话语内涵、话语方式等外在形式的研究。显然,译语话语权最主要的还是体现在如何使用译语语言再现原语语言承载的文化诉求上。本小节以南京博物院里的中国传统文化民族器乐、民俗文化及传统戏剧对外传播的翻译活动为例,探讨如何通过受众话语(即译语话语)让世界了解中国,传承中华民族独有的文化内涵,从而更好地获得国际话语权。

1. 民族器乐的对外传播

中国自春秋时期就有了宫、商、角、徵、羽五个基本音阶,这是中国人通过长期的实践经验总结得出的。以这五个基本音阶为基础,中华大地上的各族人民创造出自己独特的传统器乐。这些具有独特民族情怀的民间器乐,很难通过简单的直译或意译在译入语英语中找到相应的物质名词对译。根据译语话语权的定义和处理原则,若要通过译语达到对外传播的真正效果,体现本民族独有的话语形式和文化传承,可以采取音译的"异化"策略对原语语言及文化予以保留,同时通过释译的补充,再现原语的语义信息和文化内涵,从而满足译语受众的信息和娱乐需求,避免传播的无效或低效,使他们更为详尽地了解中国的传统文化。

"江南丝竹"属于国家级非物质文化遗产,是主要流行于上海、江苏南部和浙江西部一带的传统音乐,因乐队主要使用二胡、笛子、箫、三弦、琵琶等丝竹类乐器而得名。目前从各种途径能从网上搜索到的相关英译文主要有以下几种:String and Wind Music from South of the Yangtze River、bamboo instrument of Jiangn Nan、Jiangnan Sizhu-music、string and wind ensemble/music south of the Yangtze、the traditional stringed and woodwind instruments 和 Jiangnan silk and bamboo music。不难看出,这些英译名的译者,在民族音乐海外传播时对中国品牌树立、受众不同信息需求、受众文化语境、受众认知和译文简洁等翻译角度进行过仔细的斟酌与权衡,实属不易。但就上述英译名来看,综合性考量仍显不足,像"江南"作为一个泛指的专有名词,不宜拆译,应直接译为"Jiangnan",像"bamboo instrument of Jiangn Nan"有了民族韵味的考量却未能考虑到"… of Jiangn Nan"带给译语受众的心理困惑,而"String and Wind Music"兼顾了译语受众的认知心理,但缺乏中国民乐中所特有的民族韵味。对外传播的翻译活动中,很多时候确实很难做到"保真"和"贴近"的两全,这个时候就需要译者充分发挥其主体性,努力在"归化"与"异化"之间实现最大限度的平衡。综上,对"江南丝竹"的英译,我们可以尝试着采取音译加释的翻译技巧将其译为"Jiangnan Sizhu Music(a traditional silk-bamboo music from Southeast China)"。如此既方便受众识记和诵传,有助于中华民族乐品牌"Jiangnan Sizhu"的树立,又能通过浅显通俗的释义避免译文中过多中国文化元素带给受众困惑。当然,如果只是考虑译文贴近译语受众音乐知识体系的话,译成"string (silk) & wind (bamboo) music (folk orchestra in China)"亦不失为一种较好的传播形式。

从上述译例不难看出,富有民族特色的词汇在对外传播英译过程中,译文总会存在着这样或那样的文化缺省,这就需要译者根据不同的传播目的灵活地对相关译文进行适时调整,有时也可以直接采取借译/用的方法。以 2006 年中华人民共和国国务院批准命名的中国第一批国家级非物质文化遗产名录中编号为 II-41 的"海州五大宫调"为例,从词都网①上通过输入"海州五大宫调"可以得到两个译文"Haizhou Five Mode"和"Haizhou Five Gongs",这两个译名中"Five Gongs"和"Five mode"并未能很好地传递出其中的有效信息,容易导致译文受众产生困惑和疑虑。因此,为了减少译语受众对译文的理解难度和对中国民乐的认知困惑,根据五大宫调作为民间传统音乐文化形式所具有的多样化特征,不妨直接采取借译/用的翻译技巧,借英语文化中的 R&C②将其直接译作"Haizhou R&C",如此更能贴近译语受众的文化语境并传达出其中的中国语言及文化特色,帮助他们更加贴近地认知中国"海州五大宫调"的独有特色。

综上,为了更好地方便译语受众理解和认知与传统器乐紧密相联的各种地方曲艺,从而创立中华民族音乐的国际品牌,音译加释将更加有助于中华民族文化国际话语权的争夺。如上一段里的"Jiangnan Sizhu"加上"(folk orchestra in China)"的释义就更好,同样的例子还有很多,如:"苏州评弹""南京白局""常州小热昏""扬州评话""扬州弹词"等,就常被译者直接音译为 Suzhou Pingtan (story-telling and ballad singing in Suzhou dialect)、Nanjing Baiju (self-entertaining ballad singing in Nanjing dialect)、Changzhou Xiaorehun (traveling peddler ballad singing)、Yangzhou Pinghua (story-telling in Yangzhou dialect)和 Yangzhou Tanci (story-telling with stringed instruments in Yangzhou dialect)。另外,音译+增译(补全其中的文化缺省)亦不失为一种可取的英译方法和技巧。如江苏中部独具特色的"邵伯锣鼓小牌子",它是一种丝竹与锣鼓相间的民间器乐种类,流布于江都邵伯镇及其毗邻地区。如果是曲目单中使用的话,不妨直接音译其中的"小牌子"(Xiaopaizi)以树品牌,然后用括号进行释义为"String-Drum music, spreading in Shaobo Town, China"以帮助受众认知。

如此音译译名简短易记,利于传诵,有助于中国器乐及曲目的品牌建设和对外传播,同时随着传播的不断深入,可以极大地彰显中国在国际器乐领域中的话语地位。

---

① http://dictall.com/st/25/71/2571719E216.htm
② "R&C"是一个包罗万象的、动态的乐风概念,其内涵往往会随着后弦音乐的变化而变化。"R"一般指节奏(rhythm),而"C"既可以指角色扮演(cosplay)也可以指中国风(Chinese style)、卡通(cartoon)等,因此,这里的"C"是没有固定所指。

2. 民间文学作品的对外传播

中华五千多年的悠长历史孕育了许多家喻户晓的神话传说，要恰如其分地对西方受众进行介绍就不那么简单了。以民间文学作品名的翻译为例，当前多采用"归化"的翻译策略和意译手法，主要从译语受众的语义信息需求和情操陶冶、娱乐的角度加以考量。譬如，1954年版李翰祥导演的越剧《梁山伯与祝英台》和2017年陈鹏导演的电视连续剧《梁山伯与祝英台新传》分别将《梁山伯与祝英台》译为"*The Love Eterne*"和"*Butterfly Lovers*"，两个译名分别从故事整体情节和故事的高潮部分进行了意译，前者笼统，后者形象，都给人以美好的遐想。但就影视整体内容中的中国元素而言，西方受众是不知所云的。中国民间文学作品的对外传播翻译过程中，一定要在考虑译语受众文化认知度的同时，考虑其中中国民族文化元素的保全，因此，我们不妨按照西方爱情故事的题名如"*Romeo & Juliet*"(《罗密欧与朱丽叶》)将其直接英译为"*Liang Shanbo & Zhu Yingtai*"来得直观明了。此外，《董永传说》中关于董永与七仙女的传说，在原语文化语境中是一个广为人知的女神(goddess)与凡人(mortal)之间的浪漫爱情故事。结合2012年3月中国日报网(Chinadaily.com.cn)和2015年4月中国网(Ecns.cn)上的译文"*The story of Dong Yong and the Seventh Immortal Maiden*"[①]和"*The legend of Dong Yong and the Seventh Fairy*"[②]，《董永传说》亦可直接译成"Dong Yong & the Seventh Fairy"。

从百度百科可以查阅到，《靖江宝卷》又称宝卷，宝卷是一种"韵散相间，讲唱结合"的说唱文本，是由唐代变文和宋代说经演化而成的一种俗讲文本，明清以后融入了大量的民间传说、民歌民谣和社会风俗内容，成为亦圣亦俗、亦庄亦谐、叙事为主、韵散结合的民间文学文体[③]。从中国知网通过关键词"靖江宝卷"查阅相关英译名，大部分的译文基本上都直接采用拼音译名"*Jingjiang Baojuan*"，不难看出，这样的音译名传音不传义，对外传播中其实很难起到文化交流和沟通的作用。根据靖江宝卷的内容，很是接近西方的"rap"(说唱乐)

---

① The story of Dong Yong and the Seventh Immortal Maiden[EB/OL]. *Chinadaily*，2012-03-01. http://www.chinadaily.com.cn/m/shanxi/2012-03/01/content_14843824.htm
② The legend of Dong Yong and the Seventh Fairy[EB/OL]. Ecns. cn，2015-04-08. http://www.ecns.cn/m/learning-Chinese/2015/04-08/161012.shtml
③ 宝卷(靖江宝卷). 百度百科. https://baike.baidu.com/item/%E5%AE%9D%E5%8D%B7%EF%BC%88%E9%9D%96%E6%B1%9F%E5%AE%9D%E5%8D%B7%EF%BC%89/53153640?fr=aladdin

和"chant"(吟诵和念唱,尤指宗教敬拜或仪式中的吟诵和念唱),作为国家第二批非物质文化遗产,可以将其译作"*Jingjiang Precious Volume*(Chinese rap or chant)",如此一来,既传递给了受众其内在的文化信息,又保持了原语中的文化特质,不会导致译语受众的困惑和误解,从而达到对外传播的根本目的。

文学作品的翻译中,其中的人名和地名翻译一旦出现"归化"或"异化"过度,往往会造成译语受众的不同程度的阅读困惑或不解,从而失去了文学、文化对外传播的效果,无法凸显其本身的价值所在。这或许也从另一个角度解释了为什么大卫·霍克斯(David Hawks)和杨宪益、戴乃迭夫妇的两个风格迥异的《红楼梦》译本在西方世界中会有如此大的反响差异性。

3. 中华戏曲的对外传播

中华戏曲是中国文化宝库中璀璨的珍宝,京剧、昆曲、扬剧、苏剧、越剧等因为其中某些共通元素的存在,一般都被音译＋释义为"Beijing Opera""Kun Opera""Yang Opera""Su Opera""Cantonese Opera",以音译地方名称加上"opera"一词构成,简单明了,契合译语受众的话语规范。不过,像淮海戏、泗州戏、滑稽戏、童子戏、徐州梆子等,其内涵与上面的京剧、昆曲、杨剧和苏剧等相比,无论从其唱腔特色还是受众面来看,都具有更强的地方性特色。根据百度百科,脱胎于苏北农村的"淮海戏",其唱腔的特点主要表现为乐句尾声部往往突然翻高八度耍腔,带有浓郁的艺术魅力和乡土气息；"泗州戏"的唱腔念白既有北方戏曲的激昂慷慨,也有南方戏曲的温柔舒缓,既有难度极大的花腔和花舌,也有民间琴书的平实质朴；"滑稽戏",也叫"滑稽剧",主要流行于江沪浙一带,以滑稽幽默的手段高度夸张地表现其中人或物的荒谬可笑,从而引得观众发笑的一种地方剧种；传承千年的"童子戏"是中国傩文化的一个重要分支,伴奏只有锣鼓和大、小钹等打击乐,没有管弦乐,主要使用南通方言演唱,唱腔乖戾奇特、高亢悲怆,具有强烈的冲击力,演唱内容则多与民间传说、神仙灵异有关；而流行于苏北的"徐州梆子",又被称作"大戏",主要以鼓和枣木梆子为击节乐器,常用大段唱腔来塑造人物,生旦净丑分工精细。根据以上各自特征,在对外传播的英译活动中,不妨将以上戏曲名称分别译作"Huaihai Operetta""Sizhou Drama""Burlesque""Tongzi Play(Tongzi Opera①)""Xuzhou Bangzi

---

① Folk artist association established in Tongzhou[EB/OL]. chinadaily. com. cn, 2020 - 01 - 02. http: //en.nantong.gov.cn/2020-01/02/c_445710.htm

(Wooden Clapper Opera①)"。这样将既点明了其地方剧种特色,又增加了其戏曲内涵差异,更利于西方受众加以区分和识记。另外,像《牡丹亭》和《桃花扇》等,因其表义的直观性,则分别被直译成了"*The Peony Pavilion*"②和"*The Peach Blossom Fan*"③,如此凸显了不同语言及不同文化之间存在着的某些共通性。

  由此可见,在中华传统文化的传播过程中,采取的翻译方法多是运用直译(这里包含音译)+释译的方法,而对于某些传统词牌名和专有名词等,则采用了音译/意译+释译的翻译方法,既有"异化"也有"归化",两者互为补全以确保中华传统文化对外传播的有效输出,促进东西方文化的完美互植,这样不仅满足了译语受众的审美需求、接受心理和话语规范,而且更为有效地体现了中国优秀的民族文化在国际社会中的魅力、张力和影响力,更好地彰显了中华文化在世界文化领域里面的重要地位。

---

① Tai'an to hold activities to promote ICH items[N/OL]. chinadaily.com.cn,2020 - 06 - 011. http://www.chinadaily.com.cn/m/taian2016/2020-06/11/content_37537008.htm
② Chen Nan. Costume Theater[N]. Chinadaily,2022 - 02 - 17.
③ Zhang Lei. Opera festival set to hit the high notes[N]. *Chinadaily Global*,2020 - 09 - 14 (15).

第四章
典籍对外传播中的译语话语权

中国拥有着悠久的历史和丰富的文化,随着经济全球化进程的日益深化,中国文化与世界文化在不断碰撞中融合。中国文化,尤其以蕴含丰富中华文化内涵的中国典籍为代表的中华优秀传统文化,在中国的对外传播中发挥重要作用。因此,在跨文化、跨语言的中国文化典籍的对外传播过程中,如何通过翻译这座桥梁争取更多的国际文化话语份额,是值得深入研究的问题。中国文化典籍大多为晦涩难懂的文言文体,其外译必然要涉及"由古文到白话文的语内翻译和由白话文到外文的语际翻译这两个过程"(董成,2014:148)。在翻译过程中,译者如何有效地把控话语转换中的话语主导和译语的受众可接受性,关系着中国文化软实力的国际展示和中华传统文化对外传播的成功与否。翻译过程中必然要进行多个层面的文化调适,如文化妥协、文化移植、文化补偿等;在典籍翻译中的文化内容处理上也要灵活多变,以忠实再现原作的文化精髓,增强译本的可读性,满足受众的接受心理和审美需求(谭玮,2013:150)。

第一节 典籍的对外传播

一、典籍的定义及分类

典籍,顾名思义就是从古代传承下来的经典书籍或材料,即古代重要文献的总称,是中国古代文人墨客记载的各个领域中的一些具有创造性和恒久性的重要思想成果的文献或著作。典籍主要包括历史上不同领域中重要的、有代表性的图书文献,覆盖了文史哲(含宗教、神话、寓言、文学、法律、军事、中医、饮食等的经典文献)以及自然科学著作。狭义上,典籍指古代的法典、图籍等重要文献,广义上泛指古代的所有图书。中国典籍可以发现分为经、史、子、集四部,又被称"四库",如下表①所示:

经(10个大类)	史(15个大类)	子(14个大类)	集(5个大类)
(1) 易类(包括:周礼、仪礼、礼记、三礼总义、通礼、杂礼书) (2) 小学类(含训诂、字书和韵书3类) (3) 书类 (4) 诗类 (5) 礼类 (6) 春秋类 (7) 孝经类 (8) 五经总义类 (9) 四书类 (10) 乐类	(1) 正史类 (2) 编年类 (3) 纪事本末类 (4) 杂史类 (5) 别史类 (6) 诏令奏议类(分为诏令和奏议) (7) 史钞类 (8) 载记类 (9) 时令类 (10) 地理类(包括宫殿疏、总志、都会郡县、河渠、边防、山川、古迹、杂记、游记和外记等) (11) 职官类(分为官制和官箴) (12) 传记类(分为圣贤、名人、总录、杂录和别录5属) (13) 政书类(可以分为通制、典礼、邦计、军政、法令和考工等) (14) 目录类(分为经籍和金石) (15) 史评类	(1) 儒家类 (2) 兵家类 (3) 法家类 (4) 农家类 (5) 医家类 (6) 天文算法类(分为推步、算书) (7) 术数类(分为数学、占侯、相宅相墓、占卜、命书相书、阴阳五行、杂技术7属) (8) 艺术类(分为书画、琴谱、篆刻、杂技4属) (9) 谱录类(分为器物、食谱、草木鸟兽虫鱼3属) (10) 杂家类(分为杂学、杂考、杂说、杂品、杂纂、杂编6属) (11) 类书类 (12) 小说家类(含杂事、异闻、琐语) (13) 释家类 (14) 道家类	(1) 楚辞 (2) 别集 (3) 总集 (4) 诗文评 (5) 词曲(分为词集、词选、词话、词谱词韵、南北曲5属)

经部中的"诗"指《诗经》;"书"指《书经》,即《尚书》,有别于"四书"中的《大学》《中庸》《论语》及《孟子》;"礼"指《礼记》和《周礼》;"易"指《易经》(包含《周

---

① 本表资料源自《〈四库全书〉与文化管理思想》,付宝新、陈学平、王忠伟,《辽宁科技大学学报》2015(S1):220—234。除了章回小说、戏剧著作之外,表中列举的门类基本上包括了社会上流布的各种图书。就著作者而言,包括妇女、僧人、道家、宦官、军人、帝王、外国人等在内的各类人物的著作。

易》);"春秋"也被称为"春秋三传",即《春秋左氏传》(又称《左氏春秋》或《左传》)、《春秋公羊传》(又称《公羊春秋》或《公羊》)、《春秋谷梁传》(又称《谷梁春秋》或《谷梁》)。

在中国传统学术里,典籍是文化原型符号的载体,蕴藏着能够"继承"并不断"发展再生"出新的文化基因;典籍也是中国传统文化的核心,是各个历史时期主流文化的产物。典籍中所蕴含的中国文化,经过一定时间和空间的洗礼与发展,不仅推动了本民族文明和文化的传承与发展,其对外传播也对世界文明和文化的不断提升和丰富起到添砖加瓦的作用。

二、典籍对外传播的研究综述

典籍的传播路径有两条,一条为"历时传播",即典籍从古到今在中国几千年历史中世代流传,即"古文今译",属"语内翻译";另一条为"共时传播",即典籍从原语国输出进入译语国(主要是汉译外),这是"母语与外语之间的翻译",属"语际翻译"。中国典籍对外传播翻译研究的重要性日益得到国内外政府层面和学者层面的不断重视。近年来,不仅国外对中国文学越来越感兴趣,翻译的中国文学作品越来越多,而且国内还通过各种基金项目立项等方式支持中国优秀图书的对外传播,中国典籍的译介与传播也得益于此。

截至 2022 年 5 月 4 日,在中国知网采用"典籍的对外传播"在"篇名"分类下进行检索,得到 37 条检索结果,其中涉及典籍翻译方面的论文合计 21 篇,论文发表时间跨度为 2009 年 1 月 1 日至 2021 年 12 月 10 日。由此可见,典籍对外传播方面的研究起步晚,且学者的精力投入有限,成果较少。最早的一篇可追溯至 2009 年,是关于茶典籍的对外译介与文化传播;随后 2012 年的为中国文化典籍对外传播与推广的新思考;2014 年的是关于中文典籍对外传播研究;2015 年有 3 篇,都是关于中国文化典籍的研究与思考;2016 年有 6 篇,其中有 2 篇是关于茶典籍,4 篇是关于中国文化典籍对外传播的思考;2017 年共 6 篇,其中 1 篇是关于茶典籍,其余 5 篇皆为中国古典或者中国文化古典对外传播的实践或者思考;2018 年和 2019 年分别有 7 篇,均为关于中国民族文化典籍对外传播的研究;2020 年到 2021 年 12 月,合计发表相关典籍翻译文章 5 篇,主要涉及中医药典籍、科技典籍和昆曲典籍的翻译,只有 2 篇是关于《道德经》和《论语》的对外英译研究。综上可知,国内关于中国典籍对外传播的研究对象主要集中于中国文化典籍以及茶典籍。而以"典籍翻译对外传播"在"篇名"分类下检索,相关论文仅 6 篇,主要集中在 2015 年至 2019 年,研究的分别是民族文化典籍、中国典籍以及茶典籍翻译的对外传播。若在"篇关摘"分类下输入"典籍对外传播",可搜索到的 507 条(其中学术期刊论文 277 篇、学术论文 176 篇、学术集刊和特色期刊论文 38 篇、会议论文 14 篇、成果 2 个)检索结果。而在"全文"分类下输入"典籍对外传播"进行检索,则可以得到约 6.2 万条检索结果,其中学术论文 1.81 万、学术论文 3.69 万、图书 2 394 本、学术集刊和特色期刊 3 165 篇、报纸 454 篇、会议 996 篇、成果 4 个。根据查阅检索到的相关文献内容不难看出,从比较文学角度研究典籍的对外传播、影响及翻译学术研究论文不断增加,如从原型、对话、他者、母题等角度进行的研究。完善典籍翻译工作与对外传播体系的建设,可以更好地向世界传播优秀的中国传统文化。

三、典籍对外传播的研究方向

中国典籍在对外传播之前,译者不仅要仔细斟酌典籍原文本的内涵和思想,也要考虑典籍在异域文化中受众能否接受,还要注重了解译语国家对外来典籍的接受机制与传播体制,以及中国对本文化典籍对外传播做了哪些努力。从翻译传播角度来看,典籍对外传播在以下几方面可以加深研究探索。

首先,典籍对外传播的内在机制与相关传播方式有着巨大的关系,因此典籍对外传播的翻译活动的本质规律,既可以是有关翻译规律性的宏观描述,又可以是翻译主要环节的微观描摹。另外,翻译的本体、主体、客体、载体、受体等方面的综合性研究,不妨从多角度探究典籍传播的外部世界,包括法律、文化、经济、道德等社会意识可能带来的影响。

其次,典籍的传播效果好坏标志着对外传播活动中翻译成功与否。在传播过程中,海外典籍接受者其实会与译语、译者、原语产生多重交流与对话,这也是传播翻译活动的最终归宿。而典籍出版的题材、图书装帧、销售渠道等也会对传播中的接受效果产生一定的影响。

再次,重视中国典籍对外传播中的译语话语权研究。典籍对外传播中译语话语权的争取,除了通过国家硬实力的展示,更多的则是体现在某种具象话语表述上,即译语话语是否被更多的受众群接受。译语话语能否再现中国价值理念和达到意识形态对外传播的效果,最终取决于译语话语的再现方式。对外传播的语际转换活动中,传播者对译语话语的变形和加工就是为了调节与化解异质文化之间的差异(熊欣,2017)。此外,还应掌握海外典籍接受者的特性、需求及接受机制。接受者因素是语际转换的重要功能机制,因为有意义的翻译实践都不是个体的行为,都会与进入传播的社会群体有关。为了有效而准确地传递信息,译者在翻译前应关注译语受众的接受潜势、教育水平、审美情趣、认知需求等。

最后,应重视典籍对外传播的风格。对外传播风格与受众需求有着紧密的联系,受众群体的设定往往会直接影响到译者的翻译策略和译文的行文风格。每个典籍译本应设定隐含的受众群(implied readers)。从学术研究的角度看,理想的典籍注译规范应包括原文、注释、今译、译文等,如果加上疏解、评注及术语解释,译著的内容会更加丰富,这样的学究式译本更具有研究价值与收藏价值,从而吸引更多研究学者来研究。如果要充分实现典籍对外传播的目的,让不懂原语的西方受众了解甚至接受原典籍的思想内容及其文体风格,从现实来讲几乎是不可能的。因为译语受众很难读到与原著典籍完全对等的译本,就算有这种译本,也不可能完全准确地了解中国文化思想。如果只是简单地以忠实性作为价值取向的翻译风格,那么典籍对外传播的译者大多都会采用异化的翻译策略,即多用直译与音译的翻译方法,然后在此基础上旁征博引地对其中的文化典故进行解释性翻译。但这种翻译的处理,主要体现的还是译文的叙述价值和文化价值,较少译文对普通受众的可读性和接受心理影响的考虑(汪榕培,王宏,2009:135)。中国向世界发出声音的过程中离不开翻译,只有通过适当的译文才能让世界知道中国的诉求,才能有效地构建起中国及中国传统文化的国际影响力,译语受众也可以通过译文传播去认知、评价和发现中国的传统文化魅力,从而使中国文化成为当今世界多元文化并存中的重要组成部分(裘禾敏,2016:62)。

事实上,从不同的角度研究译语话语产生的效果及其应用,是将中国传统文化推向世界舞台的重要过程,不可忽视。典籍对外传播,能有效提高中国话语的权威性。当今世界全球化热潮不断发展,世界各国文化各个领域相互交融,经济飞速发展更是加快了各国文化的交织。各国不同文化,倘若交织在一起,势必会互相影响。在当前世界文化一体化的语境下,各国都争先恐后传播自己国家的独特文化和思想,以增加国家的国际影响力和国际话语权。而典籍的翻译则是将典籍中所承载的信息进行有效译介传播,即把中国文化传播给全世界,使中华优秀传统文化得到更多的传承,以期达到世界文化交流的平衡,共生共融,共同发展。

第二节　典籍对外传播翻译研究现状

中国的典籍多为文言文体,语言大多为古文,晦涩难懂,字面意思跟真正所要表达的意思之间存在一个解读的过程,因此,典籍的对外传播首先就涉及译者在典籍自身语内翻译方面的正确理解和解读,而译者个体素养的差异往往导致对典籍的理解各不相同。由于在语言文字和文化层面两方面的复合历时性,典籍翻译与其他文本的翻译有所不同。典籍翻译作为一项系统工程,仍存在着诸多问题亟须解决。

一、典籍翻译的重要性

在国际交往中,要尊重差异,理解不同并包容文化的多样性。"国之交在于民相亲,民相亲在于心相通"①,"惟以心相交,方成其久远"②,这里的心相通就是文化的相通、文化的交流、文明的互鉴。文化典籍的对外翻译恰恰是沟通民心的一种重要媒介。系统而全面地通过向世界推出外文版的中国文化典籍,就是向世界充分展示中华文化的优秀成果、体现中华民族对人类文明的重要贡献。《大中华文库》(汉英对照)外文文本的建设就是其中的一项宏伟工程,于1995年正式立项,是首次由政府组织,系统、规范而全面地对外推介和传播中国传统优秀文化的项目。该项目组织了全国的专家和学者,将中华上下五千年的文明进行梳理和高度凝练,选取从先秦时期到近代的文化、历史、哲学、经济、

---

① 语出《韩非子·说林上》:(晋国)智伯索地于魏宣子,魏宣子弗予。任章曰:"何故不予?"宣子曰:"无故请地,故弗予。"任章曰:"无故索地,邻国必恐。彼重欲无厌,天下必惧。君予之地,智伯必骄而轻敌,邻邦必惧而相亲。以相亲之兵待轻敌之国,则智伯之命不长矣。《周书》曰:'将欲败之,必姑辅之;将欲取之,必姑予之。'君不如予之以骄智伯。且君何释以天下图智氏,而独以吾国为智氏质乎?"君曰:"善。"乃与之万户之邑。智伯大悦,因索地于赵,弗与,因围晋阳。韩、魏反之外,赵氏应之内,智氏以亡。
② 语出《文中子·礼乐》:以利相交,利尽则散;以势相交,势败则倾;以权相交,权失则弃;以情相交,情断则伤;唯以心相交,方能成其久远。

军事、科技等领域中最具代表性的110种经典著作进行非常细致的整理和校勘,通过语内翻译首先将其转换成白话文,然后组织国内外译者将其译为外文向世界进行推广。

中华民族有着悠久的历史和灿烂的文化,而系统、准确地将中华民族的文化经典翻译成外文,编辑出版,介绍给全世界,是所有中国人的愿望,也是西方受众更好地了解中国文明的途径。《大中华文库》囊括了《论语》《孟子》《老子》《庄子》《荀子》《儒林外史》《牡丹亭》《西厢记》《陶渊明集》《楚辞》《墨子》《红楼梦》《西游记》《水浒传》《三国演义》《孙子兵法》《搜神记》《长生殿》《南柯记》《封神演义》《菜根谭》《文心雕龙》《邯郸记》《镜花缘》《老残游记》《浮生六记》《黄帝内经》《列子》《拍案惊奇》等中国历史典籍(傅惠生,2012:24)。

对外传播中国典籍,一方面有利于继承和弘扬中国历史悠久的文化产品,另一方面更是为了向全世界介绍中华博大精深的民族文化及发展至今的社会发展成就,以便世界更好地了解中华民族、文化与国情,从而增进中外之间的国际友谊、加强理解和互信,因此中文典籍对外传播的理论研究与实际的传播活动一样,有着不可忽视的重要意义。正如徐晓飞的观点:中国文化想要走出去被世界正确认知,必须依靠中国的翻译出版业和翻译家的共同努力;只有中国的翻译出版走出国门,译者的翻译水平足以诠释民族文化的精髓,中国的民族文化才可能实现与世界其他民族文化的平等对话(2016:46)。翻译在对外传播中的深层次影响还体现在价值观上,价值观的影响从某种角度来说就是一种文化的影响。因此,在从事对外译介工作之前,树立正确的中华文化价值观非常关键,因为文化价值观是对源远流长的中华民族文化的高度凝练化表达。面对中华民族五千年的历史,应该甄别并传播最本质、最优秀、最具代表性的传世经典。

二、典籍翻译的局限性

中国典籍对外传播的翻译活动中,很多有影响的译作并非出自中国译者之手,大部分源于资深、友善的西方汉学家的翻译。如《红楼梦》的海外译本,较有影响力的当属大卫·霍克斯(David Hawks,1923—2009)的译本 *The Story of the Stone* 了。为中国典籍的海外成功传播作出过贡献的西方汉学家有:南怀仁(Ferdinand Verbiest,1623—1688)、汤若望(Johann Adam Schall von Bell,

1592—1666)、卫礼贤(Richard Wilhelm,1873—1930)、鲍吾刚(Wolfgang Bauer,1930—1997)、Н·费德林(Николай Трофимович Федоренко,1912—2000)、白素贞(Susan Blader,1945—)、费正清(John King Fairbank,1907—1991)、翟里斯(Giles Herbert Allen,1845—1935)、康德谟(Maxime Kaltenmark,1910—2002)、高本汉(Klas Bernhard Johannes Karlgren,1889—1978)、劳格文(John Lagerwey)、理雅各(James Legge,1815—1897)、梅维恒(Victor H. Mair,1943—)、马伯乐(Maspero Henri,1883—1945)、麦大维(David McMullen,1939—)、穆瑞明(Christine Mollier)、李约瑟(Joseph Terence Montgomery Needham,1900—1995)、保罗·伯希和(Paul Pelliot,1878—1945)、蒲立本(Edwin George Pulleyblank,1922—2013)、贺碧来(Isabelle Robinet,1932—2000)、施舟人(Kristopher Schipper,1934—2021)、石秀娜(Anna K. Seidel,1939—1991)等。他们在把中华民族文化及文化典籍推介和传播到西方世界的工作中作出了巨大的贡献。

但我们必须得认识到,或是囿于语言文化之间存在着的差异性,或是因译者自身理解和认知方面的局限性,西方汉学家在将中国文化及文化典籍推介到西方世界而被西方受众认知的同时,译文中难免存在这样或那样的文化缺失,甚至有时还会出现文化的曲解和语义误传等问题,不能不说这是西方汉学家推介中国文化时的不足和遗憾。譬如公元19世纪的德国哲学家格奥尔格·威廉·弗里德里希·黑格尔(Georg Wilhelm Friedrich Hegel,常缩写为G. W. F. Hege,1770—1831)对中国的古典哲学的认知就存在着极大的误区,他曾这样评价中国早期的哲学发展状况:中国有最完备的国史,但中国古代却没有真正意义上的哲学,仅处在哲学史前状态(杨牧之,1999:总序)。诚然,正如任何哲学家都要受时间、地点、条件的制约一样,黑格尔产生这一论述的根源就在于他对中国的了解是有限的,他只能通过西方汉学家译介过去的中国古代哲学著作对中国其时的文化和社会现状进行分析和认知,但西方汉学家译过去的译文本身就存在这样或那样的理解和语言表述方面的问题。

在中国文化及文化典籍对外传播的翻译活动中,确实出现了一大批相当了不起的本土译者,如胡适、杨宪益等,但囿于种种原因,他们的译作并没有能够在西方世界真正地得到广泛传播和认可。新时代对外传播中国文化的大环境下,如何有效使用或借用中西方的传播平台,运用西方受众听得懂并喜闻乐见的话语方式来讲述中国故事、表明中国主张、阐发中国价值,已成当务之急。

三、典籍翻译现状

对外传播中的中国典籍翻译研究离不开中国文化发展的大环境和当今世界文化发展的大格局:多元文化并存。在中国典籍的翻译与研究中,既有对传统观点新的挖掘,又有与国际文化格局接轨的新视野(赵长江、刘艳春,2014:61)。目前,相当多的研究主要还是从中国典籍与非典籍翻译本数量的比例、中国典籍翻译本涉及的文本内容范围及比例、译者的分类、出版社分类和受众欢迎程度等几个方面开展。而目前中国典籍对外传播的翻译大多受译者个人主观意识或经验以及译者个人信仰、爱好和学术路线等多方面影响。典籍翻译还没有形成一个有序的宏观翻译系统,译作从某种角度来看存在一定的随意性和主观性(汪榕培、王宏,2009:38)。

(一)翻译理论研究不足

典籍翻译涉及语言间的转换和异域文化的移植及传播,如何将翻译理论和典籍翻译实践有机结合并提升到理论高度,从而形成典籍翻译理论,成为当前学术研究的重点和难点。另外,典籍翻译作品质量的评估研究对典籍翻译与研究有很大的促进作用,亦亟待加强。

再就是目前学界的相关研究选题比例失衡。大部分学者的研究主要集中在儒、道经典,而对其他各家思想的研究较少,如墨家、法家等,日后还得加大各家典籍翻译方面的研究力度,形成中国思想类典籍对外传播的盛大局面。

(二)应对策略滞后

在未来的翻译与研究实践中,国内外翻译家和翻译研究人员应多交流学习,进一步界定译者与受众之间的关系,多借鉴汉学家的研究成果和研究模式,拓展对《大中华文库》的研究,加强翻译团队的建设(赵长江,2014:65)。典籍翻译须注重学术性与通俗性的充分结合,关注点需放在语言问题上。中国典籍的特征和翻译原则当从中国哲学观念、思想观等出发,运用"宏观相契与微观相切"的方法,即在宏观相契的前提下,以微观的相切为参照系,充分理解翻译意象在原文本中的意义,再给出等效的译介。也有学者在翻译过程中采用"虚化"和"归化"的方法,既着眼于典籍对外传播翻译的经验性研究,又关注典籍翻译的一般性思维,从两个不同的研究视角,去分析典籍翻译对外传播的方法,以加强典籍的翻译研究和中华文化软实力的建设(成滢,2006:145)。以上研究观点和方法具有历史开拓性,对以后的典籍翻译实践有指导和借鉴作用,并充分调查了中国文化在全球的传播情况,有利于促进中国文化在世界上的传播,为中国文化走出去提供所需的内外环境以及主客观条件。

(三) 译语话语份额失衡

典籍对外传播的目标是将中国文化传播出去。由于历史性的原因,中国在国际社会中曾一度"失声",没有国际话语权。在当前全球化热潮局势下,中国涌现出大量媒体,以中国的发展需要为基础,将大量的文化、语言等传递到受众国(乔曾锐,2000:113)。狭义地说,对外传播主要指一些消息的最新报道。广义地讲,对外传播也可指通过各种渠道,让中国为世界各国所知。中国对外传播的发展可以让世界对中国更了解,从而提高中国的国际形象,并为现代化国际创造一个更和谐圆满的氛围。此外,对外传播也将促进中国与国际之间的交流,创造出一个和谐、公平、公正的世界舆论环境。

中国典籍的对外传播主要是传播中国优秀的传统的文化和思想。"典籍对外传播的译语话语权"侧重比较中国翻译家和西方汉学家在典籍翻译中的翻译选择、翻译策略和特色、译出效果等问题。但两者始终难以平衡,需谋求多元互补译者模式;用"送出主义"和"拿来主义"的双向思维透视翻译动因,并从"文化传真"和"文化改写"(许多、许钧,2017:76)角度研究典籍翻译的译语话语权。

第三节　典籍对外传播翻译要素

典籍对外传播的翻译过程中,中国文学作品的国际交流和沟通,尤其是中华典籍的译出,到底应该由谁来译、如何译及译什么等问题一直未能有效解决。不同的译者,其译文考量的侧重性必然会有所不同,所以在中国典籍的对外传播翻译中,必须全面考量以下要素,以期最大限度地提升典籍译出后的传播效果。

一、术语规范问题

典籍对外传播翻译中,术语与概念的界定标准、行文风格等方面的问题应引起广泛关注。在当下的典籍对外传播翻译活动中,同一译者的同一典籍在对外翻译中应保持译名的一致性。但不同译者对同一术语或概念的译名把控,已成为目前中国典籍外译中的最大问题。因为不同译者对原著的理解不尽相同,并且不同译者对译语语言和文化把握程度上存在差异,尤其是很多概念在翻译过程中存在着在译语文化中的缺失现象,所以很多译者往往会对相关术语或概念进行不同程度地模糊化处理,导致译语受众无法从译名中获得明确的该概念区分或术语界定标准。

典籍对外传播翻译之前的译者,应该在深刻理解术语概念及其语用情况下,将不同术语进行分类、统一管理。最好通过多方论证和探讨后,建立一个有效的典籍术语名称的专业对照表或小型术语库,从而最大限度地确保译文前后术语译名的一致性和规范性。

以下文对有关程朱理学的内容翻译为例,由于古典典籍语言精练,意思晦涩难懂且涉及相当多的像"天下""心""宇宙""理"等哲学性的术语词,所以译者在翻译时,首先需要先将古文意思理解透彻,然后通过语内翻译将之译为通俗易懂的白话文,最后才可能通过语际符号的转化实现跨文化的沟通和交流。

试看下面这段话,我们到底该使用怎样的英语译文,方能确保对外传播时文化内涵的保全并最大限度地避免译语受众产生认知困惑呢?

【原文】

当学生(伯敏)向他问及"天下万物不胜其繁,如何尽研究得"时,陆九渊答曰:"万物皆备于我,只要明理。然理不解自明,须是隆师亲友。"①"万物皆备于我",这是孟子的论断。陆九渊以为只要抓住"万物皆备于我",一切都可不解自明。由此可以看出,他的"宇宙便是吾心,吾心即是宇宙"②,实际上可以看作"万物皆备于我"的发挥和理论化,这是对孟子心学的发展。

分析:首先,译者得明白中国宋代哲学家陆九渊的心学理论:宇宙便是吾

---

① 注释:《陆九渊集》,卷35,1980:440.
② 注释:《陆九渊集》,卷36,1980:31.

心,吾心即是宇宙,即客观世界(宇宙)与人的主观思想(心)是同一的,万物皆有"理"(定律 law),因"我心"而生,故"我心"就是"万物"(宇宙),也就是后来阳明论中的"心者,天地万物之主也"。其次,这里的"心"实指人的主观意识,由"心"(heart)产生。再次,考虑通过西方受众较为了解的中国古代先哲孟子(Mencius)"天人合一""天人感应"的"心学思想"(thought),加深译语受众对陆九渊的"心学"认知。因此我们不妨将整段话译作:

【译文】

Bomin, one of his students, asked, "Since there are so innumerable things in this world, how can we study all of them?" Lu Jiuyuan replied, "All things are for us, as long as we know the laws. However, the laws will be self-evident provided that we are grateful to teachers and close to friends." (*Quotations from Lu Jiuyuan*, Vol. 35) "That all things are for us" is Mencius' assertion. Lu Jiuyuan thought that only after we completely comprehend the essence of "everything being for us", will the laws be self-evident. Obviously, his idea of the universe being derived from his heart, and his heart being the universe (*Quotations from Lu Jiuyuan*, Vol. 36) can be actually regarded as the evolution and theorization of "everything being for us", which is the inheritance and development of Mencius' thought.①

所以说,典籍对外传播翻译时,译者要了解清楚原文中各术语词及其相关概念中具体的意义所指,并规范其译文用语,切不可模糊其含义,否则,必然会造成翻译完成后原语术语在译语表达中的文化缺损。

二、典籍翻译策略

从上文中的译例来看,典籍对外传播的翻译活动包含了从古文到现代白话文的语内翻译(理解原文的过程)和由中文到英文的语际翻译(语符转换的过程)两个过程。第二个语符转换过程中,因为两种语言表达之间的差异、语言风格差异和语篇结构差异,直译或意译都是不可取的,应该将"归化"策略下的意译和"异化"策略下的直译灵活运用其中,译者就应该选择最好的译语表达方

---

① 该部分译文为本书作者翻译。

式,以求译文与原文的内容相符和主要语言功能相似,从而更好地传达原文内容,如此方可实现对外传播翻译效果的最大化。

(一)直译与意译有机结合

通俗地说,直译就是要求译者进行翻译时尽量保持原文的语言形式,即语词特征、句法结构、修辞手法等;意译则重在表达原文内容,不拘泥于一字一句之形式的对应。乔曾锐在其著作《译论》第四章中提出,直译就是要"在合乎译文语言的全民规范的情况下,译文刻意求真,通过保留原作形貌(表达方式)来保持原作的内容与风格;意译就是使用译文语言中功用与原文相同或相近的表达方式,以代替原作中因两种语言不同而无法保留的内容与形式之间的相互关系,力求做到虽失原作形貌不失原作内容,而且要尽量保持与原作的风格相适应"(乔曾锐,2000:264)。也就是说,直译就是在翻译过程中要尽量做到不改变原语的句子结构、表达方式、语法修辞等,译文应该完全按照原文本原的样子用译语形式进行复制并再现出来。译文不仅内容上需得保持与原文相同,行文方式及结构也尽量保持与原文基本一致,字句语义表述亦要相互对应。所以,在大多数的对外传播翻译中,多数人更喜直译,以便将自己国家独特的文化思想传播出去。尤其在典籍对外传播的翻译活动中,要想更为真实地传达中华民族优秀的文化与思想,争取中国文化的国际地位与权益,典籍翻译中对于那些具有中国文化特色的语词最好是在保留原语特色的同时释义出其中最本原的文化内涵,以实现文化交流和沟通的根本传播目的,达到最佳的传播效果。

意译,顾名思义就是译者可自由发挥,不必受原文语言用法习惯、结构等要素的约束,只要能把原文内容进行真实传达,具体采用何种结构顺序以及修辞手法,都可由译者自由决定。因为中英语言都有各自独特的语言词汇、语法及表达方式,当两种语言不能直接相互转化时,就要采用意译,哪怕译文形式与原文形式上存在着较大的不同。但无论采用直译还是意译,译文最终都要能准确地译出原文的思想内容和精神内涵。译者在采用意译的翻译方法时,需要通过将原文的句子进行调整以后再行翻译,从而达到最大化靠近译文语言习惯的效果。简而言之,意译就是在翻译过程中,译者对原文用另外一种语言再现其内容与风格时,内容是第一位的。当然,意译也不只是单纯的顺译,也是力求舍形而保义和尽量保形的翻译(乔曾锐,2000:261)。所以,对外传播翻译时的译文既要忠实地传译出原文的内容和风格,又不应违背译文语言的全民规范,如此就需要将直译和意译有机地结合起来,使之实现圆满调和,才不会出现原文内容和风格在译文中的歪曲,亦不会出现受众阅读译文时的不知所云。

【原文】

正因为"心"具有道德本体的意义,因此"心"不只是特殊的"我"之一心,它具有普遍性的意义,即以人而言,人同此心,"心"是所有人的共同本质,人类之所以具有区别禽兽之类的共同的道德属性,就在于人类具有共同的"心"。这正像陆九渊所说:"心只有一个心,某之心,吾友之心,上而千百载圣贤之心,下而千百载复有一圣贤,其心亦如此。心之体甚大,若能尽我之心,便与天同。"陆九渊认为"心"之体无可限量,只要尽心,便能进入天人一体的境界。由此说明,仁义纲常之所以具有绝对性和普遍性的意义,乃是源于"心"的普遍性。普遍性是心为道德本原性所表现的一个重要特征。[①]

英译之前,我们首先必须明白中英两种语言中存在的某些差异性,尤其是中文书写里面常常因为节奏、逻辑或强调之需要,多有重复语句。为避免译语中的语义重复,英译过程中省译了那些语义重复的表述,使译文更加符合译语受众的话语规范及接受心理。其次,这里陆九渊认同的道德本体之"心",我们翻译时可以考虑将其作为一个专有名词并译为"the heart"。由此,做出了以下译文结构的处理:

【译文】

Just because the heart possesses the features or essence of morality, it is not only a special "my" heart but is endowed with a most general sense. As for other people, they possess the same "heart" as mine. The heart has the common nature of all the people, and all of them share the same "heart with the characteristics of morality", which is the cause of human beings being different from beasts. As Lu Jiuyuan said, "There is only one 'the heart' in the world, including someone's heart, my friend's heart, even the heart of a sage thousands of years ago or later. So, the heart covers so wide that if I can fully express the essence of my heart, I will be the same with heaven." Lu Jiuyuan believes that the body of the heart is infinite, and as long as you do your best, you can enter the realm of the unity of man and nature. This shows that the

---

① 陆九渊. 陆象山全集·语录[M]. 卷 35. 北京:中国书店,1992.

absoluteness and universality of the etiquette and the benevolence and righteousness are derived from the universality of the heart. Universality is one of the major features of the heart as the source of morality.

本段译文中对"正因为……就在于人类具有共同的'心'"的英译运用了直译方法,将中国典籍中相关语词翻译得通俗易懂,能有效帮助西方受众理解原文意思。而"心只有一个心……便与天同",则采用直译与意译相结合的翻译方法,便于受众深刻理解如此晦涩难懂的典籍内容与思想。

所以,在典籍对外传播的翻译过程中,多采用直译与意译的紧密结合,尤其是遇到某些中国文化负载词的时候,译者常常会为了保留原汁原味的异域文化内涵而进行直译,而为了不违反译文语言的全民规范,译者又会对该直译译文加以详细释译(解释+意译),以便译语受众更易理解和接受原文传达的内容。

(二) 异化与归化辩证统一

韦努蒂在《译者的隐形》(韦努蒂,2008:265)一书中十分认同法国作家和翻译家莫里斯·布朗绍(Maurice Blanchot,1907—2003)提出的"翻译是纯粹的差异游戏:翻译总得涉及差异,也掩饰差异,同时又偶尔显露差异,甚至经常突出差异。这样,翻译本身就是这差异的活命化身"[①]。对待文学翻译中存在的差异处理,孙致礼提出了"活现"与"融化"两种基本策略(孙致礼,2003:49)。"活现",即"异化"策略,要求译者以一种开放、尊重的心态,去面对文化中的差异性,尽可能将这些差异性如实地传译过来,供译入语文化取长补短。而"融化",即"归化"策略,则是要求译者尽可能地将他文化中的差异性掩盖起来,以满足译语读者阅读译文时的顺畅。

简而言之,"归化"就是将原语文化"融化"进译语文化之中,译文需符合译语社会当下主流的文化价值观和审美情趣,把原文作者带入译语文化中,让作者靠近译语受众。而译语受众可以在自然状态下阅读,不至于产生译文理解上的困惑。如此,译文就掩盖住了不同语言之间的文化差异,从而实现两种文化之间的顺利交流。"异化"就是译者在翻译过程中完全保留原文的语言和文化差异,把受众带入到原语国家的文化语境阅读原文,让译语受众靠近原文作者。但是为了确保译文的可读性,对外传播中的译者应尽可能地在对译文涉及的异

---

① Blanchot M. Translating (1971)[J]. tra. R. Sieburth. *Sulfur*, 1990(26): 82-86.

域文化元素再现的过程中实施整体"异化"并适度变通,"以尽量保留、适当放弃、积极补偿为基本原则,直译、意译、音译、释译、增译、删译等多种译法交织互补,使用通俗流畅的现代英语表达其中的哲学深意、语言诗意和古雅风格"(严晓江,2017:230),从而确保对外传播的译文浅显易懂。有的时候,尽管译语受众一时无法理解某些术语中的文化概念,亦应以原文和作者的传播目的为中心,尽量不改变原文及原文作者的想法和观点,并适当保留其中原语的语言形式和语用惯式等异域文化特色。诚然,翻译目的不同,所用的翻译策略也会各有侧重,"异化"策略旨在保留原文语言及文化特色的原汁原味,不增删改减,这在对外传播争取国际话语权的翻译活动中运用得较为普遍。

【原文】

"心",作为伦理学范畴,严格地说孟子早已提出。孟子虽然赋予"心"为思维器官和心理、知觉等诸多含义,但孟子以为从本质上说心是道德之心,他所注重的是心的伦理含义。孟子认为人之为人就在于具有道德之心,或者说道德之心是人存在的内在根据,"由是观之,无恻隐之心,非人也;无羞恶之心,非人也;无辞让之心,非人也;无是非之心,非人也"。正是因为人有此道德之心,所以人有万物所不具的道德本性。"恻隐之心,仁之端也;羞恶之心,义之端也;辞让之心,礼之端也;是非之心,智之端也。"这是中国最早把仁义礼智纲常道德发之于心而缘起于"心"的认定,其影响深远。①

【译文】

Mencius has put forward the concept of "heart" as a category of ethics with a lot of connotations of cognition, psychology and the organ of thought. etc. According to Mencius, the heart is the core of morality in essence, and what he emphases is the ethical implications of the heart. Mencius believes that morality is the basic element of human beings, or is the internal cornerstone of human existence. "From the point of view, the compassion, the modesty and comity, the sense of shame and the sense of right and wrong are the natures of human beings. If not, he is inhuman". It is the heart of morality that makes human beings possess his moral nature that all things do not have. "The compassion is the root of benevolence, the sense of shame is the root of

---

① 孟子[M]. 北京:中华书局出版社,2006.

righteousness, the modesty and comity is the root of etiquette, and the sense of right and wrong is the root of wisdom." It is the the first time to be affirmed that benevolence and righteousness, etiquette, wisdom, ritual and morality arise and originate from the "heart", which has a far-reaching impact on classical Chinese philosophy. ①

"心"的英译本应译为"heart",但由行文中的语境可以看出,孟子所注重的"心"是充满仁义礼智的道德伦理之心,他认为"心"才是人类的主宰,"仁义礼智根于心",体认本体即为尽心,"尽其心者,知其性也。知其性,则知天矣"。因此,孟子之"心"实为"the heart of morality in essence"。此处采取"异化"策略直译并适度增补,说明孟子之"心"更偏向的是一种美德、一种良知的道德本质。因此,我们在翻译理解时,将"道德之心"(core)进行了归化处理,没有译为"the heart of morality"或"moral heart";而对于"是非之心""羞耻之心"等亦未采取"异化"策略直译为"the heart of right and wrong"和"the heart of shame",而是考虑到译语受众惯有的思维方式和话语规范,将其"心""归化"意译为"sense"。如此归化与异化相结合的翻译策略,充分地向译语受众诠释出了孟子之心,在于仁德,从而避免了"此心"与"彼心"的阅读和认知困惑。

因此,在典籍对外传播翻译中,中国本土译者多偏向于采取异化策略,为使译语受众更多地感知到中国文化的熏陶,本土译者往往会选择保留像"yin"(阴)、"yang"(阳)等更多原汁原味的文化特色词,以求将本国的文化特色展现得淋漓尽致,这本是无可厚非的,但是当这些文化特色词第一次出现时,最好能采取音译加释或直译加意译并行处理,实现"归化"与"异化"的有机结合,最大限度地实现对外传播的目标。

第四节 典籍对外传播再思考

中国文化典籍的对外传播,众多中外译者都为之付出了许多心血和努力,为中国的文化典籍走向世界贡献了巨大力量。他们承担着传播过程中的原语

---

① 该段译文出自本书作者。

文化理念的保全、相异文化的融合与接纳、对立意识形态的消解等多重职责。可以说,对外传播翻译活动中的译者,既是翻译活动的主体,又是文化交流的中介。为了突出中国传统文化精髓的对外传播,中外译者在典籍的翻译活动中,充分发挥了其文化翻译的创造性及主观能动性。

中国文化典籍对外传播中的本国译者,必须通过适切译文受众的话语形式,延续原著生命,传承作者思想,并通过尽量多地保留译文中的"洋味儿",最大限度地在译语语境下彰显中华民族独有的文化特色,以便有效把控译语话语体系构建中的主导权。前面我们已经谈到,对于外传播中的翻译,多使用"异化"策略比多使用"归化"策略更能体现原语语言和文化特色。典籍翻译中的译者,应该通过严谨的斟词酌句,坚持"以我为主,兼顾受众"的传播原则。尽管眼下已有的中国典籍英译本数不胜数,但其译本的传播效果并不尽如人意,这不能不令人深思:当前中国文化典籍在对外传播翻译时到底该怎么做?

一、本土译者与西方译者多元互补

典籍往往是一个民族或一个国家传统文化精髓的结晶,中国文化典籍更是承载着中华几千年来的民族精神和悠久的历史文化。典籍的对外传播就是为了让世界看到一个真实而又全面的民族精神、民族品质和民族文化底蕴。因此,中国文化典籍到底应该由"谁来翻译"这一问题至关重要,它关系着中国传统文化能否有效对外传播,能否在国际文化领域获得足够的话语份额。通过前面几节的分析,中国典籍对外传播的翻译活动可以谋求多元互补的译者模式:价值观念的坚持、国际传播的诉求、文化精髓的阐释,这些应该以中国本土译者为主体;而在文化意象贴近传达、译文语词运用、语句结构调整等方面应充分尊重西方汉学家的意见。如此,便可将中国本土译者的译介与西方汉学家的译介有机结合,形成典籍对外传播中外互补的合作翻译模式。在该模式下,中国本土译者必须明白的是,无论何种对外传播的典籍,必然都会包含中国所特有的某种或多种传统价值理念,此时中国本土译者就应该为与西方汉学家合作的最终译本保驾护航,从而杜绝译本中中国国家形象的毁损。对于西方汉学家已经独立翻译出的中国典籍译本,中国本土译者应该要具有敏锐的政治敏感度和家国情怀,及时对译本中存在的某些曲解、误译或漏译进行批评、反驳、纠正和补充,并提出更为贴切的译文。这也是当前中国译者必须复译某些西方译本的原因所在。

典籍的对外传播翻译必须要译出典籍文本中所蕴含的中华民族文化价值观。

因此,在对外译介中国典籍时,无论是中国译者还是外国译者,首先应该具备中华文化的基本价值理念。话语在价值认同中发挥着重要作用,话语是思想大众化的媒介,话语转换是有效转化价值理念的方式(杨彬彬,2019:35)。如果要实现对外传播的预期目标——获得国际话语权,就应该在"中国选择"和"中国阐释"的基础上进行译语话语的主动构建。一般来说,中国译者会比西方汉学家更为熟悉中国的文化及历史背景,如果由西方汉学家来阐释中国,难免存在着这样或那样的语言或文化方面的缺位,甚至是误解。而且西方汉学家因为其自身生活和社会价值评判标准的差异性,往往导致在其译文取舍原则上的把控失度,使得译语文本在某些方面往往难以准确阐释和传递出中国典籍内蕴的文化要旨和价值标准。诚然,对外传播中国典籍中的文化价值观时,不能一味以自我为中心进行单向灌输,必须兼顾西方受众的价值观念和审美情趣,如果脱离了审美的重构,必然会导致对外传播的无效或低效。

关于中西方译者在中国典籍对外传播翻译中的角色认知,严晓江认为,"一般来说,中国翻译家对于作者创作意图的理解比较透彻,西方汉学家更加了解目标语读者的需求情况,在驾驭本国文字的能力方面也更加符合其惯有的思维方式"(严晓江,2017:204)。许多、许钧认为:如果条件许可的话,典籍的对外传播翻译,应努力拓宽与西方汉学家的交流与合作,先由中国翻译家完成译文初稿,把握原语典籍中的内在文化精髓和思想内涵,再由西方汉学家进行语言润色和考虑其中文化的融入/移植①。如此形成常态化的中外合作翻译模式,充分发挥典籍对外传播中原语和译语之间语言及文化的互补优势,使得对外传播的译文能兼顾原文意旨的传递和译文受众的接受心理。

中国优秀的传统文化典籍的对外传播翻译,是一项浩大而又系统的文化工程,这需要中西方译者的共同努力,"中国学者不仅要放眼海外去认识世界,而且要放眼海外来重新认识中国,打通国学与海外汉学之间的对话平台,典籍研究成果在对外传播,同时也可将海外的典籍汉学研究成果引入国内,以促进中

---

① 许多,许钧. 中华典籍翻译主体辨——兼评《〈楚辞〉翻译的中国传统翻译诗学观研究》[J]. 外语教学理论与实践,2017(04):76-82.

国传统文化现代阐释的国际化进程"(严晓江,2017:204)。也只有在国际文化的不断交流和沟通中坚持维护文化的多样性原则,方能做到"立体、全面、准确地传达'中国声音'"(许方、许钧,2014:74)。

对于西方汉学家的典籍译介,中国译者在坚持翻译批判的同时,更应该持开放和包容的姿态,既要学习他们在译文处理上为迎合西方受众主流文化和话语规范上所作出的努力,也要学习他们的翻译策略、方法和技巧等,取人之长,补己之短,更好地推动中国优秀的传统文化典籍走出国门。

二、"送出去"与"请进来"相辅相成

中国文学"送出去",就是要让"中国文化走向世界、与异域的他者文化进行平等交流与对话的诉求"(刘云虹,2015:6)。翻译本身就是一种跨文化的交际行为,同时还是跨文化交际的桥梁,具有明确的目的和双重身份,即明确"为何而译",明确译者"送出去"和"请进来"的摆渡人身份。对外传播中国典籍的本土译者除了必备的翻译素养外,还必须得有足够的民族文化自信心。中国文化对世界的影响,在法国著名汉学家,比较文学大师艾田蒲(Réne Etiemble,1909—2002)对中国和欧洲关系的研究巨著《中国之欧洲》(*L'Europe chinoise*,1988—1989)中可以看出。艾田蒲一生致力于中国学研究,在书中,他精辟地阐述了中国传统文化特别是中国古典哲学思想对西方世界,尤其是对自罗马帝国至法国大革命期间欧洲的影响,有力地论证了中国思想和文化在整个人类文化发展中的地位和作用,为西方人重塑了中国形象,并以无可辩驳的事实批驳了"欧洲中心论",着重阐明了整个人类社会的文明就是一个互为依存、互为补充的有机整体。

典籍对外传播在译本内容和译语话语表述形式上面的选择,对于中国本土译者来说,必然会受到传播目的以及译者固有的文化观念和对译语语言与文化的把握程度的影响。典籍对外传播的目的就是要使其中蕴含着的中国传统文化价值观得到世界认同,让译语受众也能受到原语文本中所蕴含的历史文化的熏陶。在过去中国典籍的对外传播过程中,西方汉学家们作出了巨大贡献,但是,其译本中或多或少都存在着这样或那样的问题。西方汉学家译介中国典籍的活动中,因为受到了自身对中国典籍整体理解上的局限及其翻译目的的影响,往往无法传达典籍文本"文以载道"的内涵。西方汉学家英译中国典籍

的目的就是为了向其本国受众介绍中国特有的文化现象,将中国典籍文本内蕴的文学特色及艺术魅力展示给译本受众。英国阿瑟·戴维·韦利(Arthur David Waley)和大卫·霍克斯(David Hawkes)等西方汉学家,或许因为对传播文本的理解不够,他们其实很少关注到中国典籍的内在思想价值和社会功能;他们对中国典籍的译介,更多的是从文化探源的角度,凸显其中的民俗风貌,甚至某些译文中还会夹杂着个人的主观臆测和无据揣摩,所以典籍的对外传播需要主动走出去,通过主动阐释(即中国阐释)来消解西方汉学家的译文带给译语受众的对中国传统文化理解和认知的误区。

当然,典籍对外传播翻译时,我们亦可将西方汉学家那些优秀而又中肯的译本拿过来。譬如,在对外英译中国古代的"巫"文化时,就完全可以采用西方汉学家对中国神灵"巫"的译文"shaman"(萨满),从而通过异域文化词来阐释和展现中国"巫"文化的魅力。根据《新牛津英语大词典》,"萨满"一词源于俄罗斯远东地区的西伯利亚,而萨满教流行于北亚、中亚和北美的爱斯基摩人、印第安人和澳大利亚土著人部落之中。中国的"巫"和西方文化中对"萨满"的理解有着极大的相似之处,多指那些具备预测、占卜和替人治病等能力的"智者",都具有沟通过去与现在的意念,是物质世界与精神世界的媒介。因此,我们在对外传播翻译中国的"巫"时,将其借译为"shaman"后,就很容易为西方受众接纳了。张光直也不主张将中国的"巫"译作"witch"(英语中一般用作贬义,意为丑老太婆、恶女人等)和"wizard"(主要指男巫师或术士),认为应该译为"shaman"(张光直,1983:327)。叶舒宪在《猫头鹰重新降临——现代巫术的文化阐释》一文中也认为"在一些语境中,巫师与萨满几乎成了同义词,可以相互替换使用"(叶舒宪,2004:26)。在著名的英国汉学家,文学翻译家亚瑟·韦利(Arthur Waley,1888—1966)的译本"*The Nine Songs: A Study of Shamanism in Ancient China*"中,中国的"巫"也被译作"shaman"。因此,关于中国"巫"的对外传播英译,我们完全可以采取拿来主义,直接译为"shaman"。

为了既能增加西方普通受众对中国文化典籍英译本的阅读兴趣,又能有助于西方学者进一步了解汉学和从事汉学的研究,在中国典籍送出去的过程中,译文处理上应尽量做到雅俗共赏。如在英译《九歌》神话中的黄河水神"河伯"时,中国本土译者可以学习西方汉学家们严谨的文化考究精神,将之直接音译为"Hebo"后加以释义"The God of the Yellow River",如此避免了韦利译本中"The River God"的指代含糊,也避免了专名"河伯"被英译为"Ho-po"时丧失掉译语话语中的定名权。也只有掌握了译语话语中足够的定名权，方能真正拥有中国文化走出去时的国际话语主导权。

中国典籍"送出去"时，本土译者不能仅仅只是停留在语言层面的转换，最关键的还是要深入挖掘原文所折射的宗教、哲学、历史等民族特色内容。只有民族的才是世界的，没有民族特色的文化传播也是走不长远的。译语受众要想真正了解中国文化，更需要走近中国文化的源头进行探究。因此，每一本中国典籍对外传播译出时，都应该考虑对作者生平、创作背景等做一个简要的导读，如此方便译语受众快速把握和了解全文的基本理念。同时，对于那些文化特色词，译者更应该考虑在译文脚注处或附录部分主动附上相关解释或备注，以揭示其文化渊源和隐含蕴意，减少译语受众的理解困难，甚至可以为某些有需要的西方受众提供更为细致的研究素材，引导他们深入了解和认知中国原语语言及文化，激发其对中国传统文化研究的兴趣。当然，也有译者采用文中夹注的方式予以释疑，这对于可以简要说明的文化词是可行的，如果是需要较大篇幅进行解释的文化词，最好还是采用脚注或尾注或附录的形式，以免因在文中出现大篇夹注而打断了译语受众阅读的连贯性。

中国典籍对外传播的"送出去"还可以考虑通过与世界各地的中文培训机构、孔子学院和各类中文水平考试机构等建立长期可持续性发展的协作研究关系，通过共建教材、共商教授内容和考核形式等共同推进中国文化的对外传播。另外，加大留学生的扶持力度，通过设立各类奖助学金，在鼓励和吸引世界各国留学生来华亲身感受和学习中国文化的同时，鼓励中国留学生在国外通过在各类媒体或媒介上发文或参与某些文化互动来主动向西方受众介绍和报道中国及中国文化。我们应该认识到，无论是中国留学生、海外华人、各类学术组织或商务团队，还是海外来华留学生、学者、商人或游客等社会各界人士，他们都将成为世界各地传播中国文化的星星之火。"星星之火，可以燎原"，只有把"送出去"与"请进来"紧密结合，方可形成中国文化国际传播的燎原之势。

三、"文化传真"与"文化改写"辩证统一

"文化传真"，即"文化保真"。中国本土译者在中国典籍对外传播翻译活动中需要明白，适度的"文化改写"是为了更好地实现原语文化在译语语境中传播时的"文化保真"。中国典籍对外传播的翻译，难就难在要如何兼顾典籍中特有

的中国文化现象,用译语受众明白晓畅的语言进行传递时照既顾到其文化审美心理,又不失中国典籍的哲学寓意和古雅风范。

另外我们也应该清楚,"文化改写"必须适度,否则会导致中国典籍对外传播的译本失去其本原的"中国味",达不到中国文化对外传播的应然效应。译者可以通过适度的"文化改写"以满足译语受众阅读过程中的文化需求,迎合译入语的社会文化语境,实现典籍外译的文化传播。但需要注意的是,进行适度"文化改写"的同时要凸显民族审美经验,因为如果翻译出的译文中完全剔除了原文中的异质文化元素,就谈不上国家间的文化沟通与交流,这样的翻译活动也无益于世界上不同文化之间的相互融合。

在典籍的对外传播翻译活动中,要使译文保留异质中国文化元素,实现"文化传真",就必须坚持"中国阐释"。"中国阐释"并不是译文不顾译语受众审美心理强行自话自说,也不是不顾译语受众话语规范而一一对应死译。中国典籍对外传播的翻译行为要在充分、准确理解中国文化精髓的基础上,确保译文传播内容和语言形式上的真实和贴切。"文化传真"的完全实现,离不开译文中大量的中国"文化诠释"(脚注、文中注或尾注等形式),如此可以极大地保留译文中的原语文化信息,便于译语受众更为深入了解和认知中国典籍中涉及的相关文化背景知识,更为精准而又客观地了解中国文化特色,认知典籍中所传承的中国传统文化美德。典籍对外传播翻译活动中的"文化传真",就是为了实现本民族文化精髓的对外真实而又客观的传播,否则,也就失去了中国典籍对外传播的根本目的及意义。"异化"翻译策略下的"文化传真",对于译语受众来说,需要一个循序渐进的认知和熟悉过程。也只有当这些"异化"的话语方式较高程度地融入译语文化语境时,方能最大化地达成传播中的"文化传真"。

描述翻译学派的代表人物吉迪恩·图里(Gideon Toury,1942—2016)提出了翻译规范理论并将翻译规范区分为前期规范(preliminary norms)、初始规范(initial norms)和操作规范(performance norms)三种形式,认为翻译活动本身具有的强目的性,其目的达成就实现了翻译文本的选择、原语文本中心与译语受众中心的兼顾、宏观结构与微观语词的协调等[①]。德国目的论翻译学派代表人物克里斯蒂安·诺德(Christiane Nord,1943—)抓住翻译规范中的强制性和调适性,认为翻译是一种有意图、有目的的交际行为,译文传递的信号必然

---

① Gideon Toury. *In Search of a Theory of Translation*[M]. UC Santa Cruz: Porter Institute,1980.

会引起译文受众的反应,使交际得以发生(Christiane Nord,2001:24)。因此,对比中国典籍的文体规范与译入语的文体规范后不难看出,为了更好地满足译语受众预期,获得译语受众认知,达成典籍对外传播的最佳效果,对外传播翻译过程中的编译和"文化改写"是不可避免的。许钧认为,"文化接触和传递的整个过程(包括翻译)都由各种规范和价值支配,由规范和价值背后的权力、等级关系所控制"(许钧,2001:322)。

翻译和翻译活动受各种价值、规范等意识形态因素的制约,翻译研究不仅要关注文本内在的问题,也要研究那些文本以外的问题(胡平、胡寅,2010:181)。将中国社会的文化定式和价值观念比附于译文语言之中是非常有必要的。"文化改写"中的"归化"策略能很好地契合译语受众的认知心理,提升中国典籍在西方译语受众中的接受程度和传播效果,力争做到在典籍对外传播中,通过"异化"与"归化"策略的有机统一和适度的"文化改写",来实现文化对外译出时的"文化保真"。

其实,"当'本国文化'想要打破封闭的自我世界,向'异域'开放,寻求交流沟通,拓展思想文化领域时,这种自我向异域的敞开,本身就孕育着一种包罗万象的求新改革创造精神"(许钧、曹丹红,2014:5)。翻译活动中无论是"文化传真"还是"文化改写"均有其自身的背景和目的。但切不可忘记,中国典籍翻译中的"文化改写"是为了更好地实现对外传播中的"文化传真","文化传真"才是对外传播的终极目的。

四、文化调适恰如其分

文化之间是存在着差异性的,不同文化之间的交际是跨文化调适的载体,没有交际也就没有调适。文化调适是指单个文化经过文化交流的冲击后在群体中发生的改变,包含文化和心理两方面。典籍翻译过程中,为了保证译著对原著的忠实性和受众的可接受性,必然离不开译者根据原语语境、文化内涵的传播目的以及译语受众的信息需求、话语习惯等调整译语话语的再现方式。由于典籍文本语言精练且晦涩难懂,语义内涵丰厚,文化历史积淀深厚,再加上两种语言转换过程中存在着如语言及文化差异、传播意图和审美需求等众多影响因子,译者在翻译典籍时常常出现译文中原语文化内涵的缺失和信息传递的误差。因此,在对典籍进行翻译前,首先要对原语文本内容进行透彻理解,对原语内蕴文化进行合理解读;其次就是对译语文本话语进行适度构建,真实再现原语典籍中的文化意蕴和话语内涵。在典籍对外传播翻译过程中,译语中的部分文化也可能会因新进他文化的冲击而被边缘化,无法恢复其主流文化的身份,不得不重新构建自己的社会文化身份。因此,"异化"策略可以帮助译者在两种文化之间存异求同的矛盾与冲突中寻找某些共通点。"异化"策略使用中文化上的妥协、移植和补偿,实现文本间的沟通与对话,进而逐步构建译者的文化身份。

韦努蒂认为,翻译过程中如果强行忽略语言的文化差异,那么这种翻译就是一种文化的民族主义(韦努蒂,2018:271)。译者可以采用文化移植保留典籍原始文化底蕴,文化移植运用得当,就有可能突破西方话语权的主导边界。译者强行用原语文化的价值体系来界定译语,对译语文本的传播效果不一定有积极的作用。正如高尔泰所言,某些"所谓调整,实际上改变了书的性质。所谓删节,实际上等于阉割"(高尔泰,2014:92-93),这种情况下,"被伤害的不仅是文字,还有人的尊严与自由"(高尔泰,2014:89-90)。因此,典籍对外传播过程中,译者应在保留并介绍中华文化的前提下,克服文化调适中出现的种种问题,切忌连译带改,如此将不利于中华优秀传统文化的有效传播。

五、多方考量消除隔阂

通过自身典籍的对外翻译来传播自身的传统文化,这是一项浩大而艰巨的工程。典籍对外传播翻译活动是一项综合性活动,需要加强多方考量,以提高传播实效。

(一) 在传播内容方面

目前,中文在全球的影响尚不广泛,全世界学习中文的人数较少,学习的深度也还不够,对中国的认识常常仍停留在初级层面。要推动他国民众对中国思想、中国文化、中国文学等进行深入和全面的了解和认知,加强中国典籍中优秀传统文化的对外传播翻译水平是其有效途径之一。但到目前为止,对外传播中国政治、经济和文化价值观的合力仍未形成,存在着点多面少、各自为政的问题。尤其是在许多术语性的概念解释以及译语话语再现形式上远未达到统一,存在着各说各话的现象,这样,中国文化价值观在国外体现得相对凌乱,有时甚至还相互矛盾,极不利于提升中国文化及文化品牌的国际影响力。在对外传播中国文化时,译者要有一种文化自觉,要把握好中国文化的核心内容选择,要始终体现中国的传统优秀文化,并以国外最易接受的方式传播出去,应该对"译文内容和译文形式予以足够的重视"(谢天振,2003:61)。

(二) 在影响因子方面

典籍对外传播效果的直接影响因子是译者主观能动性的充分发挥和译者责任意识的高度参与。对外传播翻译文本的形式也相当重要,针对不同的译语受众可能产生不同的实际影响力,可以采用节译本、编译本、绘画普及本等不同的译文版本形式。另外,要提升典籍对外传播的译文效果,还得把握海外出版商和编辑对译语文本的具体要求,了解国外出版发行体制的惯行方式,探讨国外不同传播平台的传播效果,从而根据市场需求进行适当的增删、译写或改写,最大限度地扩大典籍海外译本的受众接受面,提升中国典籍的海外影响力。

(三) 在学术研究方面

对典籍对外传播的翻译研究中出现的诸多问题,我们既不回避也无需过分紧张。中国典籍中内蕴的中国传统文化现象,因涉及不同的人、不同的时期,或许会被赋予一种新的含义或产生新的认知和见解。译者需要基于具体的翻译实践,对翻译活动内容、翻译形式和翻译机制进行深入的探索和研究,促进中国典籍对外传播形式的快速发展,提升传播的水平。应加强与各国文化之间的交流与发展,研究译文形式和传播内容上文化误解、分歧与冲突产生的原因,最大限度地减少和避免这些影响因子,这对中国典籍文化走向国际舞台、浸入西方文化内核具有重要的意义。

刘云虹认为,译学界应进一步深化对外传播翻译研究,切实加强对翻译过程的考察,真正深入文本,坚持文化自觉,促使文学译介实现其推动中外文化平等、双向交流的根本目标(刘云虹,2019:108)。这就意味着,对外传播中的翻译和翻译研究在面对异质文化与文明时要时刻保持一种开放的心态,积极吸收和借鉴他国的优秀文化成果来弥补自身的局限或不足;同时,还应该认识到,把中华典籍优秀文化成果介绍给世界,是为了使中国文化进入异域、融入世界,并增加世界对中国的了解,从而保护人类文明进步的多样性。

对于中国典籍对外传播,从翻译史的角度出发,研究者必须要对翻译的本质有深刻的了解。翻译不仅仅是文字的转换，不应为了翻译而翻译，它一定要同国家的文化与思想的发展相结合的。研究翻译的本质和作用，研究者一定要树立翻译的历史观，清醒地认识翻译实践活动在不同的历史时期的作用在于揭示中国和中华民族在特定历史时期的社会整体状况和民众精神风貌，从而加深译语受众对中国传统文化语境的了解和认识。

  事实上，不同的文化间总存在着某些难以跨越的隔阂，只有通过各种形式的研究，努力将中国典籍文化生动地融入西方受众的文化和日常生活中，中国文化才可能在海外得到合理译介、有效认知和广泛接受。

第五章
中医药对外传播中的译语话语权

随着中医药在国际医学领域里的沟通和交流不断加强,国外接受中医药治疗的人数也日益增多。但目前国外对中医药的可接受范围相当有限,仅限于中医药里面传统的针灸、拔罐等治疗技术。传统中医药的天人合一、顺其自然、辨证施治、阴阳平衡、扶正祛邪、整体观念、三因制宜等辩证理疗思维(王鸿江、申俊龙,2020:383),仍未得到西方受众真正的认知和接受。传统中医药要想走出国门,就必须根据西方受众的审美情趣和可接受心理,找到中医药术语的最佳翻译形式,以期最大限度地将中医药的传统文化及预期功效准确无误地传递给译语受众,并使中医药技术及中医药所蕴含的中国传统文化为受众接纳,方能真正实现中国传统医药的国际化,并在国际医药领域获得话语权。在这个过程当中,传播话语(即译语)的使用应慎之又慎。

传统中医药在国际医学界的传播和西方受众中的影响越来越广泛,但因为传播过程中转述时语义传达失真或文化移植空位,极大限制了传统中医药对外传播的继续深入。中医药"走出去",最为关键的还是相关医药术语语义的切近传递、中医药文化移植时的受众考量、中医药对外传播翻译国际标准的建设。

第一节 中医药对外传播翻译研究现状

中医药对外翻译活动中的译语话语权不仅涉及译语话语形式,还涉及传统中医药文本中所蕴含的优秀传统文化。中医学理论体系中包含着中国博大精深的文化哲理和养生之道,中医药文本寓科技与文化为一体。中医药对外传播翻译活动中,更多考量的还是如何将其中蕴含着的文化哲理和养生之道进行转译。在中西文化观和审美价值观都存在较大差异的情况下,中医药对外传播的过程中,中医药名词术语和相关医理内容文本的翻译存在着诸多不如人意之处,有些翻译甚至严重阻碍了中医药的国际传播和发展。问题主要体现在:一名多译、多义单译、简略对译、盲目音译、文化乱译等(胡以仁、易法银、盛洁等,2018:94)。在对外传播过程中,既要最大限度地保全原语中的民族文化内涵,又要避免因译语话语运用中过分强调话语主导而损害对外传播的话语诉求,这是中医药对外传播中亟须解决的问题。

一、中医药翻译研究投入不足

通过中国知网,选择"全文+中医药翻译"检索可得,2004—2013年共有1 408篇关于中医药翻译研究论文,内容主要涉及中医药术语翻译对照标准、国外翻译理论在中医药翻译中的运用、中医药对外传播翻译史、中医药翻译批评、中医药翻译策略及中医药高校中的双语教学等六大方面。有不少研究者提出了拓展中医药国际影响力的构想,但鲜有人明确提出如何构建中医药对外传播翻译活动中的译语话语体系这一话题。2014年1月—2022年5月,共有相关研究条目501条,其中学术期刊刊文358篇,学位论文89篇(博士论文13篇,硕士论文76篇);报纸发文6篇(主要发表在《中国社会科学报》和《中国中医药报》);图书1本;成果2项。通过梳理2014年1月到2022年5月核心期刊[①]上的发文情况、文章下载及被其他核心期刊刊文引用情况[②],进行一个较为详细的对比分析,统计情况见下表。

[①] 这里的核心期刊指发文当年的"全国中文核心期刊""中文社会科学引文索引期刊(含扩展版)"和"中国科学引文数据库索引期刊(含扩展版)"。
[②] 注:"引用数统计"截至2021年6月,其后的文章引用数截至2022年5月8日。

2014.1—2022.5 核心期刊中医药翻译研究发表情况

发表年	核刊刊文篇数/全网刊文篇数	核心期刊名称（含非核心外语专业期刊）	论 文 题 名	下载次数	他刊引用数	核刊引用数	刊载月份
2014	3/24	中国翻译（CSSCI）	论《红楼梦》英译本中的中医文化误读	1 466	9	0	9
		外语研究（CSSCI）	国内医学翻译教材历史和现状评析	1 226	30	3	4
		西安外国语大学学报（CSSCI）	中医英译研究回顾与思考(1981—2010)	1 296	24	4	12
2015	6/40	中国成人教育	当前高校医学翻译人才培养模式探索——以西安医学院为例	279	7	1	9
		湖北社会科学（CSSCI）	明清西医东渐翻译历史脉络及影响研究	406	3	0	9
		医学争鸣	从转喻的认知机制看《黄帝内经》中的举隅辞格及其英译	299	5	1	8
		中国科技翻译	译语话语权研究——中医药英译现状与国际化	964	25	7	5
		中国中西医结合杂志	图式论视角下中医药文献中文化负载词的翻译研究	612	14	1	1
		电影评价	生态翻译学理论对中医学英译启示	153	2	0	2
2016	5/40	世界科学技术——中医药现代化	高校中医药文化国际传播有效路径的探索与研究	491	10	1	12
		时珍国医国药	中医药文化建设中关于文化认同的思考	512	10	1	10
		科技与出版（CSSCI）	关于加强中医药对外出版的思考	84	1	0	6

续 表

发表年	核刊刊文篇数/全网刊文篇数	核心期刊名称（含非核心外语专业期刊）	论 文 题 名	下载次数	他刊引用数	核刊引用数	刊载月份
2016	5/40	中国中医基础医学杂志	2004—2013年中医英译研究的文献计量学分析	322	7	1	4
			中药功效术语英译问题初探	326	7	0	5
2017	13/43	清华大学学报（CSSCI）	《医学语言与文化研究》介绍	122	0	0	1
		编辑学报（CSSCI）	关于编辑在中医药事业中价值作用的思考	127	3	0	10
		时珍国医国药	互联网＋时代的中医药跨文化传播	737	8	1	5
		世界科学技术——中医药现代化	近年来"一带一路"倡议与中医药国际化发展相关文献述评	1 356	18	0	6
		中华中医药杂志	方剂分类术语英译标准化研究思路与方法	172	0	0	8
			跨文化视角下中医文本的"丰厚翻译"述评	533	6	2	4
			权力话语理论操控下《本草纲目》英译的文化诠释	444	2	2	7
		中国中医基础医学杂志	语域视角下中医双语词典中的中医术语英译对比研究	330	4	0	2
			文本类型理论指导下的中医外宣资料英译	481	11	1	4
			目的论驱动下的中医药英语翻译探析	496	4	0	10
			中医汉英翻译语言重构策略探讨	209	2	0	12

续 表

发表年	核刊刊文篇数/全网刊文篇数	核心期刊名称（含非核心外语专业期刊）	论 文 题 名	下载次数	他刊引用数	核刊引用数	刊载月份
2017	13/43	中国中医药信息杂志	陇药汉英平行语料库构建研究	163	0	0	4
		职教论坛	汉英双语平行语料库在高职英语教学中的应用研究——以中医双语翻译人才培养为例	334	2	0	3
2018	3/34	科技与出版（CSSCI）	加强对外出版，推动中医药文化"走出去"	320	5	0	8
		中国中医基础医学杂志	基于药性理论"补肾助阳"相关中药功效术语英译初探	245	2	0	4
		外语教育研究（非核专业期刊）	中药说明书药名、功效语及结构词英译研究	293	2	0	1
2019	2/44	晋阳学刊（CSSCI扩展版）	中医文化的海外传播与翻译	594	5	0	5
		北京第二外国语学院学报（非核专业期刊）	我刊执行主编周长银教授参加首届中国传统文化翻译与国际传播学术研讨会	20	0	0	8
2020	9/44	上海翻译（CSSCI）	中国中医药翻译研究40年（1978—2018）	1 241	6	0	2
		中国大学教学（CSSCI）	国际化视野下的中医药现代知识体系构建与学科建设再认识	240	0	0	4
		中国中西医结合杂志	生态翻译学视角下ICD-11传统医学病证英译分析	292	1	0	3
		中医杂志	浅谈人类学对中医药国际化的意义	462	0	0	5

续 表

发表年	核刊刊文篇数/全网刊文篇数	核心期刊名称（含非核心外语专业期刊）	论 文 题 名	下载次数	他刊引用数	核刊引用数	刊载月份
2020	9/44	中医杂志	2014—2019中医药文化国际传播现状及思考	1 106	1	0	10
		中国中医基础医学杂志	以黄连药理作用英译为例探讨中医药国际传播困境与对策分析	284	0	0	9
			多元系统翻译论解析《金匮要略》两英译本	80	0	0	11
		外国语言与文化（非核专业期刊）	国际医疗语言服务的需求分析与人才培养	296	0	0	6
		天津外国语大学学报（非核专业期刊）	构建中国政治文献外译研究体系的现实意义	160	0	0	5
2021	13/66	上海翻译（CSSCI）	《本草纲目》译本源流及对中医药文化传播的启迪	225	0	0	4
			中医药海外传播与译介研究：现状与前瞻（2009—2018）	1 828	2	0	6
			中国武术外译话语体系构建探蹊：概念、范畴、表达	1 004	0	2	8
		科技与出版（CSSCI）	新技术背景下中医药期刊的发展现状与优化路径	34	0	0	2
		中国针灸	"一带一路"背景下针灸推拿英语复合型人才国内外就业情况分析	156	0	0	1
		中国中西医结合杂志	李照国中医外译理念研究	364	0	0	1

续 表

发表年	核刊刊文篇数/全网刊文篇数	核心期刊名称(含非核心外语专业期刊)	论文题名	下载次数	他刊引用数	核刊引用数	刊载月份
2021	13/66	中华中医药杂志	基于"热敏灸"英译的质性研究探讨中医名词术语英译规范化实证分析	74	0	0	1
		中国中医基础医学杂志	中医药西传模式研究	157	0	0	9
		中国实验方剂学杂志	浅谈药学与临床护理服务的相关性——《实验方剂学》	61	0	0	10
		外语电化教学	从中医典籍外译乱象看中国传统文化翻译的策略重建——以《黄帝内经》书名翻译为例	1 064	0	0	10
		时珍国医国药	从清肺排毒汤的说明书英译谈中医药品说明书的翻译策略	321	0	0	7
		医学与哲学	中医药发展的优势、劣势、机会与威胁分析	1 389	0	0	7
		中医杂志	中医类专业学生国际观教育存在的问题及培养策略	72	0	0	3
2022	1/23	中国中医基础医学杂志	基于SWOT分析的中医药文化对外传播策略探析	414	0	0	1
合计(2022年未统计)		54/349(核刊刊文篇数/全网刊文篇数)	28(发文刊物总数)	26 352(总下载次数)	238(总引次数)	28(核刊引用)	24/24(上下半年发文篇数比)

从上表的统计情况来看,2021年共发文66篇,中文核心期刊发文13篇,语言学类刊物中仅有《上海翻译》发文3篇:《〈本草纲目〉译本源流及对中医药文化传播的启迪》《中医药海外传播与译介研究:现状与前瞻(2009—2018)》

《中国武术外译话语体系构建探蹊：概念、范畴、表达》。2020年共发文44篇，其中中文核心9篇，含语言学核心期刊《上海翻译》1篇：《中国中医药翻译研究40年(1978—2018)》。在涉及语言学类刊物《天津外国语大学学报》和《外国语言与文化》上分别刊登了《构建中国政治文献外译研究体系的现实意义》和《国际医疗语言服务的需求分析与人才培养》。2019年共发文44篇，没有核心期刊文章，仅有《晋阳学刊》一家CSSCI扩展期刊刊登了《中医文化的对外传播与翻译》，而涉及语言类的刊物仅《北京第二外国语学院学报》上刊登了1篇《我刊执行主编周长银教授参加首届中国传统文化翻译与国际传播学术研讨会》。2018年共发文34篇，其中中文核心2篇，涉及语言学类刊物仅《外语教育研究》发文1篇：《中药说明书药名、功效语及结构词英译研究》。2017年共发文43篇，核心期刊论文13篇，而搜索到的涉及语言学类刊物《外语与翻译》所刊载的《中国翻译研究进展管窥——基于教育部人文社会科学研究一般项目立项名单(2005—2016)》中，根本与中医药对外传播的研究无关，故已在汇总时删去。2016年共发文40篇，中文核心期刊论文5篇，未涉及语言学类期刊。2015年共发文40篇，其中中文核心期刊发文6篇，含语言学核心期刊《中国科技翻译》1篇：《译语话语权研究——中医药英译现状与国际化》），涉及语言学类期刊发文为0。2014年共发文24篇，其中核心期刊3篇，涉及语言学类期刊发文为0。

  从文章刊发时段来看，核心期刊上下半年各刊发文24篇论文，基本持平，但从总体发文情况不难看出，上半年刊文明显多于下半年。导致此种布局出现的原因主要有两方面：一方面，每年上半年属于职称评审集中期，而大部分研究者几乎集中在前一年的下半年投稿，通过初审、复审和校稿到出版，刚好赶在了上半年出版；另一方面，从发文作者工作单位来看，98%以上的作者在高校工作，2个月的暑假，科研人员可以集中精力从事相关研究，从而导致了下半年研究进展加速。另外，或许还有科研条件的限制等要件，最终出现了上半年科研成果的发文比例高于下半年。

  从以上统计结果可以看出，2014年1月—2020年12月，在中国知网"全文＋中医药翻译"的检索，核心刊物（含CSCD、CSSCI扩展版）发文比例仅占总发文数的16.6%，中文社会科学引文索引刊物占比仅为4.5%。这样的发文数和占比，对于全网发文数，可以完全忽略不计。2014年1月1日—2020年12月31日，全网学术期刊发文5 527.72万篇，学位论文260.61万篇，会议论文106.27万篇，报纸148.12万篇，图书90.24万册，标准2.54万个，成果26.81万项。对比而言,283 篇的发文总量和 41 篇的核心期刊发文就显得微乎其微。综上,中医药国际化过程中的翻译研究极其不足,这将极大影响中医药对外传播过程中的话语权确立。

当然,产生这种现象的原因是多方面的。首先是社会层面的不重视,目前少有研究者,尤其是高水平的研究者,愿意从事需要巨大的时间和精力投入的传统中医药研究,因此高水平的中医药研究论文产出不足。其次,根据学术期刊所发论文转载率可知,核心期刊、专业期刊及相关语言学和翻译学研究的刊物,均对中医药研究方面的论文兴趣不大。从上面表中统计的发文所占比例就足以说明,在期刊追求被其他核心期刊高转载率的前提下,全网约 11%(26/236)的被引率是完全可以忽略不计的,中医药此种需要实证性研究的论文并不被学术性期刊看好,就更不用说在此基础上的翻译研究性文章了。学者看不到自身的成果得到社会和学界的认可,必然会转向相关热门的应用研究或冷门的理论研究,从而导致中医药翻译研究中高水平的科研成果越来越少,在国际学术话语权上所占比重也越来越小。

二、术语翻译中语义及文化脱节

中医药国际传播中的产品说明书和中医药基本名词术语的翻译质量,常常因语义和文化的丢失或误读,丧失了译语自身应有的话语主导权。中医药对外传播中,相关术语的翻译不仅要做到药用语义传递全面周到,同时还得在尊重译入语受众的语言习惯和文化习俗的基础上,确保中医药里的丰富中华文化内涵真实再现(陈智淦、王育烽,2013:65)。这样的译文既能保证减少译入语受众的接受困难,也利于中医药产业的海外发展和中医文化的对外传播。

中医药中所蕴含的中华文化,需要译者在译文中进行解释、说明或补全,甚至在某些情况下进行创造性的翻译。试看马淑然、刘兴仁(2015:78)主编的《中医基础理论(汉英对照)》第二章《阴阳五行》中的译文:

【原文】

《黄帝内经》作为中医学理论体系开始构建的标志,是春秋战国至秦汉时期众多医学大家智慧的结晶,托名为黄帝。①

---

① 注:此处的原文和译文均出自马淑然、刘兴仁主编的《中医基础理论(汉英对照)》一书第二章《中医学的哲学基础》部分。

【译文】

The release of *Huangdi's Inner Classic of Medicine*（*Huangdi Neijing*）is the symbol of the formation of the theoretical system. The classic, written using Huangdi's name, is actually the collective wisdom of many doctors from the Spring-Autumn and Warring States Period（770 BC—221 BC）to Qin and Han dynasties（221 BC—220 AD）, a pair of consecutive periods in Chinese history when a significant number of great theories concerning many social, technological, political spectrums emerged.

就教材建设上中医药医理传播的角度和来华留学生受众信息需求及对外传播中国中医文化的根本目标来看,译文应尽量考虑结构的简洁明了和语义信息传达的明确,以上译文结构处理上出现了轻重失当的现象。对于原语中某些文化特色浓厚的词语或包含了某些语内文化缺省成分的语词,在不造成跨文化交际信息交流障碍或误解的前提下,纯民族语言习惯层面的修饰性话语,是可以考虑省去不译的。即使从文化传播的观点出发,该部分的内容在译文中也只能采用居其次的脚注或尾注形式加以介绍或说明,甚至很多时候可以省译,以确保译文的通达晓畅。

译文中的"release"(出版、发行)虽为意义的补全,但就东西方文化的共通性而言,略显多余,不如直接使用"*Huangdi Neijing* is the symbol of"来开篇,意思浅显易懂,不会给译文受众造成任何理解的麻烦和困惑。从对外传播翻译活动应本着有助于树立中国品牌的国际形象、利于受众识记和传播的角度来看,采用音译"Huangdi Neijing"加释义"Huangdi's Inner Classic of Medicine"的形式,即"Huangdj Nejjing(Huangdi's Inner Classic of Medicine)"更为妥当。另外,译文"Spring-Autumn and Warring States Period"和"Qin and Han dynasties",姑且不论其表达的准确性,就译语受众的信息需求和理解认知而言,"春秋""战国""秦""汉"等的音译表述对译语受众来说应该是完全模糊的几组概念,从科技翻译本身语言简洁性和信息传递的保真性特质而言,在正文中不如省去,直接译出其对应的时间段可能于受众而言所获信息会更为直观。所以上面这句话可以译为:"As the symbol of Chinese medical theoretical system, *Huangdi Neijing*, named after Yellow Emperor who is honored as the common lord of Chinese nation, is actually the collective wisdom of many doctors from 770 BC—220 AD in the history of China."。这样,译文信息准确无误的传播确保了译语话语的自我性,文化保全的同时也拓展了话语的创设份额。

而原译文中的"a pair of consecutive periods in Chinese history when a significant number of great theories concerning many social, technological, political spectrums emerged"属于额外附加的信息,对于《中医基础理论》这类科技文本的英译,应属于无关信息了,尤其是对于专业教材而言,略显冗余,读来累赘,增加了受众信息接受的负担。如果是属于科普性译文读本的话,本着传播其中内蕴的中国传统文化来说,该部分的增译属于锦上添花。当然,如果一定要加上春秋战国的文化背景传播的话,可以考虑通过对 770 BC—220 AD 采用脚注的形式加以解释。从 1925 年至今,已有多部《黄帝内经》的英译本在国内外正式出版。谈到"黄帝"之名的英译,可以综合参照下表中已有的《黄帝内经》译名。

时间	英译名	译者	出版信息
1925	*Su-wen, the basis of Chinese Medicine*（《素问:中医之基》）	德国人珀西·米勒德·道森（Percy Millard Dawson）《黄帝内经》首次以英文形式在国际上正式出现	美国:*Annals of Medical History*
1949	*The Yellow Emperor's Classics of Internal Medicine*（《黄帝内经》）	爱尔萨·威斯（Ilza Veith）	美国:Baltimore Williams & Wilkins
1950	*Neijin, the Chinese Canon of Medicine*（《内经:中医经典》）	黄雯 首部华人自己翻译的《黄帝内经》版本	中国:《中华医学杂志》(*Chinese Medical Journal*)
1973—2014	*The Yellow Emperor's Book of Acupunchure*（《黄帝内经·灵枢》,1973）*Selected Readings from Yellow Emperor's Classics*（《〈黄帝内经〉选读》,2013）*Yellow Emperor's Classics: Inspiritional Resources of Acupunchure*（《黄帝内经·灵枢》,2014）*A Complete Translation of the Yellow Emperor's Classic of Internal Medicine and the Difficult Class*（《黄帝内经·难经合集》）	加拿大华裔:吕聪明（Henry C. Lu）	不详

续　表

时间	英译名	译者	出版信息
1995	*The Yellow Emperor's Classic of Medicine: A New Translation of the Neijing Suwen with Commentary*（《〈黄帝内经：素问〉新译释》）	美国：倪毛信（Maoshing Ni）	美国：Shambhala Publication
1996 1997	*The Illustrated Yellow Emperor's Canon of Medicine*（《〈黄帝内经〉释解》）	中国：周春才等	新加坡：Asiapac Books
1997	*The Yellow Emperor's Canon Internal Medicine*（《黄帝内经》）	美籍华人：吴连胜、吴奇	中国：中国科学技术出版社
2001	*The Medical Classic of the Yellow Emperor*（《黄帝内经》）	中国：朱明	中国：外文出版社
2002	*Ling Shu or The Spiritual Pivot*（《灵枢》）	美籍华人：吴景暖	美国：University of Hawaii Press
2003	*Huang Di nei jing su wen，Nature，Knowledge，Imegery in an Ancient Chinese Medical Text*（《黄帝内经·素问——中国古代医学典籍中的自然、知识和意象》）该书后附有 *The Doctrine of Five Periods and Six Qi in the Huang Di nei jing su wen*（《黄帝内经素问中的五运六气学说》）	德国人文树德（Paul U. Unschuld）中方合作译者：郑金生（中医研究院中国医史文献研究所研究员）	美国：University of California Press
2005	*Yellow Emperor's Canon of Medicine*（《黄帝内经》）	中国：李照国、刘希茹	中国：世界图书出版公司
2009	*Introductory Study of Huang Di Nei Jing*（《〈黄帝内经〉介绍性研究》）	罗希文	中国：中医药出版社
2010	*Huang Di Nei Jing: A Synopsis with Commentaries*（《〈黄帝内经〉概要释注》）	中国香港：江润祥（Y. C. Kong）	中国：香港中文大学出版社

续　表

时间	英　译　名	译　者	出版信息
2015	*Essential Texts in Chinese Medicine: The Single Idea in the Mind of the Yellow Emperor*（《中医经典：黄帝内经》）	理查德·波特斯琴格（Richard Bertschinger）	美国：Jessica Kingsley Publishers

注：本表内容参考了杨莉、李昊东、于海兵、耿冬梅的文章《黄帝内经英译本出版情况》（该文发表在《中国出版史研究》2016 年第 1 期：134—144）

从上表看，关于"黄帝"的英译名既有中国本土译者（含外籍华人）将之直译为"Yellow Emperor"的，也有音译为"Huang Di"的，国外汉学家亦如此。但从各译文整体看，文中涉及《黄帝内经》相关医理时更多音译，如倪毛信、文树德等译的"Neijing"。"黄色"在中国象征权威、富贵、大方气派，黄色也是土地之色，这一点无论是《说文解字》的"黄，地之色也"，还是《淮南子·天文训》的"黄色，土地之色"和《考工记·画绘之事》的"地谓之黄"均有体现。黄帝从古至今都被中国人尊祀为"人文初祖"，因此，熟谙中国文化的部分西方汉学家和学者将"黄帝"译为"Yellow Emperor"，主要是从文化交际的角度进行的翻译；而音译文"Huang Di"，译者主要还是从专名传播的角度出发，兼顾了部分译语受众的识记和传颂的需求，没有译出其中的文化元素。可以说，这两种译法各有优缺点：音译传音不传意，直译不利于受众对专著《黄帝内经》的识记和传播。但是，作为中国本土译者，还是应该从对外传播的根本目的出发，先音译再释义，从而实现对外传播中的文化传播与品牌树立。

三、对外传播中文化失声

中国传统医学理论里面蕴含着"阴阳五行""天人合一"等中国古典哲学思想，中医学在其理论形成过程中，也融入了道家的精、气、神思想，讲究机体的和谐统一，从而形成了自身独特的中医文化内涵。中医学理论的形成和发展，在某种程度上来说，就是一部中国的古典哲学思想史。中医学对外传播过程中除了要最大程度忠实而切近地传达其中的医学信息外，如何将蕴含其中的哲学、文学、宗教、价值观等文化信息适切移植到译语文化中去，避免中医文化在译语中的失声，一直以来都是译者不得不面临的重大课题。

综观诸多译者在翻译中医学中的"气""阴"和"阳"等文化术语时,简单套译哲学术语的译语形式"qi""yin""yang",通过中国知网不难查阅到,如今很多研究者将"脾气""肺气"和"肝气"等音译时,直接采用直译+音译的方法将它们分别译作"spleen qi""lung qi"和"liver qi"。"气"是中国哲学、道教和中医学中常见的概念。其实,中医学里面的"气"指构成人体及维持生命活动的最基本能量,同时也具有生理机能的含义,与现代物理学意义上的"气"不尽相同。在中医学中主要被用来指某种征象、药性或腑脏等器官功能之"气",乃道家"气"概念在医学领域中的具体应用,处在不同语境下时,是完全有别于哲学万物源起之"气"的,不可简单地译成"qi"。正如王彬和叶小宝(2014:107)在《中医典籍中"气"的源流与翻译探析》一文开篇提出的:中医典籍中的"气"主要是指哲学意义上的"气",但在特定语境下,还可指某种症象、药性、与疾病有关联的某种气候、腑脏等器官的功能等。"气"的含义的确定依赖于语境。译者在翻译中医典籍中"气"的概念时,应当根据特定语境下"气"的含义,采取不同的翻译策略,不能简单地一概翻译成"qi"。孔子、孟子、老子等诸子百家的思想,是中国古典哲学思想的代表,在世界哲学史上影响深远,用中国古典哲学思想中的术语词套译中医学专业术语,对中医药的世界传播还是有一定帮助的。但是,如果不问语境地套用哲学术语译名,非但不利于中医药的国际传播,反而会导致受众心理认知上的抵触。

关于中医药中的"气",谢竹藩(2002:49-50)在《新编汉英中医药分类词典》(*Classified Dictionary of Traditional Chinese Medicine*)给出的定义为:

气[qi]

qi (ch'i): the basic element that constitutes the costmos and, through its movements and transformations, produces everything in the world, including the human body and life activities. In the field of medicine, *qi* in its physiological sense is referred to as the basic element or energy which makes up the human body and supports its vital activities, such as 水谷之气[shuǐ gǔ zhī qì], *qi* of foodstuff, i.e., food energy, 呼吸之气[hū xī zhī qì], *qi* of respiration, i.e., the breathed air. Since *qi* is invisible and its existence in the human body can only be perceived through its resultant activities as expressed through organs and tissues it is more frequently used in the sense of functional activities, such as 脏腑之气[zàng fǔ zhī qì], i.e., the functional activities of the zang-fu organs. The term *qi* can also be used in a pathological sense, e.g., 邪气[xié qì], which means pathogenic factor.

从上面给出的"气"在医学领域里所指"in the field of medicine, *qi* in its physiological sense is referred to as the basic element or energy which makes up the human body and supports its vital activities"。这一定义既有中医学"气"之本质,亦保全了"气乃万物之源"的中国古典哲学思想。但是,中医学描述药物性能和气味的"四气五味"之"气"指的是药物的本质药用属性,等同于英语语言中的"nature"(天然或本质之属性),这与中国古典哲学中之"气"(乃万物之源起也)相去甚远,故而不能简单音译为"qi"。

比如,李照国(2005:41)在 *Yellow Emperor's Canon of Medicine*(《黄帝内经》)一书中将"夫芳草之气美,石药之气悍"译为"Fragrant herbs is aromatic and mineral drugs is drastic"。针对不同症候之"气",应区别对待,像"疳气"(幼儿营养的轻度不良)就可意译为"malnutrition",这样方可以有效避免直接音译"qi"的意指模糊。又如,朱明(2001:47)在 *The Medical Classic of the Yellow Emperor*(《黄帝内经》)一书中将"五藏"直接采用"音译+直译"译作"five zang-organs",实际上"藏"即"脏",指的是英语语境中的"the viscera (heart, spleen, liver, lungs and kidneys)",即内脏:心、脾、肝、肺、肾,而译名中"zang"的出现,容易导致交际障碍,该译语话语则失去了译语环境中的话语份额。上述情况都在一定程度上导致了中国发出的声音在国际医药文化领域的缺失。

第二节 中医药对外传播译语话语考量

目前,国内本土的许多中医药对外传播活动中的译者,已经意识到中国医药名称翻译质量在中医药国际化进程中的重要性,但因为中医药名称中所包含的中国古代哲学与儒家思想难以一言以蔽之,尤其在传播内容、传播形式和专名翻译上难以保持高度一致性,所以,在中医药典籍中涉及专有名称翻译时常以音译名居多。音译名可以从译语的话语形式上更多体现出译语文本中的异域特质,向世界宣示中国的国际表述话语策略,获取更多的国际话语权(孙广仁,2011:176)。当然,任何话语表达都是为了达到一定的交际目的,不加节制地音译必将影响到对外传播目标的实现。因而,当译者处于译语语境中时,即话语者要想实现对外传播的特定目标,在原语文本的译出过程当中,就必须珍惜自由表达本民族特有话语和文化的权利。适度的音译等,有助于话语者(译者)在对外传播本民族文化的翻译活动中自由主导其自身所享有的话语表达权,提升其译语文本在受众中的影响力并获取国际话语权。

一、音译中话语权的凸显

中医药的外传播不仅要向西方受众传播中国的中医药文化,展示中华民族的语言、文化魅力,还要让西方受众如接受西医药一样认知到中医药中所蕴含的医学原理,明白和接受中医药具有与西医同样的治疗功效和作用,从而提升中医药的国际知名度,进一步地促进中医药的国际传播和发展。

从本章第一节中《黄帝内经》诸多海外译本的对比不难发现,在中医基本名词术语对外翻译时,音译术语的首次使用,一般都会跟上较为详细的英语释义,从而方便受众的认知。如"Shang Shi Zhi Tong Gao"(伤湿止痛膏)、"sanyinjiao"(三阴交)、"Zusanli"(足三里)、"sanjiao"(三焦)等这样的译名,如果不使用脚注、夹注、尾注或补充性的信息予以说明,其音译名不但不利于对外传播中的话语权占有,反而会造成译语受众的理解困惑,这就纯属话语权力的滥用,实现不了中医药对外传播时译语话语应有的国际话语影响力,即国际话语权(力)。反过来,如果只是为了照顾译语受众对中医原理和功效的理解和认知而完全使用解释性译名,那么,译文表述的繁复亦会造成译语受众识记和传播的困难,这也不符合交际活动中的语言经济学原则,反而会因为缺乏品牌效应,不利于中医药的国际传播。因此,在某些中国特色医学术语英译时,如"三焦",很难从英语中找到一个切近的对应词,如果完全意译,译文可能会显得啰唆冗长,导致该意译部分在具体译文中喧宾夺主,干扰到译语受众的阅读效果;而要是将"三焦"简单"直译+音译"为"three jiao"或意译为"triple-energizer"的话(谢竹藩,2002:166),则会影响到译语受众的阅读认知。所以,在中医药对外传播翻译中第一次遇到对应的译语语言和文化出现缺失时,最佳的处理办法应当首选音译并以注释形式予以详解,如此既能实现对外传播翻译中的自主定名权,又不导致译语受众的阅读困难与认知困惑。

我们必须认识到，中医英译尚未形成规范而通行的译名，甚至还存在译名空白，这都极不利于中医药对外传播的。虽然音译有助于提升中国品牌的国际知名度和话语份额，但因为音译本身存在传音不传意的缺陷，所以中医药音译过程中必须得考虑译语受众的根本信息需求，否则就达不到中医药对外传播的根本目的。如以以三七为主要成分、治疗跌打损伤的"云南白药"公司名及其"云南白药系列"药品（drug）的名称英译为例，英译时主要以"音译名＋药品性状"构成对外传播的译名："Yunnan Baiyao Group Co. Ltd."（云南白药集团股份有限公司）、"Yunnan Baiyao Powder"（云南白药粉）、"Yunnan Baiyao Capsules"（云南白药胶囊）、"Yunnan Baiyao Aerosol"（云南白药气雾剂）等。音译名确实对"云南白药"的国际品牌树立极为有利，后面的药品性状也很好地告知了西方受众所购产品用途。但进入"天然植物药系列"后发现其译名却只有汉语拼音，且在"云南白药系列"部分也出现了"Yunnan Baiyao Chuangketie"（云南白药创可贴）的汉语拼音，其实如果能将其译为"Yunnan Baiyao Woundplast"或"Yunnan Baiyao Bandage"，就更为方便"云南白药创可贴"打开国际市场和树立国际知名度了。不过更为糟糕的是，云南白药官网却看不到英文网页的链接，只有中文的简体和繁体网页链接，这对于云南白药的国际传播是极为不利的。前面提过，"云南白药"的主成分为三七，那么是不是可以将其译为"Yunnan pseudo-ginseng"取代"Yunnan Baiyao"的译名，用"Yunnan Baiyao Band-aid"取代"Yunnan Baiyao Chuangketie"呢？新的译文似乎贴近了译语受众对西医药理及功效的基本认知，减少了纯音译导致的受众认知困惑，也避免了"Baiyao"和"Chuangketie"等词产生的信息空缺，但这是不利于中医品牌树立的，况且使用"Band-aid"一词不仅侵权，也是在替他人做嫁衣裳。这里可以考虑音译名"Yunnan Baiyao"的基础上，下面括弧用凝练的英文释译出该药物功用如"Treatment of bruising injuries"（治疗跌打损伤），即"Yunnan Baiyao（Treatment of bruising injuries）"，如此处理不仅保持了"Yunnan Baiyao"的品牌音译名的传播，而且释译部分切合了西方受众获取药物功效的医药文化习惯。

对比上海中医学院出版社出版的《中国名优中成药（英汉对照）》（张恩勤，1994：42/238）中滋补养阴的"乌鸡白凤丸"①和"金鸡冲剂"的"音译＋释义"译

---

① 乌鸡白凤丸主要就是由乌骨鸡、熟地、黄芪、益母草、龟板胶、鹿角胶、党参、当归、丹参等22味中医药组成，具有补气养血、调经止带的功效。

名"WUJI BAIFENG WAN (White Phoenix Bolus of Black-bone Chicken)"和"JINJI CHONGJI (Infusion of Cherokee Rose and Spatholobus Stem)"。2004年中医药学名词审定委员会发布的中医药名称的英译名中,也采用了音译为主或音译+直译的英译方法,将"乌鸡白凤丸"和理血化瘀的"金鸡益母草"分别译为"wuji baifeng wan"和"jinji yimucao"。这里给出的英译名"wuji baifeng wan"和"jinji yimucao"里面并未包含任何的药物信息,这样的译名对受众而言,是没有什么传播价值的,确实有待商榷。而"White Phoenix Bolus of Black-bone Chicken"的释义更令受众云里雾里不知所云,作为医药保健品,受众更多的是需要知道药物功效,而不是像"Cherokee Rose and Spatholobus Stem"这样简单的药物成分罗列。因此,不妨考虑在两者给定译名的基础上,增译其功效更易获得受众认可,故可以将"乌鸡白凤丸"和"金鸡益母草"分别译为:"wuji baifeng pills for nourishing Yin"和"Jinji Leonurus for improving blood circulation",如此既保留了原语中的中国品牌,也解决了译语受众对中医药功效"养阴活血之功效"的理解和认知。

因此,中医药名称对外传播翻译活动中的话语权获取不应采用不顾受众话语规范和信息需求的音译名强推,而应更多地考虑在译语受众接受的基础上突显中国中医国际品牌树立,通过适切的译文树立中医在西方社会的良好口碑和国际品牌意识,从而突显中医药对外传播中的国际话语主导。

二、内蕴传统文化的展示

中医是自然科学与人文科学的融合和统一,既是治病救人的良方,也是修身养性之道,蕴含着中华民族深邃的哲学思想,处处体现着中国传统文化的缩影。中医由《周易》衍生而来,主要包括阴阳、五行、运气、脏象、经络等学说,强调"辨证论治",突出"治未病"。谈到中医,必然离不开其中内蕴的中国传统文化。中医哲学讲究"道法自然、天人合一""阴阳平衡、调和致中""以人为本、悬壶济世"等中华文化内涵。比如,中医药"乌鸡白凤丸"中的"凤"代表"凤凰",和"龙"一样,是吉祥和谐的象征,自古就是中国文化中特有的重要元素,常被称为"百鸟之王"。"凤凰"与"乌鸡"有一定的历史渊源,诗言道:"旧巢共是衔泥燕,飞上枝头变凤凰。"[1]

---

[1] (清)吴伟业. 圆圆曲[M/OL]. 古诗文网. https://so.gushiwen.cn/mingju/juv_5f47ed112616.aspx

该药名就源自中国典故"乌鸡变凤凰"。另外,中医认为人与自然、人与社会是一个相互联系、不可分割的统一体,人体内部也是一个有机的整体;重视自然环境和社会环境对健康与疾病的影响,认为精神与形体密不可分,强调生理和心理的协同关系;重视生理与心理在健康与疾病中的相互影响①。中医与《易经》有相通相依之处,中医药的疾病治疗理念讲究体内阴阳的调和与平衡,着重于疾病的预防和肌体的养生,主张使用以中草药为主的食物疗法或推拿、按摩、针灸、拔罐、气功等物理疗法。根据本章第一节《黄帝内经》的译本内容和第二节中提到的2004年中医药学名词审定委员会发布的中医药名称的英译名看,目前很多中医药名称在对外传播的英译过程中均采用了音译或音译+直译的翻译方法。很多富有中国文化特色的中医药术语无法在译语中找到对应的文化语词,也就间接导致出现了大部分无法兼顾译语受众接受的音译现象。过度音译,从某种程度上来说,也是不得已而为之,是不利于中医药的国际传播的;另外,中医内蕴的中国传统文化元素在西方文化中的缺失,也是译者对外传播中医时无法绕行的坎。

2016年12月6日中华人民共和国国务院新闻办公室发布的《中国的中医药》白皮书的英文版 *Traditional Chinese Medicine in China* 中关于"针灸""推拿""拔罐"和"刮痧"等中医药特色词汇分别被英译为"acupuncture and moxibustion""tuina (massage)""cupping""guasha (spooning)"②。其中,"推拿"是中医里面的一个理疗项目,手法多变,有30余种;而"按摩"是中医里面放松身心的一个项目,两者之间有些许不同。从上面看,国务院新闻办公室网页上的英文版本采用了音译加注释的方式,"tuina"的确保留了中国传统中医药最原汁原味的文化,然而美中不足的是其注释部分"massage"一词的中文含义是"按摩",从某种程度上来说,这一注释使得中国特有的"推拿"与西方的"按摩"被混为了一谈,就正如"饺子"与英文里面的"dumplings"一样,两者是有差别。当然,现在也有另外一种说法,那就是在中国,南方人叫推拿,北方人叫按摩。又如"刮痧"被音译为"guasha",用语简洁但语义不明,但如果将其释译为"a popular treatment by scraping the patient with special tools"(通过特制器

---

① 国务院新闻办公室.《中国的中医药》白皮书[M/OL]. 国务院新闻网,2016-12-06. http://www.gov.cn/zhengce/2016-12/06/content_5144013.htm#1

② The State Council Information Office of the People's Republic of China. *Traditional Chinese Medicine in China*[M/OL]. Dec. 2016. http://english.scio.gov.cn/2017-01/17/content_40621689.htm

皿反复刮擦病人的一种常用疗法），又有违交际中语言运用的经济性原则且容易让译语受众产生不好的联想。而紧跟的"spooning"在译语文化中多指"用汤匙舀取"，很难令其联想到是"用汤勺刮"。具体使用何种注释形式更为贴切，需要进一步探讨，或许随着中西文化交流的加快和深化，有一天就会像"mahjong"（麻将）一样不再需要解释了。

当然，在中医药对外传播的翻译活动中，里面涉及的像"阴""阳""气"和"金木水火土"等中国文化词在英译时若要进行译语词主动选择或自主定名，一定要确保特色文化在译文中得以保留，同时还需兼顾译语受众接受的传播效果。

三、受众接受心理的兼顾

对外传播的译文受众的接受心理，常常直接影响到译文传播的效果。对外传播翻译的目的，说到底就是要通过适当的译语话语形式传达原语信息和文化内涵，并实现对译语受众一贯秉持的在某一文化现象、价值观念或立场上的态度改变，引导受众产生传播活动所预期的行为。离开了受众接受心理考量的传播活动，就失去了传播的目的和意义。白皮书《中国的中医药》（2016年发布）的英译版 *Traditional Chinese Medicine in China* 中，"青蒿素"被音译加释为："qinghaosu（artemisinin,an anti-malarial drug）"[①]，在原语译出过程中通过适当的音译保全了本民族所特有的语言、文化现象，通过自主定名，在加快打造全产业链服务的跨国公司的商业活动中树立了中医药知名的国际品牌（熊欣,2015：13）。适度加释满足了译语受众信息接受心理，有利于译语受众更为清晰直观地认知该种药物的成分及功效。

旨在为各国中医药从业人员、在校师生、医政管理者提供中医名词术语英译统一标准，由世界中医药学会联合会组织68个国家和地区的200余位专家共同参与制订的全球首部《中医基本名词术语中英对照国际标准》已于2007年由人民卫生出版社正式出版发行，并作为国际组织标准，推荐各国会员组织使用[②]。

[①] The State Council Information Office of the People's Republic of China. *Traditional Chinese Medicine in China*[M/OL]. Dec. 2016. http：//english.scio.gov.cn/2017-01/17/content_40621689.htm

[②] https：//www.chinanews.com.cn/jk/kong/news/2007/12-29/1118505.shtml

又如中医里面由于秋季的燥热而引起的温病"秋燥"①和因为冬季的温热而引起的温病"冬温"病症译名在国家卫生健康委员会和国家中医药管理局联合发布的《中医临床诊疗术语》(2020修订版)中分别被英译为"autumn-dryness disease"和"warm disease in winter"。"秋燥"的译名为简单的字字对译,未能充分考虑到文化的共通之处和译语受众认知心理:秋高气爽,空气干燥,用"autumn-dryness"就显得有些画蛇添足了。对比"冬温"译法可以将"秋燥"意译为"dryness disease in autumn",如此便于译语受众的对比认知、识记和区分,更利于中医药的对外传播。所以,《中医药学名词》中发生于春季的温病"春温"(spring-warm syndrome)②,同理可以译作"dryness disease in spring"。

中医药对外传播应不忘"美己之美",尽量保留其中蕴含的传统文化因子,如中医药病症中的"水肿病"的翻译。中医根据症状的不同,将"水肿病"细分为阳水(症状主要表现为病体不虚,但面部肿势较为明显,如按之,凹陷即起)、阴水(症状为面浮足肿,且肿势难消,按之凹陷不易恢复)、风水③(其脉自浮,外证骨节疼痛,恶风)、正水(其脉沉迟,外证自喘)、黄汗(四肢头面肿,水气在皮肤中,四肢聂聂动者)、皮水(其脉亦浮,外证跗肿,按之没指,不恶风,其腹如鼓,不渴,当其发汗)和石水(据2008年注释版《活解金匮要略》记载:其脉自沉,外证腹满不喘……四肢头面肿)④。中医药源于《易经》,以上病症中的"阴"和"阳"实乃中国特有的传统文化词,在异域语言和文化里面无法找到相对应的文化现象和词汇,此时采用直接作用于语言文化不可译现象的音译手法,将其译成"yin"和"yang",这可以充分地保留原语的语言及文化特色,使译名具有了明显的身份优势(葛林,2016:139)。前文提过音译的不足,故当音译词尚未为译语受众明了之前,仍得辅以释义释疑。"水肿"一词虽可以在英语中找到"edema"与之对应,但仅仅对译为"edema"是无法充分诠释中医里的"水肿"的。从兼顾传播目的和受众接受心理考虑,不妨采用"音译+直译"的方法将"阴水"和"阳水"分别译为"*yang* edema""*yin* edema",而风水、皮水和石水而言,则可直译为"wind edema""skin edema""stony edema",如此简明扼要,受众能快速明了

---

① 中医临床诊疗术语 第1—3部分:疾病、证候、治法(2020修订版)[M/OL]. 国家健康委员会、国家中医药管理局出版,2020. https://www.doc88.com/p-77187067876645.html
② 中医药学名词审定委员会. 中医药学名词(2004)[M]. 北京:科学出版社,2005.
③ 此"风水"非彼"风水",此处不宜音译为"fengshui edema",否则会产生歧义,从而给西方受众造成理解的困惑,因为"fengshui"一般被理解成中国的一门研究环境与宇宙规律的玄学。
④ 张仲景. 活解金匮要略[M]. 杨鹏举,侯仙明,杨延巍,注释. 北京:学苑出版社,2008.

译文所指的同时又能感受其中异域的医药文化。

根据方梦之先生(2018:2)的观点:不用目的语中现成的词语译原文的词语,即音译(transliteration),属于零翻译的三种情况中的一种。他认为,零翻译是直译意译均不能为而为之的良策。此类词语除了人名、地名词的音译外,还有文化特色词的音译词如秀(show)、酷(cool)、黑客(hacker)、派对(party)、伊妹儿(e-mail)等;再就是专名的音译,如 gongfu(功夫)、qigong(气功)、taijiquan(太极拳)、pingtan(评弹)、qipao(旗袍)等。他认为"零翻译看似没有翻译,有的只用随意选择的谐音字音译原文的词或把外文照搬过来,但是,从深层次看,其包含了源语所有的含义,是最精确的翻译"。

所以,很多时候,音译和音译加释的翻译方法对于中医药的对外传播来说,不仅实现了传播的根本目的,同时加释又兼顾了译语受众的信息需求。完全的意译方法在中医药对外传播的翻译过程中不是最佳的选择。譬如,我们把中医药里的"关格"病(小便不通为"关"与呕吐不止为"格","关格"即两者并行的一种疾病)完全意译为"obstruction and rejection"的话,"obstruction"和"rejection"确实给受众传达出了抽象概念下"阻碍""抛弃""拒绝"或"被抛弃之物"的意象,但该意译名不但没有将症状清晰地传递给译语受众,反而增加了他们的理解困惑。因此,从兼顾西方受众接受心理的角度出发,可以考虑采用"音译+释义"将"关格"译为"Guange (a disease of urine impassability and vomiting)",即一种小便不通和呕吐不止的病症。

四、译语话语的建构

既然中医是一套完整的理论体系,那么其术语及其内蕴的传统文化在对外传播英译活动中也应该建立一套相对完整、可读、规范而又稳定的译语话语体系。这里的"完整",即保持对外传播中译文信息的完整性;"可读"指译文语言运用上不能过于异化而显得生僻难懂,即在音译前提下应采用贴近译语受众信息需求的准确释义;"规范"指译者翻译活动中的原语规范和译语规范,"异化"与"归化"两者兼顾;"稳定"指译名在同一文本或同一译者前提下的前后一致性,也就是规范性的中医术语译名在一定时期内保持相对不变,术语译名的意指不受语境的影响。

中医药术语翻译过程中的译语话语规范建构可以从以下三个方面考虑:一

是从中医药的成分或功效方面考虑译名的规范化,尤其涉及中医药材所属的植物科类等时;二是经济型原则,为了保持中医药传统文化的原有韵味,大多数情况下可以采用"音译+释义",如同仁堂(Tongrentang Chinese Medicine)、九芝堂(Jiuzhitang)、云南白药(Yunnan Baiyao)、白云药业(Baiyun Pharmaceutical Co.)、紫鑫药业(JiLing Zixin Pharmaceutical Industrial Co.)等中华医药老品牌与老字号名称的英译基本上都采用了全部或部分的音译译名,译语语言形式上简洁精炼;三是结合西医名称的命名特色,确保中医术语对外传播翻译活动中译名语义信息的具体性和中西医融合的相对关联性,创建中医药对外传播中完整而科学的翻译理论体系。

下面我们以中医药"麻黄"的英译为例进行分析。麻黄有缓解支气管、平滑肌痉挛、兴奋心脏、收缩血管、利尿、消炎抗菌、杀死病毒等作用,而且,麻黄的挥发油还能发汗解热①。麻黄的医用功效相当于西药中的抗胆碱药、肾上腺素、利尿剂、解热镇痛药、抗病毒药等多种药物效果作用下的结合体。换句话说,一味中医药"麻黄"的功效,可以包含 30 多种各成体系的西药的功效。在英语中,我们可以找到一个词"ephedra",其意为(植)麻黄属,其意与"麻黄"相近。考虑到中医药一般都是植物药,所以我们不妨将麻黄的译名直接规范为"ephedra",如此也便于西方受众的识记和认知。同理,中医药"当归"亦可借词译为"angelica",其意为(植)白芷属。因此,在中医药术语翻译的过程中,可以根据其所属的植物类别将其译名进行规范。当然,规范译名如果能进一步释其具体某一功效则更好了,如"麻黄"对应西药中的"抗胆碱药"或"抗病毒药"效用时,我们不妨将其"借译+释义"译为"ephedra (cholinergic drug resistance)"。

五、英文传播网页的建设

中医医院对外传播的英文网站存在着缺乏链接、结构混乱、内容混杂等诸多问题,尤以英语的话语规范问题最为严重。其实在中国中医医院对外宣传的翻译网站栏目建设上,可以借鉴西方国家医院或医药公司网站的栏目设置,避免英文网页建设中的不足。

一方面,健全一级栏目的信息导引功能:医院介绍(About the hospital;

---

① 中国医药信息查询平台. https://m.dayi.org.cn

Maps, directions & locations)、新闻(News)、联系方式(Contact us)、教育(Education)、科研(Research)、就医指南(Guide：Find a doctor, Appointment & referral, Conditions & treatments/Medical services)和科室介绍(Departments)。病患可以通过关键词或首字母检索快速查找，选择科室和医生，及时前往医院所在地就医。另一方面，学习西方医院的栏目特征，利用西方受众熟知的检索习惯设置"医院对社区医疗卫生的贡献（Community health/benefits）"，宣扬"历史传统(History)""数据统计(Facts, statistics & figures)""排名荣誉(Honors, ratings & awards)"，并强调"医院的使命、展望和价值观(Mission, vision & values)"等二级栏目，使病患了解本院的医疗服务质量。在维护页面各栏目简洁美观的基础上，突出英语网页话语表达的友好性和相关链接的醒目性，树立中医药品牌意识，塑造中国中医医院的国际形象。

在中医医院网页对外宣传中，应尽量在兼顾译语受众话语规范的基础上保留其中医特色，如中医推拿、针灸等。尤其像"阴阳""五行""运气"等特色词汇更是为中国的传统中医药文化打上了独一无二的烙印。因此，在中医医院的英语官网中，更应向译语受众展示中医药文化的独有韵味及特点。在栏目设置中更应将中医药的知识细化，并在保留中国中医药传统文化对外传播的同时，兼顾译语受众对文本的可接受性，从而最大限度地获取国际话语权。

对于中国中医药企业外宣网站的建设，必须在兼顾译语受众可接受性的同时，加强对医药产品质量认证信息的宣传，通过翻译中医药的实际功效带给企业价值并打造中医药品牌、企业品牌，获取中医药文化的国际话语权。

另外，在网页建设中，还应考虑网站的交际功能，考虑受众的接受心理及认同感的培养。例如，葛兰素史克(GSK)网页在其产品介绍中这样说道：We make a wide range of prescription medicines, prescribed vaccines and consumer healthcare products. You can find out about these through the links below.（我们生产各种处方药、疫苗和保健产品，以下链接可方便您找到它们）[1]。句中"We"和"You"的使用，让浏览者倍感亲切，起到了积极的心理暗示作用。因此，中国中医药企业网站建设应尽量做到贴近译语受众的话语习惯和接受心理，使其真正认可并主动传播中医药及其企业文化，从而提升中医药企业在国际医药行业中的话语主导。

---

[1] https://ca.gsk.com/en-ca/home/

第三节 中医药国际化发展与翻译

中医药要彻底走出国门,提升其国际影响力,除了要不断增强人们的认知意识、加大传播步伐外,还必须从国家的层面建立中医药的国际化标准,将译语受众的接受心理和美学价值纳入考量,建设完善且准确的中医药对外传播机制和相关术语翻译标准,以避免中医药传统文化植入译语文化时的用语和转换失当。

一、中医药国际化发展现状

2019年5月21日,在日内瓦召开的第72届世界卫生大会上,首次将中国传统医学纳入其中,通过了《国际疾病分类》(第11次修订本),这是中医药国际发展的里程碑事件。迄今为止,中国中医药的技术和产品已经传播到了世界183个国家和地区[1]。中医药的国际化传播有助于树立中国在医药领域的国际形象,目前,中医药的国际化传播及翻译已经引起政府和社会各界的高度重视。国务院印发的《中医药发展战略规划纲要(2016—2030年)》[2],把中医药发展上升为国家战略,中医药事业进入新的历史发展时期。截至2016年,国产中医药民族药已获约有6万个药品批准文号,全国有2088家通过药品生产质量管理规范(GMP)认证的制药企业生产中成药。[3] 根据中国海关总署2020年1月发布的数据,2019年中医药材及中式成药出口金额达到1176.96百万美元,同比2018年出口金额增长6.8%[4];2020年中医药材及中式成药出口金额为1207.2

---

[1] "中国-中东欧传统医学论坛"新闻发布会在京举行[EB/OL]. 经济参考网,2019-11-07. http://www.jjckb.cn/2019-11/07/c_138534794.htm
[2] 国务院关于印发中医药发展战略规划纲要(2016—2030年)的通知[A/OL]. 中华人民共和国中央人民政府网站,2016-02-26. http://www.gov.cn/zhengce/content/2016-02/26/content_5046678.htm
[3] 《中国的中医药》白皮书[M/OL]. 国务院新闻办公室,2016-12-06. http://www.scio.gov.cn/ztk/dtzt/34102/35624/35628/Document/1534714/1534714.htm
[4] 中华人民共和国海关总署. 2020-01-23. http://www.customs.gov.cn/customs/302249/302274/302277/302276/2851454/index.html

百万美元,比 2019 年增长 2.2%①;根据中国海关总署 2022 年 1 月 18 日发布的数据,2021 年 1—12 月累计中式成药出口金额达到 304.6 百万美元,同比 2020 年增长 17.5%②。2022 年 4 月 18 日,中国海关总署发布的"2022 年 1 至 3 月部分出口商品主要贸易方式量值表(美元值)"③显示,我国 2022 年第一季度中式成药出口金额达到 6 474.3 万美元,相比 2021 年同期增长了 5 625.1 万美元,同比增长 202.9%。从海关总署发布的以上出口金额和相关数据来看,2019—2021 年我国中式成药出口金额一直呈增长趋势,中医药已经显示出了其潜在的巨大海外市场。

中医药的国际传播,俨然成为最具代表性的"中国元素"之一。根据《中国的中医药》白皮书(2016),在国民经济与社会发展中,中医药产业正逐步成为独具优势和广阔市场前景的战略性产业。随着中医药对外传播步伐的加快、西方受众健康理念的不断转变和医学模式的日新月异,中医药的独特价值在国际上越来越得到彰显,也有越来越多的西方受众开始理性认知和接纳中国中医的治疗理念和体系。中医药在治疗传染性疾病上也卓有成效,最为典型的当属屠呦呦发现了青蒿素④,为世界带来了一种全新的抗疟药。以青蒿素为基础的联合疗法(ACT)是世界卫生组织推荐的疟疾治疗的最佳疗法,挽救了全球数百万人的生命⑤。屠呦呦也因此荣获了 2011 年美国拉斯克临床医学奖、2015 年诺贝尔生理学或医学奖和 2016 年度国家最高科学技术奖;陈竺、王振义带领团队将传统中医药的砷剂(民间俗称砒霜)与西药结合治疗急性早幼粒细胞白血病(APL),因疗效明显,获得了世界癌症研究方面的最高嘉奖:第七届圣捷尔吉癌症研究创新成就奖⑥。中国中医药的显著疗效,引起了国际社会的广泛关注,并得到世界卫生组织的肯定。

---

① 中华人民共和国海关总署. 2021-01-14. http://www.customs.gov.cn//customs/302249/zfxxgk/2799825/302274/302275/3511716/index.html
② 中华人民共和国海关总署. 2022-01-18. http://www.customs.gov.cn//customs/302249/zfxxgk/2799825/302274/302277/302276/4127390/index.html
③ 中华人民共和国海关总署. 2022-04-18. http://www.customs.gov.cn//customs/302249/zfxxgk/2799825/302274/302277/302276/4296366/index.html
④ 注释:一种从植物黄花蒿茎叶中提取的有过氧基团的倍半萜内酯用于治疗疟疾的药物。
⑤ 屠呦呦:青蒿素是中医药献给世界的一份礼物[EB/OL]. 新华网,2019-01-10. http://www.xinhuanet.com/politics/2019-01/10/c_1123973265.htm
⑥ 卫生部长陈竺获癌症研究创新成就奖[EB/OL]. 央视网,2012-01-30. http://news.cntv.cn/20120130/121565.shtml

二、中医药国际化标准的创设

(一) 国际需求

随着中医药在世界范围的不断传播,如抗疟疾药物青蒿素、中医针灸(列入联合国教科文组织"人类非物质文化遗产代表作名录")、《黄帝内经》和《本草纲目》(两部均入选联合国教科文组织"世界记忆名录")等得到了越来越多国家和地区的认可,美国、日本、加拿大、德国、澳大利亚等国还设立专门的科研基金或中医药研究院,充分利用其现有的设备或资源开展中医药的科学研究,希望通过中医药解决一些西药目前还无法应对的医药问题。有些国家还踊跃与中国展开科技合作,依照中医药的本身特点和发展规律开展相关研究。

为了进一步扩大中医药文化的世界影响,满足世界各国对中医药文化的需求,截至2021年7月,中医药已经传播至196个国家和地区,全球接受过中医药、针灸、推拿或气功治疗的人数已达世界总人口的三分之一以上[①]。中国政府同40多个国家和地区签署了专门的中医药合作协议。中国已在"一带一路"沿线国家建设了一批中医药中心,在国内建设了17家中医药服务出口基地[②]。中国已在30多个国家和地区开办了数百所中医药院校。国外中医药科研机构的规模已初具规模,达到300多所,遍及五大洲30多个国家和地区,并获得当局的鼎力资助,有了固定的经费支持并配备了中医药科学研究所需的设备和人员,有些科研机构还形成了一定的团队,有具体的研究方向和任务,有持续发展的实力(李宗友、鲍玉琴,2009:507)。中医药的国际传播和世界需求已经形成了一定的规模,并已经成为中国对外国际交流与合作的一张特色名片,也因此具备了制定国际标准的条件。

(二) 国家差异

中医药虽然已是国际医学体系的重要组成部分,但国际社会对中医药的认

---

① 全球超三分之一人口接受过中医药相关治疗[EB/OL]. 中国新闻网,2021-09-05. https://www.chinanews.com.cn/cj/2021/09-05/9558866.shtml
② 国家中医药管理局:中医药已传播至196个国家和地区[EB/OL]. 中国新闻网,2021-07-30. https://www.chinanews.com.cn/gn/2021/07-30/9532796.shtml

知仍然存在一些误区,而且目前中医药在世界各国的传播和发展水平也存在较大的差别。在对待中医药科研方面,各国的重视程度也不一样,实验条件存在差异,尤其在研究思路和理论认识上存在偏差:很多国家在开展中医药研究时,仍然沿用西医的循证医学、还原论等研究思路,尚未脱离化学合成药物及植物药的框架,中医药传统研究方法得不到认可,导致了各国中医药科研机构的发展模式明显不同,发展水平也参差不齐,对中医药的基础性研究也未能形成体系。

随着中医药"走出去"步伐的加快,国际社会对中医药的关注度显著上升,但因为不同国家之间存在着认知差异,这就需要我们与世界卫生组织、国际标准化组织与传播对象国等多边之间不断加强中医药国际化进程中在国家政策制定、科学研究、标准化等领域的大力合作。国外从事中医药研究的多数是一些西医研究人员,没有经过系统的中医药知识培训,常常以西医的思维开展中医药的研究(李宗友、荣培晶、鲍玉琴,2019:406),在相关标准制定方面亦拿西医的国际标准来套,如此不利于中医药对外传播中的国际共识。标准化、规范化是科学研究的基本准则,标志着一门学科走向成熟,也是中医药学术发展和现代化进程的内需和必然趋势之一(王志伟、赵丽娟,2008:36)。为了确保中国中医药对外传播中的真实、高效,并获取最大份额的国际话语权,中国有必要主动地在世界范围内制定中医科研和行医的国际化标准。到 2021 年 7 月,国际标准化组织也成立了专门的中医药技术委员会(ISO/TC249),并陆续制定颁布了 69 项中医药国际标准,以中医药为代表的传统医学已纳入世界卫生组织国际疾病分类代码(ICD-11)。中医药作为国际医学体系的重要组成部分,正为促进人类健康发挥积极的作用[①]。在中医药国际标准制定的过程中,如何发出中国的声音,值得学界进一步思考。

(三) 创设意义

中医药学凝聚着深邃的哲学智慧和中华民族几千年的健康养生理念及实践经验,是中国古代科学的瑰宝,也是打开中华文明宝库的钥匙[②]。中医药是中国传统文化的重要组成部分,也是中国医学科学的主要组成部分,极具中国

---

① 国家中医药管理局:中医药已传播至 196 个国家和地区[EB/OL]. 中国新闻网,2021-07-30. https://www.chinanews.com.cn/gn/2021/07-30/9532796.shtml

② 余艳红,于文明. 充分发挥中医药独特优势和作用,为人民群众健康作出新贡献[EB/OL]. 求是网,2020-08-16. http://www.qstheory.cn/dukan/qs/2020-08/16/c_1126366450.htm

特色。加强中医药标准化建设暨中医国际标准的制定是中医药自身发展和促进中医药国际化发展的需要和制度保障。只要掌握了标准的制定权并确保标准的延续、统一,就掌握了技术竞争、经济竞争和国际话语争夺的主动权。也只有通过制定中医药国际标准,中医药科学实验的方法、内容和结果才能得到国际社会的认可,并为西方受众接受。如此,中医药在国际医药领域中的影响和份额才能得到极大提升。

中医标准化创设是中医药生存和发展的必由之路,而保持中医本色、扬长避短则是中医药国际传播的生命与灵魂。过去由于中医药标准体系较为零散,缺乏科学、有效的统一标准,从而导致中医自身固有的民族特色和其中的科学医理难以充分展现;加之中医讲究辨证论治的中国古代哲学思辨且治病求本导致的疗效缓慢,而西医对常见病多发病的辨别和解释浅显易懂、治疗用药方便且见效快,所以,人们在中医的认同、接受和选择上产生了不解、疑惑甚至抵触。规范中医药科学属性、学术思想、理论体系、防治原则和技术方法的中医药国际标准要把中医药技术标准的健全作为研究重点,因为这是保证和衡量中医药临床疗效和安全性的主要技术依据(王志伟、赵丽娟,2008:36)。建立适合自身特点的国际化标准体系,不仅可以规范中医药的健康发展,而且有利于中医药特色和优势的保持与发扬,从而更好地帮助国际社会认知、研究、传播和接纳中医药,促进中医药的发展和壮大。

标准是被社会认同的规范,同其他社会规范一样用以维持社会秩序,约束人们的行为,调整人们的关系,使之尽可能地符合客观的规律和技术法则。中医药国际化标准建设是为了更好地推动中医药走向世界,将中医药发展成与西医医药并列的现代主流医学。这个标准的制定过程包含了对中医药学术语的系统整理、对外传播译名的统一规范,使用标准范例的形式推行应用中医药实践经验、科研成果和新技术,最大限度地拓宽中医药科研成果的国际推广,中医药国际化标准的制定也是中医药对外传播的一个平台和可行的操作方案。因此,要让中医药在传承中创新发展,让中医药及中国传统文化"走出去",就必须首先探索中医药标准化之路,确立中医药在国际标准化方面的话语权。中医药标准化建设与完善的过程是中医药继承和发展的过程,也是中医药学术和现代化水平不断提高的过程。

中医药在国际化进程中要获得国际社会的广泛认可,就必须建立统一认证的中医药国际标准。毕竟,中医和西医分属两套不同的体系,许多地方是难以结合的。中西医药应互相配合,互相尊重,互取长短①。许多中医难治之症西医却能药到病除;反之,很多西医认为的不治之症,中医却可以妙手回春。如果没有标准,合作与交流难以进行和持续,也只有通过制定国际化标准,才能有力促进中医药与国际接轨,因此,中医药走向世界,标准化是必由之路②。作为中医药开创国,中国更应该主动并主导建立中医药国际化标准,这不仅有利于中医药国际传播时在医疗、教育、科研、管理等方面的规范化和顺利开展,而且有利于中医药获得国际社会的普遍接受和认同,加快其国际传播速度和效果,促进中医药进入世界主流医学体系。

(四) 创设现状

国务院关于印发《中医药发展战略规划纲要(2016—2030年)的通知》(国发〔2016〕15号)③中提出:健全完善中医药质量标准体系,运用现代科学技术,推进中西医资源整合、优势互补、协同创新,进而推进实施中医药标准化行动计划,构建中药产业全链条的优质产品标准体系,推动中医药技术、药物、标准和服务"走出去",促进国际社会广泛接受中医药。为保障中医药服务质量安全,实施中医药标准化工程,重点开展中医临床诊疗指南、技术操作规范和疗效评价标准的制定、推广与应用。同时还要系统开展中医治未病标准、药膳制作标准和中医药保健品标准等研究制定,推进民族药标准建设,加强中医药质量管理,重点强化中医药炮制、中医药鉴定、中医药制剂、中医药配方颗粒以及道地药材的标准制定与质量管理。另外,要加快国内标准向国际标准转化,推进中医药认证管理,发挥社会力量的监督作用,并将中医古籍文献的整理纳入国家中华典籍整理工程。最后还要推动中医古籍数字化,编撰出版《中华医藏》,加强海外中医古籍影印和回归工作。

《中国的中医药》白皮书④指出:据世界卫生组织统计,目前103个会员国

---

① 谈中医药国际标准化策略[EB/OL]. 中国中医药学会联合会网,2003-09-29. http://www.wfcms.org/show/21/899.html
② 中医药材为什么要制定国际标准? [EB/OL]. 2019-04-09. https://www.sohu.com/a/306792301_120087823
③ 国务院. 国务院关于印发《中医药发展战略规划纲要(2016—2030年)》的通知[A/OL]. 国发[2016]15号. 国新网,2016-02-26. http://www.gov.cn/zhengce/content/2016-02/26/content_5046678.htm
④ 国务院新闻办公室.《中国的中医药》白皮书[M/OL]. 国务院新闻网,2016-12-06. http://www.gov.cn/zhengce/2016-12/06/content_5144013.htm#1

认可使用针灸,其中 29 个设立了传统医学的法律法规,18 个将针灸纳入医疗保险体系;世界卫生组织将以中医药为主体的传统医学纳入新版国际疾病分类(ICD-11)。中医药逐步进入国际医药体系。为促进中医药在全球范围内的规范发展,推进国际中医药规范管理,中国在国际标准化组织(ISO)中成立了中医药技术委员会(ISO/TC249),并已发布了一批中医药国际标准。中医药已成为中国与世界各地区、各组织卫生经贸合作的重要桥梁,是中国与世界各国开展人文交流、增进东西方文明交流互鉴的重要内容,更是承载着人类命运共同体建设的重要使命。

中医药标准化事项稳步推进,《国家中医药管理局关于印发〈中医药标准化中长期发展规划纲要(2011—2020 年)〉的通知》(国中医药法监发〔2012〕43 号)提道:"十一五"时期,制定实施了《中医药标准化发展规划(2006—2010 年)》,着力推动中医药标准体系和中医药标准化支撑体系建设,实质性参与中医药国际标准化活动取得了历史性的突破,话语权和影响力不断增强,积极促成国际标准化组织(ISO)中医药标准化技术委员会的成立,推动世界卫生组织(WHO)将中医药等传统医学纳入国际疾病分类代码体系。同时,纲要指出了中医药标准化工作还存在许多困难和问题,尤其是中医药国际标准化工作的能力水平还存在差距,实质性参与国际标准化活动的能力有待加强。纲要还提出了中医药标准化中长期发展的基本原则:"强化国内,面向国际。坚持国内中医药标准化工作与国际中医药标准化工作统筹,以国内发展为前提,服务和支撑国际化需求与发展,以增强国际标准化话语权和影响力为目标,把握中医药国际标准化发展的契机和形势,带动国内中医药标准化发展。"

标准以科学、技术和实践经验的综合成果为根本,经有关方面协商一致,由主管机构核准,以特定形式发布,作为全人类共同遵守的准则和依据(柯国忠、林晓华,2012:54)。中医药国际化标准的本质就是要对中医药中的那些基本名词、术语、技术等进行统一规范,从而确保中医药国际传播的最佳效果。

根据在世界中医药学会联合会网站(http://www.wfcms.org/)搜索栏输入"标准"进行"站内搜索"后得知:2014 年 2 月前,联合会仅发布和推介使用了 11 部中医药国际标准;到 2019 年 11 月,联合会已发布 45 个中医药国际标准;2019 年 11 月以后,《温控红外灸疗垫》标准、《国际血瘀证诊断指南》标准、《国际中医临床实践指南:脑性瘫痪》国际组织标准、《国际中医技术操作规范:醒脑开窍针刺法治疗中风》标准等中医药得以发布,更多相关中医药标准研究得以立项,中医药正快步融入国际医药体系。这些标准的制定和推行,为准确表达中医药所独有的内在医学之精华,获取更为广泛的国际话语权奠定了坚实的基础。

三、中医药国际化过程中存在的问题

21世纪以来,我国虽然制定了诸多中医药的国际标准和规范,极大地增强了中医药的国际话语权,但在某些国标翻译的话语表述中依然存在部分的译名失当现象,阻碍了译语受众的心理认同和接纳。前面已经提到,中医名词术语的英译译法混乱,常给读者造成困惑、误解,给医药教育、医疗服务、科研和学术交流、信息传播、经贸等多方面带来困难和损害①。2007年,国际标准化组织(ISO)/中医药技术委员会(TC249)公布了首批中医药英译名ISO标准,该标准规范了6 500条中医基本名词术语的英译名,其中纯粹的中文拼音音译名达到了1 500多个。就中医药名词术语英译名的国际标准化原则,李振吉在《中医基本名词术语中英对照国际标准》(李振吉,2010:前言)一书前言部分明确提道:"信达雅"仍属于中医名词术语英译的基本原则,但为了兼顾受众和传播的便捷性,英译中更应注重和遵循译名的对应性(英译词义尽量与中文学术内涵相对应)、简洁性(在不影响清晰度的前提下,译名尽量简明,避免词典式释义)、同一性(同一概念的名词只用一词对译)和约定俗成的原则(目前已经通用的中医译名,凡与上述原则不完全符合的,仍可使用)。《中医基本名词术语中英对照国际标准》对加强中医学的学术建设和中医国际标准化,发挥了重要的作用。2013年5月11日,世界中医药学会联合会(WFCMS)审议通过了《中医基本名词术语中英对照国际标准》(第二版),书中合计5 447条基本名词术语都一一给出了该术语的中文名称、汉语拼音、英文对应词、中英文定义。对术语的概念和定义的表述,坚持了综合性和约定性原则,综合了本学科领域古今中外的研究成果,并与世界中医药学会联合会等已发布的相关标准相协调,体现了学术问题的协调一致②。经过不断改进和完善相关译名的标准化,中医药基本名词

---

① 曾利明.《中医基本名词术语中英对照国际标准》出版[N/OL]. 中国新闻网,2007-12-29. https://www.chinanews.com.cn/jk/kong/news/2007/12-29/1118505.shtml
② 世界中医药学会联合会第三届第四次理事会.《中医基本名词术语中英对照国际标准》(第2版)审议通过[N/OL]. 世界中医药学会联合会网站,2013-05-14. http://www.wfcms.org/show/21/1419.html

术语的译名在对外传播中逐步稳定下来。

但是我们应该认识到,从查阅世界中医药学会联合会网站发现,《中医基本名词术语中英对照国际标准》自2007年第一版到2013年第二版后再未有更新。某些"标准"译名并不能完全充分展示中医药蕴含的医理和传统文化内涵,这就需要开展广泛的研究和探讨,方能找到最为切近的译法。中医药对外传播的翻译标准的研究应该在兼顾译语受众话语规范等基础上"以我为主"。目前,中医药的对外传播翻译活动中的某些误译或错译,以及大量不顾内在文化差异地随意套用西医学术语或以滥用中文拼音形式出现的译音不译义等现象,导致了中医药的对外传播效果和译语受众认同程度远不如西医医药那么理想,致使中医药国际化进程中话语主导权逐渐丧失。对外传播中的译文效果关乎整个中医药产业的国际发展和壮大,要想获取更多的国际话语权份额,除了要像西医医药一样制定出相应的研发标准和技术实践规范外,中医药对外传播中的译语规范势在必行,否则将严重影响中医药在国际社会中的受众认同。

(一) 译名定制失切

中医药的国际化标准制定到底是由"我来说",还是"为人说"尤为关键(谢竹藩、廖家祯,2006:169)。对2005年3月由全国科学技术名词审定委员会审定公布并要求全国各有关部门遵照使用的《中医药学名词》中的规范译名进行较为细致的研究后笔者认为:该书中诸多中医药名词的规范译名其实极不规范,译文存在着如语法错误、语用错误、译文与中医原文语义的不对应、随性改译或摘译、乱用西医用语或西医专业名词,完全忽视了两者之间内在的文化差异、违背中医医理、违反中医药学概念等错误。像书中所列这些译文,将严重影响到中医药的国际声誉。虽然我们提倡通过对外传播翻译活动中的"我来说"和"自主定名"获取最大限度的国际话语权,但如果因此等译文乱象而造成中医药国际化传播的负面影响,那就得不偿失了。

另外,《中医药学名词》(2005)中大量以中文拼音形式出现的译名,如果不加以适度的贴切释义,容易导致译语受众的理解困惑,无法为国际社会充分展示中医药学的神奇之效。这些对外传播中的盲目音译是不值得提倡的,长此以往,容易误导译者在日后的传译活动中,一遇到难以简洁明快翻译时,就不问传播效果,一律以拼音进行音译的现象。大量采用音译这样无意义的语符形式下的国际标准,从根本上来说不但无法传播中医药的文化精髓,而且会因此彻底丧失中医药对外传播翻译中"我来说"的国际话语主导权,严重阻碍中医药国际化的进程,最终只能落得"为人说"。中医药要想获得像西医医药那样的国际话语主导,中医药对外传播国际化标准的制定、推广和广为国际社会接纳,实乃中医药国际化中获得更多国际话语权的坚实基础。国际化标准的发布离不开译语这一具体的表现形式,所以,国际话语权的获取途径和表现形式就是对外传播译语话语体系的充分构建和译语话语形式在译语文化语境中的话语主导权重。

中医药国际标准的推广、中医药对外传播的效应和受众的认同心理,很大程度上取决于该标准及相关中医药学医理翻译时译语处理的适切程度。规范而科学的译名必将促进中医药国际化进程,而失切的译名则只会造成受众的抵触心理和交流障碍。语言是文化的载体,科学和文明也正是因为语言而得以传承和发展。中医药名词术语国际标准将极大地促进不同医学团体和医学领域中更为广阔的学术交流与沟通,这也是传统医学走向全球化的必由之路。世界卫生组织西太平洋地区办事处(WHOWPR)联合中、韩、日、英等国家及地区专家编写的《世卫西太平洋地区传统医学术语国际标准》(*WHO International Standard Terminologies on Traditional Medicine in the Western Pacific Region*)(2009)正式出版,该书收录了包含传统医学典籍等8大类3543个词条,为世界从事传统医学的从业人员以及传统医学研究者和传播者提供了一个统一可行的规范译名使用标准。该书充分体现了世界卫生组织推动传统医学发展的一贯努力,但书中"Traditional Chinese Medicine"的使用,主要是指历史上的"传统中医",并非用来指称整个"中医(Chinese Medicine)"。国内外译者在中医学对外传播的翻译活动及国际会议上或学术期刊上撰写的相关学术论文中有的将"中医"或"中医药"译成"Traditional Chinese Medicine (TCM)",如:欧明编写的《汉英中医词典》(*Chinese-English Dictionary of Traditional Chinese Medicine*,1986)①、李照国编写的《汉英中医药大词典》(*A Comprehensive Chinese-English Dictionary of Traditional Chinese Medicine*,1997)②、谢竹藩编写的《新编汉英中医药分类词典》(*Classified Dictionary of Traditional*

---

① 欧明. 简明汉英中医词典 *Chinese-English Dictionary of Traditional Chinese Medicine*[M]. 广州:广东科技出版社,1986.
② 李照国. 汉英中医药大词典 *A Comprehensive Chinese-English Dictionary of Traditional Chinese Medicine*[M]. 北京:世界图书出版社,1997.

Chinese Medicine,2002)①等;当然,也有将其译为"Chinese Medicine"的,如:(英)魏迺杰(Nigel Wiseman)的《英汉·汉英中医词典》(*English-Chinese and Chinese-English Dictionary of Chinese Medicine*,1995)②、李振吉等编写的《中医基本名词术语中英对照国际标准》(*International Standard Chinese-English Basic Nomenclature of Chinese Medicine*,2010)③等。

综上,关于中医药对外传播的定名问题就更值得商榷了。"中医"主要指中国医药的总称,这就既包含有"传统中医"(Traditional Chinese Medicine),也包含着发展着的传统中医药,即"当代/现代中医"(Modern Chinese Medicine),所以,如果仍套用传统中医药研究中的译名"Traditional Chinese Medicine"来定名中国当代中医药的对外传播译名,那么无论从语义内容的准确传递来看,还是从达到中医药价值理念的有效对外传播目的来看,都是值得商榷的。译名"Traditional Chinese Medicine"中的"traditional"一词源于"tradition",根据 *Longman Modern English Dictionary*(《朗文现代英语词典》,1976:1233)的定义: a cultural continuity transmitted in the form of social attitudes, beliefs, principles and conventions of behavior etc. deriving from past experience and helping to shape the present.④ 译成中文就是"传统的中国医药"或"中国传统医药"。"传统"在《现代汉语词典》(第 7 版)中指的是世代相传、具有特点的社会因素,如文化、道德、思想、制度等⑤,它是一个民族在长期的历史过程中潜移默化形成的某种生活态度、社会观念、信仰或行为规范。但是,在一种文化传统中为人们所接纳的生活态度和行为规范以及价值理念,可能并不为另一种文化所接受,甚至遭到反对或抵触。即使在同一种文化之中,传统也会经历变革的冲击。所以,将"中医药"沿袭译作"Traditional Chinese Medicine",给译语受众传递的意象并不完全是可行或可接受的概念,也无法让译语受众完美感知中国医学的与时俱进。尤其从受众话语语境下的接受心理来看,该译名会造成译语

---

① 谢竹藩. 新编汉英中医药分类词典 *Classified Dictionary of Traditional Chinese Medicine*[M]. 北京:外文出版社,2002.
② (英)魏迺杰(Nigel Wiseman). 英汉·汉英中医词典 *English-Chinese and Chinese-English Dictionary of Chinese Medicine*[M]. 长沙:湖南科学技术出版社,1995.
③ 李振吉. 中医基本名词术语中英对照国际标准(英文版)[S]. 北京:人民卫生出版社,2010.
④ Watson O. *Longman Modern English Dictionary*[M]. London:Richard Clay (The Chaucer Press) Ltd,1976.
⑤ 中国社会科学院语言研究所词典编辑室. 现代汉语词典(第 7 版)[M]. 北京:商务印书馆,2016:301.

受众对中医药传播产生某种质疑或抵触心理,这其实是不利于中医药及其蕴含的中医文化的国际话语权获取的。中医药国际化中译名失切与中国国际话语权丧失之间存在着一定的联系。

反观"中医"英译名"Chinese Medicine",更能传递给译语受众一个正面的意象,体现了中国对外传播是当今自身独有的医疗技术和手段等,更强调了其异质属性。因此,"中医"对外传播的英译名"Chinese Medicine"比"Traditional Chinese Medicine"更容易让国际社会认可和接受,有利于中医药的国际化传播与发展。

中医药术语译名在国际标准制定中除了确保适切,还得保证该译名使用的连贯性和一致性,这就需要建立相应的对外传播翻译活动中的译语话语体系,制定相应的行业推广行为规范来加以约束。在对外传播过程中,中医药企业和所有海外中医从业人员,不能各自为政,乱用译名。规范、科学而统一的中医药名词术语译名,是中医走向世界并为译语受众接受的必要前提,也是中医国际标准化的首要任务。当然,在确保中医药医理核心概念统一的前提下,各种特色的释译也是很有必要的,如此可以因人而异地辨证施治。译名的规范,就是要确保译名语言及附着于该语言之上的文化能够契合译语受众的语言行为规范、文化心理及审美需求。中医药文化在译语文化语境中的移植要通过译名的处理做到"隐而不现,现而不悖"。

(二) 翻译策略运用失衡

依据英国语言学家彼得·纽马克(Peter Newmark)1981年在《翻译问题探讨》(*Approaches to Translation*,1981:53)中提出的语义翻译(semantic translation)和交际翻译(Communicative Translation)概念,中医药国际化进程中译语语言的表述方式、语义的传递和文化的移植,都应以交际有效性的实现,即译文得以满足译语受众的信息需求和文化熏陶为中心。而中医药国际化的译语话语权,就是要在译语语境下,通过研究适当的翻译方法、翻译技巧及策略,找出最为切近的译语话语形式,以掌控交际互动的话语主导权,达到交际活动中原语语义的真实再现和中医文化在世界医学领域内的确切移植,更好地向世界主动传播中华医学,呈现中医学原理和中医药理论的医学思想内涵之恒久魅力。如中医学中的心、肝、肺、脾就不能因中西医学中所指差异(中医重指抽象意义上的器官功能,而西医强调的是解剖学意义上的具体器官组织),如果音译为"xin""gan""fei""pi",是不可取的。因为中英两种语言及文化中此时是存在同指性的,所以应直译为"heart""liver""kidney""spleen",如此更为贴近译语受众的语言和文化心理,这样的传播译文也就容易获得受众的认同与接受。

中国影视或文学作品中涉及的中医理论或治疗方法等的对外传播,在一定程度上扩大了中医药理论的世界影响,促进了中医药文化的国际影响力。但是,影视和文学作品翻译过程中过于讲究行文之"雅"和娱乐受众之"的",这就导致了国内外译者在面临影视或文学作品中的中医药理论或专有名词术语的翻译时,常常过度意译。过度意译不利于中医药专有名词术语核心要义在译语受众中的广泛传播。

以大卫·霍克斯与杨宪益夫妇所译《红楼梦》中的"传经"译语为例:

【原文】

幸而发散得快,未曾传经。(《红楼梦》第64回,2004:1914)

【霍译】

Fortunately the illness had not yet established itself in her system and responded rapidly to treatment.(霍克斯译,1973:1265)

【杨译】

Luckily, the cold was staved off, and the viscera proved to have been unaffected.(杨宪益、戴乃迭,2009:1915)

两者对中医学名词"经"的理解分别为"system(整个身体)"和"viscera(内脏)"。*Longman Modern English Dictionary*(《朗文现代英语词典》)中对"viscera"的解释为:the bodily organs occupying the great cavities, esp. the stomach, intestines etc. which occupy the trunk, such as the heart, liver, and stomach (1976:1324)。实际上中医学里面的"经络"指的是经脉和络脉的总称:main and collateral channels, regarded as a network of passages, through which energy circulates and along which the acupuncture points are distributed[①]。"经脉"为纵行干线,一般多用"meridian channel(vessel or system)",而"络脉"为横行干线,多用"collateral channel (vessel or system)",本句中的"传经"的"经"既非抽象的"system"总称,亦非具象的"viscera"细指,而是"meridian

---

① 蔡英文. 论中医核心词汇的英语翻译[EB/OL]. 世界针灸学会联合会网,2018-08-24. http://wfas.org.cn/news/detail.html?cid=15&nid=2206

channel"。所以两个译本中的译法均未能保持原作风味、忠实再现其中的中医文化。综上,我们可以将原文采用"音译+释义"的方法译为:the viscera proved to have been unaffected because of the illness having not transferred itself into the other Jingmai (meridians and collaterals),如此既保留了译文中的中医文化特色,又不会令译语受众感到迷惑。因此,译者在遇到此种文化蕴含的专门术语时,可考虑音译之法保留原语的语言特色,同时加释以解音译之困。

当然,如果在尊重原语文本的基础上,确保译本的不歪曲、不走样,适当意译可加强译本的可接受性,譬如霍克斯(1973:848)所译"肝木克脾土":"reduced the inflamed, overactive state of your liver so that it was no longer harming the earthy humor of your spleen",其中西医学术语"inflamed"和"overactive"的比照译法(或者说意译)更注重译文的可接受性,利于西方受众理解。对比杨宪益夫妇的译文"Once the fire in your liver is quelled so that it can't overcome the 'earth' element"(杨宪益、戴乃迭,2009:1275),从杨戴译文中"相克"意义的传达来看,他们更为注重对原语文本中语言与文化的尊重。

在中医药对外传播的进程中,秉承"东学西渐"的传播宗旨,译者必须要以原语文本为中心,翻译策略的使用不能脱离原语文本的核心要义和文化之本,否则译本就会丧失原本之精髓。目前中医药的翻译策略或方法过于单一,有时译文表述上甚至可以说是武断粗暴。遇到不可译之词,不妨借鉴"西学东渐"时的音译、直译、零翻译或造词的策略,暂且搁置其译语定名,以待日后学者赋予其新的时空含义或更好的译名,或许今日不译之名正是日后不可替之译名,如此就更能体现出该译名在传播话语中的话语权重了。当然,中医药对外传播无论采取何种翻译策略,主动诉求、自我设置议题和由我表述等,依然是对外传播翻译活动中获取译语话语主导权的核心要素,只有如此,方能更好地主动向世界推介中医文化,设置交际话语议题。

(三) 译语话语预设失准

在中医药对外传播的翻译实践中,过度的音译和直译常使得传播用的译语话语预设失准。可以说,音译和直译可以很好地保留中医的东方特色,同时展现中国语言、文化和行文结构之美,是保全中医药国际化中译语话语权的最佳途径,但切不可因此不顾译语受众的接受心理,采取简单而粗暴的译语话语方式强行植入。中医药对外传播的国际化和规范化的译语话语形式,是中医药在世界医药领域获取话语主导的关键一环。没有合理预设的音译和直译,无论其译语语言如何经济,均只会导致受众的认知困惑甚至产生心理抵触,如果因此而削弱中医药对外传播中的国际话语权,就有些得不偿失了。

中医药的对外传播其实就是使用译语话语进行信息传递和文化移植的一个言语交际过程,它涉及交际主体的双向互动过程,即话语者的话语形式选择和话语受众对话语的理解。对外传播话语的译语表述都是以传播这一交际活动的话语预设(很大程度上制约交际主体的言语行为)为基础的,旨在达到某种特定的交际目的。这里的言语交际主体主要指传播主体,即译者,在对外传播的交际活动中应充分考虑交际受体的接受心理,随时调整自己的言语行为,避免给传播效果带来负面影响。

中医药对外传播中音译和直译的话语预设可以让译语受众从译文本身去感受其中的异域特质,领略中国话语的语言魅力,从而树立起中医药的国际品牌意识,占有国际话语主导。但对外传播活动中更重要的话语预设还是在于信息预设能否为受众认可和接受,从而实现对外传播中的话语交际意图。要想在原语的译出过程中达到对外传播的特定目标,就要确保译文的"美己之美,美人之美,美美与共"。译者在尊重自己的话语自由表达权的同时还得充分考虑到译语受众的接受心理。共知性或共通性是直译时语用预设的先决条件,否则中医药名词术语的直译名只能令译语受众对传播内容不知所云;经济性和唯一性是音译时语用预设的根基,如果言语交际活动中不能有效解决音译中语义预设的实现,则无法达成传播的交际意图。如"*Nan Jing*"(《难经》)和"*Huang Di Nei Jing*"(《黄帝内经》)等孤立语境下的音译名,从语言经济性和传播的易区分性原则来说,确实部分实现了易于译语受众诵记和传播该品牌名称的语用预设效果,但语义内涵的缺失,完全忽略了译语受众的信息需求心理,这样的传播从根本上来看就属于无效传播,这样的译语既不适合也达不到对外传播的交际效果,甚至还会妨碍中医药对外传播的国际化进程。

在中医药对外传播翻译活动中,如何通过话语预设将其中蕴含着的"天人合一""道法自然"等中国哲学思想和"阴阳五行""药食同源"等养身理念用通俗易懂的译语话语形式传递给西方受众,是每一个译者都必须面对的问题。任何一个缺乏文化内涵的异域传播活动都不可能获得受众的认可和接纳。对外传播翻译活动中的话语预设错位在中医药国际化进程中并不鲜见。譬如,将"肝木""脾土""肝火"不加预设地直译为"wood in the liver""earth in the spleen"和"fire in the liver",那中医所蕴含的金木水火土"五行"哲学之美也就荡然无存,而且这样的译名字面所传递的"肝中木""脾中土"和"肝中火"还会令西方受众百思不得其解,完全破坏了中医药学蕴含的科学原理和哲学美感。五脏合五行,肝属木,脾属土,所以,"肝木""脾土"实际上就是"肝"(liver)和"脾"(spleen)。而肝火是与肝木完全不同的一个概念,这里的"火"指的是外界因素(如食用辛辣食物、温热补品、受到情绪刺激等)引起的肝胆内热(internal heat),因此"肝火"的英译可以考虑在原译名的基础上加以必要的信息补偿译作"fire (internal heat) in the liver"。

中医药对外传播翻译过程中,一定要对那些具有丰富文化内涵的医学名词术语采用适当的补偿策略,最大限度地在译文中保持中医药所蕴含的民族文化色彩,将言语交际中的障碍和认知误差降到最小,以期准确无误地实现言语交际的预期。因此,像"气""阴""阳""五行"等中国古典哲学词汇,在翻译中尤其要注意使用具体实化补偿策略,即化抽象为具体,将具象的中医理论及其核心要义展示给译语受众。当然,如果某些哲学词汇或术语的音译或直译确已为西方受众广为接受,或者在序里已交代清晰,则在文中无需赘述,如"yin"(阴)、"yang"(阳)、"qi"(气)等。

第四节 中医药产品说明书翻译中的人际考量

在中医药的对外传播活动中,如何用西方受众听得懂的语言来讲述,怎样兼顾西方受众的心理来讲述中医理论和中医技术,是学者们的历史担当。而如何健全中医药对外传播翻译体制建设,如何在翻译时兼顾受众的接受心理,如何培养既懂中医药传统文化又具较强翻译能力的国内中医药专门译者,这是中国中医药对外传播道路上无法回避的问题。

随着医学领域的国际交流日趋增多和全球一体化进程的不断加快,越来越多的中医疗法和中医药产品被引入世界各地。中医药产品说明书是患者或患者家属与药品制造商之间的一种重要的沟通媒介,在中医药的国际传播中发挥着至关重要的作用。在中医药的特殊疗效及其科学性逐步得到国际社会认可的同时，如何通过适当的语言准确地向患者或患者家属传达药物的重要信息，是中医药对外传播翻译活动中的一个研究课题。产品说明书作为中国医药与世界医药之间沟通的媒介和桥梁，也受到了世界各国医学专家和医药市场的重视。中医药产品说明书的翻译质量直接影响着中医药药品的使用安全和西方受众的购买意向。因此，从某种程度上来说，翻译质量直接关系着中医药对外传播的效果。

中医药产品说明书在翻译过程中，信息传达的准确性不容小觑，这关系到中医药能否为受众广泛认可和接纳，关系到中医药的国际影响力和在世界医药领域中的话语份额。在中医药产品说明书翻译过程中，译者应结合译语受众的话语规范，采用最佳的翻译策略，使用有效的翻译方法和贴切的翻译技巧，构建完整的中医药产品说明书的译语话语体系。信息传递过程中在保留中医药蕴含的中国传统文化特色的同时，尤其要注意提高产品说明书译文的可读性和交际行为的有效性，尽力消除西方受众的认知困惑，实现译文的人际功能。

一、中西医药产品说明书的差异化表述

英国著名语言学家和系统功能语言学创始人韩礼德（Michael Alexander Kirkwood Halliday，1925—2018）认为："语言除了有展现说话者的个人经历与内心活动的功能之外，还具备表达其身份、地位、立场、目的，以及对其他事物的判定与评价的功能。"（2000：6）这个过程必然包含着施话者态度对受话者施加的影响以及对受话者态度和行为的改变，其次就是受话者是否相信施话者所说内容。所以说，言语交流的人际功能指的是某个特定语境中施话者与受话者之间的互动关系，人际功能的实现是通过施语者（立场和态度）和话语对象（相信与否）之间的对话来完成。中医药产品的英文说明书的主要人际功能就是向西方受众客观、科学地传递中医药的成分、功能、用法等药品信息。

接下来我们从言语交流中人际功能实现的情态系统和语气系统这两个方面对英译中医药产品说明书进行探讨。

(一) 情态系统

情态（modality）是表现人际功能最主要的手段之一，它表达了对施话者所说的话是否成功有效的判定，或受众的请求，抑或是在提议中表达的个人意愿。

情态系统作为人际功能的一种反映方式,是系统功能语法中的一个重要概念,也可借此表达对某一命题或提议的想法、态度以及评析。换言之,施语者通过此系统体现其立场,通过情态化对议题的可能性和通常性进行判断,通过意态化对议题的义务和倾向进行判断。

1. 情态化

情态,指人的心理和肢体活动的情形,在对外传播活动中则主要表现在人的心理活动的话语外显。情态化的衡量也就是情态意义的衡量,依据情态的量值以及情态取向,通过可能性和通常性的等级来衡量。根据等级不同,可能性可分为三个层次:可能、大概、肯定;偶尔、经常、总是则属于通常性等级的三个层次。因此,情态化的差异可以通过高、中、低三个不同的量值来体现。具体地说,情态化可以通过情态副词(有时、总是、通常、肯定、大概等)以及限定性情态助动词(必须、应该、将、可能、可以等),或两者兼而有之来体现。从某种程度上来看,情态的量值反映了社会中的人际关系,而高、中、低的情态量值主要体现在话语中情态副词和情态动词的具体运用上。

情态助动词的作用在中医药产品说明书中主要表现为一种理论上的可能性,但未必会马上发生。不同的话语人际功能可以从不同等级的情态量值上得以体现,随着情态量值的提高,话语的礼貌度也不同。量值越低的话语,越有礼貌;反之亦然。就中英文两种说明书中的"用法用量"来看,中西方医药产品说明书均普遍使用情态助动词,但两种文本中使用的次数和对应关系并不完全相同:在中文医药产品说明书中,为了向消费者提供更多相关的药品信息,充分考虑了个体差异性,同时保护了消费者和制造商本身,"可"和"可以"这种低量值的情态助动词被频繁使用,以示对消费者的尊重;在英文药品说明书中,低量值词 may 或 can 的使用并不像中文医药产品说明书里那样普遍,而是更倾向使用词汇词。例如:

【英文说明书】

Usage and Dosage

Reacting (cetirizine hydrochloride) Tablets are available as 5 or 10 mg scored tablets packaged in individually sealed blisters in 24 and 36 tablets. Take your medicine 30 minutes to 1 hour before your meal or as directed by your doctor.[1]

---

[1] https://www.drugs.com/pro/cetirizine.html

【中文说明书】

用法用量

口服。成人或12岁以上儿童,每次10 mg,一天一次。或遵医嘱。如出现不良反应,可改为早晚各5 mg。6~11岁儿童,根据症状的严重程度不同,推荐起始剂量为5 mg 或10 mg,每日一次。2~5岁儿童,推荐起始剂量为2.5 mg 每日一次,最大剂量可增至5 mg 每日一次,或2.5 mg 每12小时一次。①

使用中量值的情态助动词"可"体现了药品制造商对消费者健康的谨慎态度。然而,相对于中文药品说明书而言,英文药品说明书中的"用法用量"介绍部分,语义传递明确,语气肯定,基本上看不到情态动词或情态副词的使用,从某种程度上来说,给患者传递了足够多的产品质量自信。

2. 意态化

意态化是指施话者发出指令时义务的程度。当施话者给出提议时,意态化在实现人际功能时也占据重要地位,倾向的程度对意态化起决定作用。下面对比中英不同文本的医药产品说明书中的"注意事项"部分:在中文说明书里,常使用副词表示肯定或否定,如"应""不应""禁止""忌""必须""不得""不能"等;在英文说明书中,最常见的情态副词有"will""would""shall""should""can""may""must""need""ought to"等。

【中文注意事项】

必须整片吞服,不得碾碎或溶解后服用。② (阿司匹林肠溶片)

【英文注意事项】

BUNAVAIL buccal should be used in patients who have been initially inducted using buprenorphine sublingual tablets.③ (Buprenorphine and Naloxone)

由此可见,两个义本均使用了高量值的情态助动词或副词来表达强烈的"建议"或"禁止",倾向于以较为强烈的语气以示重视或者表达出更坚定的语义。

(二) 语气系统

除了情态系统,语气系统也是实现施话者和受话者之间人际功能的另一种方式。语气存在于一个个有具体语境的语句之中,通过综合分析言语交际中的

---

① 盐酸西替利嗪片(安迪西司)说明书中的用法用量,深圳致君制药有限公司。
② 阿司匹林肠溶片说明书注意事项三,拜耳医药保健有限公司。
③ 丁丙诺啡-纳洛酮 FDA 说明书. https://wk.baidu.com/view/a8a74d46453610661ed9f4eb

语气系统,可以有效揭示施话者和受话者之间的人际关系,充分展示语言的言语功能。语言具备四个基本的言语功能:陈述、疑问、提议和命令。一般来讲,陈述和疑问的言语功能分别对应了陈述语气和询问语气,而提议和命令的言语功能主要对应了祈使语气(赵勇,2013:94)。语气常常用于表达话语交际参与者之间不同的话语交际目的。然而,并不是每一种语气都只能表达与其相对应的言语功能,说话者可以根据具体情况灵活调整和改动。

1. 陈述句

药品说明书最主要的功能就在于告知患者该药品的相关成分、功能及用法等。陈述句的功能是协助说话者将信息传递给受话者或向受话者索取信息,可以分为肯定句与否定句。通过阅读中外医药产品说明书不难发现,无论是中文的还是英文的,陈述句的使用率均高于其他句型。这与医药产品说明书本身具备的信息功能和交际功能密切相关。

在中医药产品说明书中,陈述句主要用于说明医药产品的"用法用量""副作用""药理学"和"预防措施"等内容,有助于患者了解该药的原理以及如何正确和安全地服用。例如:

【中文说明书】

药理作用

本品可直接补充人体正常生理细菌,调整肠道菌群平衡,抑制并清除肠道中致病菌,减少肠源性毒素的产生,促进机体对营养物的消化,合成机体所需的维生素,激发机体免疫力。①(双歧杆菌三联活菌胶囊)

【英文说明书】

Clinical Pharmacology

The exact mode of action is not known, but its effects on the CNS resemble those of the barbiturates. Its onset of action is rapid, producing sleep usually within 30 minutes and lasts 4 – 8 hours.② (Doriden Powder)

尽管中英文两种医药产品说明书均大量使用陈述句,但与英文说明书相比,中文说明书使用陈述句的频率更高一些。根据不同的使用频率可知,中文的医药产品说明书更倾向于提供更多客观的信息或可能出现的特殊状况,做到"知无

---

① 双歧杆菌三联活菌胶囊(培菲康)说明书:药理作用,上海信谊药厂有限公司。
② 苯乙哌啶酮(多睡丹)产品说明书. https://www.tabletwise.net/us/doriden-tablet

不言,言无不尽",尽量使药物使用者预见到可能发生的任何风险及应对措施。

2. 祈使句

祈使句的作用是要求、请求、命令、建议或奉告他人做或不做某事。相较于陈述,祈使的语气更为强烈,且多数情况下无主语。祈使句更能呼吁受众依据说话者的信息采取相关行动,提醒患者注意药物的副作用,主要用于"用法用量""注意事项""贮藏"和"禁忌症"部分,因为这些部分正是要求、请求、命令、建议或奉告他人做或不做某事的情况,使用祈使句更能贴合话语需求,实现人际功能。例如:

【中文说明书】

孕妇及哺乳期间慎用。低于0.05%的给药量排入母乳,虽然有报道对婴儿的影响不大,应需考虑是否中止授乳。①(罗红霉素胶囊)

【英文说明书】

Do not exceed recommended dose or use for prolonged time except on the advice of a physician. May incur drowsiness. Avoid taking alcoholic beverages. Do not drive or engage in activities requiring alertness. Do not take this product if you have glaucoma, chronic lung disease, difficulty in urination due to enlargement of the prostate gland or if you are pregnant or breastfeeding or taking other medication unless directed by a physician. Not to be used by elderly patients who suffer from confusion at nighttime. This product may produce excitation rather than sedation in the elderly and should therefore, be avoided in this age group.②(Diphenhydramine Hydrochloride)

【中文说明书】

用法用量

用本品涂擦患处,并覆盖,每次用量适中,每3小时1次,每日6次,连用7天。涂擦本品时,应注意防护,用指套或橡皮手套涂擦,以免感染身体其他部位或感染他人。或遵医嘱。③(阿昔洛韦凝胶)

【英文说明书】

Contraindication

Do not administer to children under twelve years old, pregnant women or

---

① 罗红霉素胶囊产品说明书:注意事项,珠海联邦制药股份有限公司。
② 盐酸苯海拉明产品说明书:https://www.webmd.com/drugs/2/drug-1428/diphenhydramine-oral/details
③ 阿昔洛韦凝胶产品说明书:用法用量,山东方明药业集团股份有限公司。

to individuals with high blood pressure, cardiac insufficiency or diabetes.①
(Herpes Zoster Homochord Liquid)

通过以上实例不难看出,祈使句在中英文两种医药产品说明书中的使用率存在差异。中国药品生产商倾向于将注意力和精力用于告知药物的潜在风险,希望通过更多祈使句的使用给予患者正确的建议和告知。而国外药品生产商则更希望通过大量祈使句的使用以便展示其自信和医疗权威。

二、中英文两种医药产品说明书的差异性分析

根据以上中英文两种医药产品说明书的举例,对其进行对比分析,现将两者的差异性归纳如下:

第一,中文医药产品说明书中情态助动词的使用率明显大于英文医药产品说明书,因为中文医药产品说明书试图通过频繁使用低值的情态助动词为消费者提供更多相关的医疗信息,并向消费者表示尊重和礼貌。

第二,中文药品说明书中常使用情态副词以表达制造商对消费者健康的谨慎态度,但鲜有情态副词出现在英文药品说明书中,某种程度上体现了国外药品制造商对药品质量的自信。

第三,中文药品说明书更频繁地使用陈述句,更倾向于向公众提供更客观的信息,尽量避免患者承担任何风险;而国外药品制造商更乐于使用祈使句,以便在公众面前展示其医疗权威。这种差异性体现了中文药品说明书希望通过考虑个体差异性,采取更礼貌、更准确的方式提供更客观的用药信息,但英文药品说明书倾向于采用祈使句和更主观的方式来展现对药物和制药商本身的自信。

上述差异主要源自两种完全不同的民族文化。中国主要受儒家思想的影响,往往保持一种谦逊的态度,讲究"以礼待人,以和为贵"。因此,中文的医药产品说明书也希望通过"把话说在前头"这种客观的方式提供足够的信息来反映事实。相反,西方文化则激情且自信,所以西方的药品制造商对自己也鲜有质疑。

---

① https://dailymed.nlm.nih.gov/dailymed/lookup.cfm?setid=93d48bdb-a66c-4d9e-a11c-5410ba0e71e7

三、人际功能下医药产品说明书的翻译考量

人际功能指施话者通过语言表达出个人观点,对他人或他人的行为造成影响,以及进行人际关系沟通等。中医药产品的英文说明书是国内中医药生产企业与国外医生、患者之间进行人际交流的必要媒介。因此,实现中医药产品说明书的人际功能有助于制造商、医疗工作者和患者之间的沟通。以下分别从词汇、句法和文本的角度,对人际功能考量下的中医药产品说明书翻译进行较为详细的分析。

(一)词汇角度

药品说明书的翻译不但与药物信息的真实性和准确性有关,而且与人类的生命健康密不可分。因此,为了实现药品说明书的人际功能,中英文之间的准确翻译是需要考虑的重要因素。接下来将详细讨论药品说明书中出现的情态助动词、情态副词、人称代词和一些特定词的翻译。

1. 情态助动词和情态副词

前文已谈到,情态助动词或情态副词在话语活动中能有效地帮助话语双方实现人际功能。因此,在翻译过程中选择正确的情态助动词和情态副词至关重要。无论是中文药品说明书还是英文说明书,都普遍使用了情态助动词。然而,情态助动词不同量值的选择与使用应引起译者的关注。当说话者想要提供更多药物的相关信息或描述潜在的风险时,应考虑使用低量值的情态助动词。例如:

【说明书原文】

Periodical examination of hepatic or renal function and blood picture is desirable since Kedacillin <u>may</u> increase SGOT, SGPT, and BUN, and <u>may</u> decrease erythrocyte and leucocyte.[①] (Loteprednol etabonate ophthalmic suspension)

我们可以将英文中的"may"对应选取中文里面的低量值情态助动词"可能"或"可以",如此就得到了整个句子的译文:

---

① http://eknygos.lsmuni.lt/springer/125/1-219.pdf: p147-149LoteprednolEtabonate

【译文】

注射磺苄青霉素钠后可能导致血清谷-草转氨酶、血清谷-丙转氨酶和血液尿素氮增高,红细胞和白细胞减少,最好定期检查肝、肾功能和血常规。

另外,情态副词在中文药品说明书中较为常见,而更希望对患者展现药品客观属性的英文药品说明书则多用不同量值的情态助动词表达可能出现的药品副作用。例如:

【说明书原文】

<u>偶见</u>过敏反应,出现充血、眼痒、水肿等症状。[①](盐酸金霉素眼膏)

本句翻译中,因为无法在英语中找到对应词汇直译情态副词"偶见",所以仍可使用"may"或"could"来填补这种语言空白,可将其译为:

【译文】

This drug <u>may</u> cause allergic reactions, and occurs congestion, itchy eyes and edema etc.[②] (Chlortetracycline Hydrochloride Eye Ointment)

【说明书原文】

严格按用法用量服用,本品<u>不宜长期服用</u>。(连花清瘟胶囊)

【译文】

You should administer this medicine in accordance with dosage and <u>mustn't</u> take it for a long term.

2. 人称代词

从中英文两种药品说明书中出现的人称代词频率来看,两者均多用第三人称,但英文说明书中常见使用第二人称"you"充当一个条件状语从句的主语,而中文说明书则很少选用第二人称"你(们)"或"您",尤其是在主语的选择上,一般使用第三人称的"……者"。例如:

【说明书原文】

Do not administer this medicine if <u>you</u> are suffering severe chronic diseases such as high blood pressure, heart disease or osteoporosis, <u>you</u> should consult a doctor or a pharmacist for details.[③] (Herpes Zoster Nosode Liquid)

---

① 盐酸金霉素眼膏产品说明:不良反应 2. 中国医药信息查询平台. https://www.dayi.org.cn/drug/1146080?from=sll

② http://www.lkcisen.com/en/index.php?m=procon&oneid=2&twoid=17&threeid=42&id=70&aid=241

③ https://dailymed.nlm.nih.gov/dailymed/lookup.cfm?setid=93d48bdb-a66c-4d9e-a11c-5410ba0e71e7

此时，一般不直接将"you"翻译成"您"或"你"，而是转换人称代词，使用中文药品说明书中更常出现的第三人称"……者"代替"you"，所以条件状语从句可译为带有第三人称的定语：

【译文】

高血压、心脏病、骨质疏松症等严重慢性病患者禁用，或遵医嘱。

反之亦然：

【说明书原文】

对本品过敏者禁用，过敏体质者慎用。①（同仁堂五子衍宗丸）

其中，"对本品过敏者""过敏体质者"都属于第三人称，因此，可以参照以下的英文说明书，使用"you"替代"者"，并由"you"引导一个条件状语从句。译为：

【译文】

Do not administer this medicine if you are allergic to it, or take it with caution if you are with allergic diathesis.

3. 特定语词及表达式

药品说明书中有许多特定词或表达式，往往已经成为药品说明书表达中的一种约定俗成，而这些语词和表达式又常常与译语中的某些特定语词和表达式构成了一一对应的关系。例如：

【说明书原文】

Doriden also occurs as a white, crystalline powder practically insoluble in water and soluble in alcohol.②

【译文】

本品为白色结晶状粉末，溶于乙醇而不溶于水。

根据中文的句式特征，中文表述中对于话语双方都明白语义所指时，主语常常被省略或使用代词指称。上述两句话都属于药物的性状描述。英文多直接使用药品名称作为全句的主语，但中文就更倾向于使用代词作主语。因此在翻译时，"Doriden"无法直接音译成中文，即使能译成"多睡丹"，在说明书这个大语境下亦显多余。所以，在中译英时，我们可以把"本品"对应译成该药品名。

---

① 同仁堂五子衍宗丸产品说明书：注意事项，北京同仁堂股份有限公司同仁堂制药厂。
② https://pubchem.ncbi.nlm.nih.gov/compound/Glutethimide

另外,药品说明书中常常存在着某些约定俗成的表述方式上的对应,如将"禁用""忌""请将本品放在儿童无法接触的地方"等多译成"do not take""avoid doing sth""keep out of reach of children"等;反之亦然。因此,药品说明书的翻译过程中,译者应注意那些特定语词或表达式,尽量遵循译文的语用规则,切忌随心所欲,导致译文过于口语化,不符合约定俗成的表述方式。

(二) 句法角度

光有词汇层面的考虑,对于整份药品说明书的翻译来说,是远远不够的。关键还得从句法的角度,考虑和研究如何选择和组织恰当的词汇来构建语义完整、结构合规的译文语句。

1. 句式

英文说明书中,英文倾向于使用更为复杂的句子,将所有可能的情况都告知受众。而中文说明书在上下文语境下,倾向于使用更为简洁的句式向受众呈现必要的信息,所以译文应尽量保持句子的连贯并符合内在的逻辑联系。例如:

【说明书原文】

Patients taking statins should notify their health care professionals if they become pregnant or suspect they are pregnant. Your health care professional will be able to advise whether you should stop taking the medicine during pregnancy and whether you may stop your statin temporarily while breastfeeding.[①] (Atorvastatin)

【译文】

孕妇、疑似受孕或哺乳期的患者,详情请咨询医师。

对比原文与译文的句式特征不难看出,译文表述明显比英语原文要简练,符合中文药品说明书简练、精确的基本特征。英文药品说明书多运用从句对某一行为加以限定。某种程度上来说,英文中的条件状语从句与中文句子中主语的修饰限定成分相对应。

2. 句序

在句式分析的基础上,译者还要明白,中英文两种医药产品说明书中的句

---

① https://medlineplus.gov/druginfo/meds/a600045.html

子也存在句子结构上的差异:英语重形合,中文重意合;英语重演绎,中文重归纳;英语重主语,汉语重主题等。因此,在医药产品说明书互译时,需尊重各自的句法特点,对译文的语序和句序进行适当的调整。例如:

【说明书原文】

Contraindication

Do not administer to children under twelve years old, pregnant women or to individuals with high blood pressure, cardiac insufficiency or diabetes.①

【译文】

禁忌

12岁以下儿童、孕妇及高血压、心脏功能不全和糖尿病患者严禁服用。

同理,将中文的简单句翻译成英文的复合句时,句序也应作出相应的改变。所以,我们可以参照英文药品说明书将双黄连口服液说明书中的"药品性状发生改变时禁止服用"②译作:

Do not take it when the property of the drug changes.

(三) 语篇角度

药品说明书强调信息传递的准确性,客观、简练和准确是药品说明书语篇的基本特征。因此,连词的省略在药品说明书中很常见,接近科技文本的基本特性。当然,连词的省略不能影响到语义衔接的连贯性,因此,药品说明书的语篇衔接中需重点考量时态、语态和平行结构。中英文两种药品说明书分别采用分句的形式和一般的现在时向患者提供客观信息,两者之间的主要区别在于:中文倾向于使用主动语态,而英文多使用被动语态。如:

【中文说明书】

本品主要用于治疗流行性感冒属热毒袭肺证,症见发热,恶寒,肌肉酸痛,鼻塞流涕,咳嗽,头痛,咽干咽痛,舌偏疼,苔黄或黄腻。③(连花清瘟颗粒)

【英文说明书】

Cefaclor is indicated in the treatment of the following infections when

---

① https://dailymed.nlm.nih.gov/dailymed/lookup.cfm?setid=93d48bdb-a66c-4d9e-a11c-5410ba0e71e7
② 双黄连口服液(振源)产品说明书:注意事项,南阳市新生制药有限公司,2010。
③ 连花清瘟胶囊(以岭)产品说明书,石家庄以岭药业股份有限公司。

caused by susceptible strains of the designated microorganisms. (Cefaclor Capsule)①

另外,中英文两种药品说明书中均出现大量的平行结构。如:

【中文说明书】

益气健脾,养血安神。用于心脾两虚,气短心悸,失眠多梦,头昏头晕,肢倦乏力,食欲不振。②(归脾丸)

【英文说明书】

As an aid for replenishing qi to invigorate the spleen and nourishing the blood to sooth the nerves. Used for heart and spleen insufficiency, short breath and palpitation, insomnia and dreaminess, dizziness, fatigue of limbs and anorexia. ③ (Gui-Pi Wan)

【中文说明书】

主治跌打肿痛,腰酸背痛,经络抽缩。④(黄道益活络油)

【英文说明书】

As an aid for the relief of minor aches, pains of muscles, joints and sprains. ⑤ (Wood Lock Medicated Balm)

中医药对外传播的根本目的就是通过采用受众容易明白、理解和接受的译语话语表达方式,使中医学理论走向世界。在中医药国际标准化和对外传播过程中,应建立完整的中医药译语话语体系和中医药名词术语标准,要切实把握自主定名权下翻译的度,兼顾中医药传统文化移植和译语受众对译语的可接受性,提高中医药国际传播的效果。自主定名权与对源文化深刻且精准的理解密不可分。目前,正是由于译者对中医药传统文化的一知半解和对中医药材及中医药方认知的不专业,导致了某些不规范的术语译名的出现。

另外,中国要想将中医药的深厚文化传播出去,在国际医药界获取更多的话语权,还得加强中式成药说明书的译文质量监控。在翻译药品说明书时,译者首先要掌握基本的药理常识;其次,要综合运用双语知识,将翻译技能融会贯

---

① https://www.rxlist.com/cefaclor-drug.htm#indications
② 归脾丸360丸产品说明书,九芝堂股份有限公司。
③ https://www.activeherb.com/guipi/
④ 黄道益活络油产品说明书,黄道益活络油股份有限公司。
⑤ https://fantat.co/product/wong-to-yick-wood-lock-medicated-oil-balm-pain-relief-muscle-50ml

通;最后,在兼顾受众语言规范和审美心理的前提下,适当借鉴英文药品说明书的形式规范和语言范式。通过以上研究我们发现,中医药对外传播的翻译活动,只有构建起适切的译语话语体系和国际化规范译名,方可使中国医学更快更好地融入国际医学体系,拥有更多的国际话语份额。

第六章
影视对外传播中的译语话语权

自从 1978 年以来,中国各方面都朝着国际化的方向发展。在中国文化"走出去"影响下,近些年,越远越多的中国影视走出国门,受到海外华人及外国人的青睐。影视对外传播属于文化的输出,而对外文化输出与国际话语权紧密相关。影视作品的国际话语权在某种程度上,取决于影视字幕翻译质量的好坏。因此,译者需充分发挥主体性,选择合适的翻译策略,构建起恰当的影视字幕译语话语体系,使得受众通过译语话语感受到影视作品中原语语义及文化所带来的异域魅力。在影视作品的对外传播中,主要涉及的还是字幕翻译问题,具体要考量如何在翻译过程中传达出中国文化色彩,在字幕的译语话语形式上凸显中国话语特色的同时,兼顾观影受众的娱乐心理和审美情趣,令其能切身感受并接受影片中的异域风情,从而潜移默化地提升中国文化元素的世界影响力。

本章旨在分析中国影视对外传播活动中存在的问题,研究相关的翻译策略,探讨影视对外传播中的国际影视话语权构建,并就《我和我的祖国》等影片的字幕翻译为例(上海电影译制厂有限公司,2019),探讨对外传播中影视翻译的共性。

第一节　影视对外传播综述

中国影视翻译的发展有三次高潮,分别是 1920—1930 年、1949—1966 年和 1978 年至今。翻译方法从"现场口译"切换到了"字幕翻译"和"配音译制"。早期中国从国外引进的影视片,很多电影只能无声播放,也就是我们说的"哑剧",为了避免过于枯燥或者观众看不懂剧情,电影院在每一场电影放映的时候,会配专门的工作人员用国语向场下的观众讲解影片中的大概剧情。后来,随着观众审美情趣和审美要求的不断提高,现场解释的方法已不能满足观众的需求,如是就形成了中国电影市场的早期翻译需求,即早期的字幕翻译中的配音考量。这个过程由翻译者、配音演员、后期加工者和编辑等人员合作完成。在配音演员录制配音的过程中,他们不仅要充分理解人物的思想活动与感情世界,而且要与原声保持完全一致的语调、口型,用本国语言呈现外片原生态的艺术效果(于晓霞,2016:348)。为了避免一味追求译制配音中的洋腔洋调,字幕翻译这种新的形式应运而生。字幕翻译在大众中很受欢迎,并成为国外影片引进中传播形式的一种时尚。

除了从国外影片"引进来",还有中国影片"走出去"。中国影视文化要实现有效对外传播,除了内容的精益求精和拍摄技术水平的提升外,必须在对外传播的翻译活动中苦下功夫,切不可为了刻意迎合他人的评判标准而在翻译过程中放弃中国影视作品中的民族文化立场和价值主张。但在影视影响力方面,与发达国家相比,中国还相对落后。目前来看大多数的国际影视大奖,如戛纳金棕榈奖(法国)、柏林金熊奖(德国)、威尼斯金狮奖(意大利)、奥斯卡金像奖(美国)等的评判标准都掌握在西方主流文化群体手中。因此,中国要借助于华语三大电影奖(金鸡奖、金像奖和金马奖)以及百花奖和华表奖,扩大其国际影响力。影视文化对外传播的跨文化交流,是宣传中国主张"世界文化多元共生理念"的有力载体和媒介,要强化中国影视的国际话语权。在对外传播的译语话语权研究方面,仍然坚持"以我为主""守土有责"基础上的"美美与共"。

一、中国影视对外传播现状

"十七年"时期[①]的中国影视主流思想具有明显的单调性和排他性,后来以"服务于现代化建设和改革开放"为宗旨,逐渐打破了意识形态领域的唯一性。改革开放以来,市场经济和社会变革给中国文学翻译带来了显著的变化,表现出不同的特点。出版的翻译文学作品吸引了多种丛书化、规模化、系列化的书籍。不同国家的翻译作品,在不同方向、不同风格和不同流派中都引起了足够

---

① 十七年(1949—1966)是当代中国史上的重要时段。

的重视。随着改革开放的不断深入,越来越多的对外交往提高了国际之间跨文化沟交流的机会,整个社会开始关注翻译标准问题。在三个不同的时期,每个时期从翻译作品主题的选取、从什么地方获得以及为什么要翻译等很多方面都有自己不同的时代原因和特色。

实现跨文化交际是中国影视文化翻译的出发点,也是中国对外传播的重要目的。跨文化交际相关的自主研究贯穿中国影视翻译发展过程,其目的就是为了研究传播领域的交流方式、方法。自 1970 年以来,在欧洲和美国的一些大学陆续设立了跨文化交际的学科,就是为了研究不同宗教群体的文化背景和价值观。值得一提的是,他们研究了这些群体对外来不同文化和不同价值观的接受和理解方法。通过研究与实践,研究人员总结出了最大限度保留本文化的特色,同时又让目标受众接受自己文化的方法,这样即使受众的文化背景和文化特色完全不一样,也能够使他们在可接受的范围内理解异域文化特色和价值观。这反映出了一个事实,西方发达国家很早就开始关注对外文化传播的影响和质量。

20 世纪 80 年代,跨文化传播的研究进入了中国学者的视线,到 20 世纪 90 年代初,在中国当时文化传播的实情基础上,加入完全不一样的西方文化传播学,两者融会贯通,开启了中国跨文化传播研究的序幕。21 世纪初期,中国跨文化传播已经不再局限于本学科内了,为了得到更好的发展,开展了不同领域、不同学科的跨界研究。自从新中国成立之初到 20 世纪 90 代初期,中国影视作品对外传播的路径和方法中"宣传"色彩很浓,主要是一些纪录片或新闻影片,特别是与一些重大的政治活动相关的纪录片。可见,当时我国并没有完全理解影视对外传播的本质。20 世纪 70 年代后期,中国逐步加快了影视对外传播的步伐。特别是随着中国改革开放的不断深入,中国在对外影视文化交流活动中更具前瞻性眼光。

当今的中国处在一个开放的世界之中,正发生着历史性的、翻天覆地的变化。如今的中国与世界的联系也更加紧密,在了解世界的先进文化和科学技术的同时,也要让世界更好地了解正在发生着的中国故事、中国变化和中国主张。因此,要善用影视作品"走出去"来提升中华文化影响力。中华文化"走出去"可以借助影视作品的海外推广,向世界阐释推介更多具有中国特色、体现中国精神、蕴藏中国智慧的优秀文化[1]。讲好中国故事,传播中国声音,坚持不懈地创

---

[1] 习近平在中共中央政治局第三十次集体学习时强调,加强和改进国际传播工作,展示真实立体全面的中国[N/OL]. 新华网,2021-06-01,http://www.xinhuanet.com/politics/leaders/2021-06/01/c_1127517461.htm

新对外传播模式。在影视字幕的翻译研究活动中,要着力打造融通中外的新概念新范畴新表述,创造更多传达和传播中国故事的新概念的表达方式①。纪录片《舌尖上的中国》以轻松快捷的叙述方式和精致细腻的画面构图,让世界人民了解和体会到了中华民族深厚的饮食文化魅力。而另一部学术型纪录片《中国之路》,让世界认知和接纳了具有中国特色的国际学术话语体系。纪录片《辉煌中国》第六集《开放的中国》更是以一种负责任的大国担当告诉世界,开放的中国愿意并正在为世界的和平与发展贡献自己的力量。

在这种宏观的背景下,中国影视的对外传播交流的理念有了质的飞跃,无论是传播内容还是传播形式上,都发生了特别显著的变化。"宣传"的属性逐渐减弱,"文化外交"的属性慢慢脱颖而出,并对"商品贸易"的属性进行了评估。2014 年,中国领导人访问拉丁美洲期间,给当地人民带去的礼物是《失恋33 天》《北京青年》和《老有所依》等中国优秀的影视作品,这是中国影视剧第一次以国礼的形式登上世界的舞台。作为视觉文化产品的电影和电视剧,相对于其他文艺形态而言,具有更好的跨国流动性和民众基础,因此时常成为拉近两国人民情感的有效工具②。2015 年 3 月坦桑尼亚《每日新闻》和《卫报》同时发表了题为《中国对坦桑尼亚影响巨大》的研究报告。报告认为,相较于美国、英国、印度、南非以及诸如世界银行等国际组织,中国对坦桑尼亚的影响力更大,其次是美国③。中国影视也发挥了积极宣传和沟通作用。近年来中国影视文化传播的市场观念有了很大的提高。2015 年,财政部、国家税务总局发布《关于影视等出口服务适用增值税零税率政策的通知》(财税〔2015〕118 号),自 2015 年 12 月 1 日起执行,中国影视对外传播以政策为动力,传播的手段日趋专业化,叙事方式更加国际化,大大提高了中国影视产品在国际市场上的竞争力。《琅琊榜》《白夜追凶》《如懿传》等在国内大火的影视剧,也分别在美国奈飞(Netflix)平台和葫芦平台(Hulu)以及阿根廷主流媒体等国外影视平台播出,取得了不错的反响。

现阶段中国的重要任务之一就是要深化文化体制改革,促进社会主义文

---

① 习近平:讲好中国故事 传播好中国声音[EB/OL]. 中央政府门户网站,2013 - 08 - 20. http://www.gov.cn/jrzg/2013-08/20/content_2470740.htm
② 常江.《失恋 33 天》等剧成国礼属于流行文化外交[EB/OL],人民网,2014 - 07 - 23. http://culture.people.com.cn/n/2014/0723/c22219-25325058.html
③ 中华人民共和国商务部. 研究报告认为:中国对坦桑影响力超美国[EB/OL]. 中华人民共和国驻桑给巴尔总领事馆经贸之窗,2015 - 03 - 16.

化的发展与繁荣,进一步加强中国文化的国际影响力,改善中国在世界范围内文化传播比较弱势的现状。文化对外部传播的影响力已经成为经济和科学技术力量以外不可或缺的"软实力",成为国家综合国力的重要组成部分和具体体现。为此,中国影视对外传播必须要适应全球媒体发展趋势,积极参与国际竞争,不断增强传播能力,扩大影响力,增强竞争力,并且持续吸引西方受众,使对外文化传播的影响力符合中国的政治和经济地位以及综合实力的发展程度。

二、中国影视对外传播中存在的问题

影视作品往往是一个国家文化对外传播的重要载体,为国外观众提供和展示中国丰富多彩的文化元素。从黄会林、杨歆迪等撰写的《中国电影对中国文化欧洲传播的影响研究——2018年度中国电影欧洲地区传播调研报告》[①]一文中可以看出,国外观众对中国电影在影片内容、制作等指标上评分较高,但相比来说,宣传和发行等指标评分较低,由此说明,中国影视的对外传播宣传力度需进一步加强。根据艾媒网《2018—2019 中国电影产业研究与商业投资决策分析报告》[②],2017 年中国共生产电影 970 部,而院线上映的仅 376 部,占总量的 38.8%。《2019 全球及中国电影市场运行大数据与产业布局策略研究报告》[③]显示,2018 年中国共生产电影 1 082 部,上映 393 部,占比 36.32%,2019 年中国也生产了 1 037 部电影,而上映率依然没有超过 40%,平均三部成片只有一部实现上映,而"走出去"的电影更是凤毛麟角。出现如此"高产低出"的局面,主要问题有以下几点。

(一) 主题创新不足

以上反差之大的尴尬数字不能不发人深省:为什么中国每一年电影的产量如此之大,而真正得以上映的电影数却如此之低,能走上国际舞台的更是少

[①] 黄会林,杨歆迪,王欣,杨卓凡.中国电影对中国文化欧洲传播的影响研究——2018年度中国电影欧洲地区传播调研报告[J].现代传播(中国传媒大学学报),2019(1):1-6.
[②] 艾媒报告.2018—2019 中国电影产业研究与商业投资决策分析报告[R/OL].艾媒网,2018-12-04. https://www.iimedia.cn/c400/63098.html
[③] 艾媒报告.2019 全球及中国电影市场运行大数据与产业布局策略研究报告[R/OL].艾媒网,2019-08-16. https://www.iimedia.cn/c400/65754.html

之又少呢？原因应该是多方面，有选题的问题，也有制作艺术方面的问题，但最主要的原因应该还是生产的盲目性导致的，影片制作前未能充分做好市场调查，忽视了受众的文化需求点，忽视影视题材的选择，导致很多影视作品题材如出一辙，缺乏实质性创新。因此，很多作品均严重缺乏应有的核心创作力，质量低下。

作为电影制片商应该明白，除了追求收视率获取一定经济效益之外，影视剧还承载着国民教育的功能和文化（对内和对外）传播的功能。影视作品内容与形式上的单一、雷同或同质化，甚至是粗制滥造、脱离现实，往往会使通过影视方式进行教育和传递价值的传播意图出现错位。当然，也不乏优秀影视作品的出现，如中国科幻片《流浪地球》。该片从情感层面讲述了一个有关从空间站与木星相撞的阴谋，通过影片中的父子、兄弟姊妹之间的关系和牺牲，尤其是刚子和祖父的牺牲，阐释了"人类命运共同体"的概念。无论是本国受众还是西方受众，都深受触动，从而通过该影视作品实现了一个"有意思的社会"转移的效果。

(二) 文化内涵缺失

电影的艺术魅力包含了电影拍摄艺术风格、人物故事展现的艺术手法、情节叙事，以及电影画面的艺术构图、艺术特效和视听效果，同时包括电影话语的艺术性。当然，一部电影作品至关重要的还是在于其文化内涵。中国影视市场受到西方影视市场的强势影响，相当多的中国影视创作者在创作过程中一味追求欧美风，忽视了文本中民族文化内涵的挖掘和荧屏的再现。一部缺少民族文化内涵支撑的影视作品，无论作品中的视听效果如何华丽，作品本身的价值却只是肤浅的。或许会存在着个别特例，但我们应该看到，任何不能从文化内涵的层面为受众留下深刻印象的影视作品都不可能称得上是真正的佳作。

某些中国影视作品确实在以往的对外传播中对西方社会产生过相当的影响，如前些年流行的《无极》和《满城尽带黄金甲》等影片，其宏大的拍摄场景和美轮美奂的艺术画面给西方受众带去了不一样的视觉冲击，但最后获得的国际市场影响力却是微乎其微的。中国电影要更好地走向国际市场，电影创作者们首要就应该深挖影视作品中蕴藏着的中国传统文化内涵，思考如何真正从理念传播上给受众以灵魂的震撼与拷问。

影视文化是思想性与艺术性的完美结合。影视文化作品的对外传播如果脱离了深层次的文化内涵而一味去迎合西方受众需求的话,其艺术价值就不可能具备长久的生命力。中国影视作品的文化内涵既要从中国传统文化中吸取养分,又要不断地吸收和融合外来的优秀文化元素,如此方能将思想性、艺术性和国际性进行有机结合,做到既富有文化内涵,又富有视听魅力和思想感染力。

(三) 文化语境错位

在影视作品理念传达方式上,应考虑到中外存在的话语方式差异,尽量使用西方受众所熟知的话语形式和表达规范。此外,应该充分考虑到西方受众的文化背景和审美情趣与国内存在差异这一客观事实,进而有选择、有针对性地进行对外传播活动。毕竟,己之美未必为人之美。譬如《金陵十三钗》的对外传播就存在着文化语境转化的问题。该剧试图用沉重与苦难唤醒人们对历史的记忆,从而牢记中国先辈所遭遇的屈辱,珍惜和平,引发观众对人性和民族使命的思考。但是,因为东西方民族的历史差异性,以及思想理念和话语表达方式上的差异,影视作品中蕴含的核心价值并不能直接为西方受众及其社会主流媒体接纳和认同。因此,如何跨越文化语境的差异,准确传达价值理念,使另一文化语境的受众得以理解,是中国影视对外传播中必须越过的一道难关。

(四) 译文语义偏差

中国大力倡导中国的影视作品走出去,积极参与国家间的跨文化交流,通过学习和了解西方世界的艺术思想和受众的审美感受,从而更好地实现对外输出中国文化的重要历史使命。影视对外传播中,译者主体性的发挥,不仅要受市场规则的制约,往往还要受译者对原语文本的知悉度、对该影视具体背景情况的掌握、翻译经历及双语文化的能力等方面的影响,因此翻译的质量往往因人而异。在翻译过程中,常常会因字幕译文中的语义不符、文化偏差、漏译或者错译而使受众误解,继而其对影片的接受度和认可度大打折扣,削弱了原本质量较好的影视片在国际上的影响力和感染力,这样既阻碍了中国影视的对外传播进程,同时又不利于国家形象的塑造与提升。因此,在影视对外传播中,译者需采用恰当的字幕翻译策略和符合译语受众的文化习俗和话语规范的表达习惯,做到语义及文化最大限度贴近传递;同时,译者还得尽量保持原语中的中国文化元素,以增加西方受众通过该影片的观赏,增大对中国文化的认可,从而实现中国影视对外传播中的国际话语权获取。

翻译不仅仅是词汇与句子的简单组合拼凑,更重要的是翻译后的成果传达出的译语话语权。在中国影视对外传播的翻译活动中,译者在翻译之前,应对影视剧的内容及背景文化有详细的了解,同时考虑译语的文化及表达习惯、译语受众的等因素,以保证译文原意传达的准确性。下面以《我和我的祖国》(My People, My Country)中的字幕翻译为例进行探讨①。

1. 剧情简介

《我和我的祖国》是为庆祝中国 70 周年华诞,由陈凯歌、张一白、管虎、薛晓路、徐峥、宁浩、文牧野七位导演共同倾力打造的献礼片,此片不仅展示了中国 70 年发展变迁中的七个"中国第一"的历史瞬间,更反映了普通人的生活境况。它围绕七个"我"的故事:《前夜》由管虎执导,黄渤主演,主要讲述 1949 年 10 月 1 日中华人民共和国成立的故事。《相遇》主要讲述了 1964 年中国第一颗原子弹成功爆炸背后所发生的点滴故事。《夺冠》由徐峥执导,吴京主演,主要讲述 1984 年 8 月 8 日中国女排奥运会夺冠并首获世界大赛三连冠的故事。《回归》由薛晓路执导,杜江主演,主要讲述 1997 年 7 月 1 日香港回归的故事。《北京你好》由宁浩执导,葛优主演,主要讲述 2008 年 8 月 8 日北京奥运会开幕式的故事。《护航》由文牧野执导,宋佳主演,主要讲述 2015 年 9 月 3 日纪念抗战胜利 70 周年阅兵式的故事。《白昼流星》由陈凯歌执导,刘昊然、陈飞宇、田壮壮主演,主要讲述 2016 年神舟十一号飞船返回舱成功着陆的故事,并将镜头对准刘昊然和陈飞宇饰演的一对少年流浪兄弟,迷茫落魄的两人在遇到田壮壮饰演的退休扶贫办主任后,生活悄然发生了变化,更见证了神舟十一号飞船成功着陆这一重大历史瞬间,见到了草原寓言中的"白昼流星",内心受到了极大冲击和洗礼。整部影片既有主流价值观的表达,又运用商业化的宣传手段和方式,激发了观众的爱国热情和观影热潮,是主旋律价值观和观众观影习惯的一次完美结合。

2. 语义偏差处理技巧分析

例一

【原文】

我是北大西语系毕业的。

---

① 以下八个例句里面的中文和英文均来自 2019 年 9 月 30 日正式上映的电影《我和我的祖国》(华夏电影发行有限责任公司)。

【译文】

I'm a graduate of Peking University's Spanish Department.

——《我和我的祖国·前夜》(The Eve)

"西语系"字幕译为"Spanish Department",显然不够准确。实际上,1949年北大尚未成立外语学院,直到1962年才正式成立。据史料记载,1931年北大成立外国语文学系,只包括英法德日四种语种;1946年季羡林回国后,东方语文学系才正式成立,而后外国语文学系的其余部分更名为西方语文学系;1952年北大进行院系调整,西方语言文学系、俄罗斯语言文学系、东方语言文学系又再次重新组建[1]。由此可见,影片中的"西语系"应该是"西方语言文学系"即"Department of Western Languages",而不是西班牙语系"Spanish Department"。译者在解读原文重构译文时,缺乏对原语语言文化背景知识的考证。尽管不了解原语语言文化的译语受众,可能不会发现其中的误译,但在对外传播中,影视译文的质量必须经得起推敲,尤其涉及历史文化时,更应谨慎行事,否则将极大削弱译语话语权。

例二

【原文】

我觉得他一定有难处的。

【译文】

I believe he must have had some secret pain.

——《我和我的祖国·相遇》(Passing By)

《相遇》里,方敏在车上遇见科研所工作且三年没有音讯的高远时,给他讲了一些两人之间发生的事情,但高远拒不承认自己的身份。方敏不知道当时参与第一颗原子弹试验的科研人员的工作是高度保密的,很多人隐姓埋名,与家人断绝联系。结合语境,此处的"难处"应该是"难以言喻的事情",译文"secret pain"在程度上过犹不及,译者未能准确把握原文的度,如此造成了误译。

例三

【原文】

要不是顺路,我才不拉你呢。

---

[1] 参见北京大学外国语学院网站:学院概况。

【译文】

I wouldn't drive you there if I'm also heading in the same direction.

——《我和我的祖国·相遇》(Passing By)

仔细研读该字幕译文不难发现,语义有歧义。通过直译回译过来就是"因为我也要去同一个方向,所以我不带你去那"。很明显,译者并未能准确地传达出原文的意思。此句可以改译为"I wouldn't drive you there if I'm not heading in the same direction"。

例四

【原文】

您能不能跟张艺谋提提,到时候给咱扫一镜头,哦,你们不是一圈的。

【译文】

Can you request Director Yimou to get us on camera? Oh, you aren't HIS cameramen.

——《我和我的祖国·北京你好》(Hello Beijing)

张北京拿到奥运会门票后,想出现在奥运会现场直播镜头里,好向自己离异的老婆显摆下。"你们不是一圈的"被译为"you aren't HIS cameramen",意指张北京忽然明白过来"此人并不是导演张艺谋的摄影师",译文直白表意,虽不会造成译语受众的语义困惑,但却少了原语中文化词"圈"的意味。"圈"在中国的特有文化现象里指的是"某一相对固定的群体范围",也就是中国话语里常说的"圈子文化"。这里指的是张北京突然明白了此人跟导演张艺谋并非一个"圈子"里面的人。所以译文"cameramen"还是有欠缺的,无法保证译语受众真正明白原语中"圈"的文化内涵,不利于中国民间社会文化的对外传播。此时不妨将其改译为"you aren't (in) his circle"。

例五

【原文】

今儿大伙给你捧场,就是给我张北京的面儿呐。

【译文】

Everyone here today is celebrating your birthday and that makes me look great.

——《我和我的祖国·北京你好》(Hello Beijing)

"给面子"是中国人挂在嘴边常说的话,中国人好面子,那么"面子"到底是什么?"面子"属于典型的中国特色词汇,这里并不是指"事物的表面"(face or surface),而是指"体面光彩,表面上好看"(having the honor)。对于西方受众来说,是很难理解"面子"(face),此处将"给……面儿"的译文"make me look great",与原文本意"看在……的面子上"(for one's sake)有些背道而驰了,和前面的大伙来庆祝张北京的儿子生日的译文"Everyone here today is celebrating your birthday"对照,容易让译语受众一头雾水,无法传达出原文的真实语义。

其实,本句中"给……面儿"此处可以有两种理解:"大伙儿今天是看在我的情面上,过来给你(儿子庆生)捧场的"或"大伙儿今天过来给你(儿子庆生)捧场,令我非常体面光彩"。所以,可以有以下两种译法:"For my sake, everyone here today is celebrating your son's birthday."或"That everyone here today is celebrating your son's birthday makes me have the honor."。如此更为贴近译语受众的话语规范和习俗,从而增加了译文在译语受众中的认可度。

例六

【原文】

这巢,得养多大的鸟啊?

【译文】

What a huge nest, how big is the bird.

——《我和我的祖国·北京你好》(Hello Beijing)

《北京你好》中的主人公张北京在拿到奥运会开幕式门票时,边开着车,边感叹鸟巢之大。这里的字幕译文直接将"巢"直译为"nest"。实际上,此处的"巢"指的"鸟巢",是2008年修建成的北京奥运会主会场——中国国家体育场,因其外形设计的独特风格,故而又称之为"鸟巢"。此处的直译对于不了解中国"鸟巢"所指的译语受众而言,很容易觉得困惑,不知所云。这样的译文当然是无法获得译语受众的好感和认可,自然也就丧失了传播中的话语权威性。此处可以考虑采用"直译+诠释"的翻译策略,改译为"What a huge nest of the National Stadium, how big is the bird?"。这样一来,译语受众将会一目了然,既掌握了"鸟巢"的真实含义,同时又能领会原语所传达的诙谐有趣。

例七

【原文】

这旗上那么困难,他哪来那么多私房钱啊。

【译文】

Our banner is impoverished, how did he have so much stashed away.

——《我和我的祖国·白昼流星》(The Guiding Star)

这是《白昼流星》中沃德乐拿着偷来的老李的救命钱时说的一句话。此处，译者未能把握住"旗上"的原文所指，而是直接采用了字面直译的翻译方法，这样的译文只会令受众百思不得其解。《白昼流星》讲述了一个发生在内蒙古贫困旗（相当于县）的故事。"旗上"在这里并不是字面上的"一面旗帜"之意，而是指老李所居的"县上"（即县里）。所以说，直接译为"banner"是明显有悖原语内在语义的，也脱离了原文的文化内涵。此处不妨改译为"The Local is impoverished"。另外，"私房钱"的翻译上，译者根据上下文语境省译了"钱"，这也考虑到字幕翻译上时间和空间限制，符合译语受众的话语习惯和用语的简洁凝练。

例八

【原文】

2017 年 7 月 30 日，朱日和阅兵。

——《我和我的祖国·护航》(One for All)

该句在字幕上没有对应的译文，应该是译者漏掉了。影片中这么关键的时间信息表达，一般情况下，漏译肯定是不允许的。朱日和合同战术训练基地，是中国人民解放军最大也是现代化程度最高的合同战术训练基地，举世瞩目。对于国家发生的重大事件，作为译者一定要保持高度敏感，具有爱国情怀，严肃对待翻译，向世人展示中国的国威与军威。此处旁白字数不多，是完全可以直接翻译出来的。这里却因为译者的马虎大意，被漏译了这一重大事件。如此可能会带给观众模糊不清的观影体验，甚至有时还可能会被某些别有用心的西方媒体利用字幕信息的不对等进行刻意歪曲。如此漏译是不应该的，完全不利于中国维护世界和平的决心的国际展示和国际话语主导。

三、中国影视对外传播中的"文化折扣"

中国影视的对外传播中，常常因为东西方两种语言与文化之间存在的差异，往往译文里经常会出现语义内容和文化蕴含对外传递时的偏差，这极大地影响了中国影视对外传播的效果。"文化折扣"(Cultural Discount)有时也被称作文化贴现，是由加拿大学者米卢斯(R. Mirus)和科林·霍斯金斯(Colin Hoskins)在

《美国主导电视节目国际市场的原因》(Reasons for the U.S. Dominance of the International Trade in Television Programmes)一文中提出的,他们认为,美国电视节目占据国际市场主导地位的原因在于文化而非经济;他们指出,因文化背景差异,国际市场中的文化产品不被其他地区受众认同或理解进而导致其价值减损(Hoskins,C.& Mirus,R.,1988:501)。

影视对外传播所产生的"文化折扣",主要指影视在对外传播过程中,因其自身产生的文化元素与受众所处相异的文化背景存在矛盾或冲突,导致影视产品所传达的文化意象并不能为异域文化下的影片受众所接纳或认同,从而产生价值减损。因为译者素养参差,在字幕翻译活动中,译文可能出现原语文化的缺损。另外,影视受众自身也会因其所处的文化背景产生先入为主的认知,严重影响其对异域文化产品的兴趣和接受心理。对外传播过程中的"文化折扣",严重阻碍着中国影视文化作品的对外传播效果。

中国影视作品在国外的译介虽已有几十年的历史,但是,中国目前的文化对外传播交流的影响力与中国日益提高的国际地位仍是不相匹配的,跨文化交流能力有待提高。在跨文化交流中,影视文化无疑具有最独特的优势。文化是一个国家、一个民族的灵魂。"文化自信心是一个国家和民族发展的更根本、更深刻、更可持续的力量。"①影视文化产业的蓬勃发展和影视作品的对外传播,充分体现了中华民族文化的自信。没有高度的文化自信,就没有文化的繁荣兴盛。文化传播对整个社会的电影和电视的影响是巨大的,并且在现代文化的发展中起着重要作用。语言是跨文化交际中的主要手段,跨语言和文化之间的交流,出现障碍是必然的,很多概念性事物的外传播也不是一蹴而就的。

对跨文化交流寄予厚望的中国影视,尽管近年来发展迅速,但似乎还没有达到可以进行国际交流的阶段。影视作品中的影像视觉传达在跨文化交流活动中是一种较为有效的方法,因为影视剧具有固有的跨文化背景。影视作品是将技术与时间结合在一起的新兴艺术形式,也是普通百姓最喜欢的娱乐方式之一,可以说最适合担任跨文化交流的角色。电影可以通过声音和视频来表达浓缩而精致的叙事策略以及相对国际化的历史主题,成为生产民族文化产品和文化概念的先驱。影视的商品属性使其在全球出现的新的贸易保护背景下,可以

---

① 单霁翔. 文化自信是更基本、更深沉、更持久的力量[EB/OL]. 人民网(理论版),2017-12-24. http://theory.people.com.cn/n1/2017/1224/c40531-29725473.html

轻松突破贸易壁垒，并在世界范围内得以传播。另外，影视作为文化产品，必然也就具有文化属性，在对外传播中可以对不同国家的民族文化产生潜移默化的影响。中国影视的对外传播也是传递中华民族文化的重要手段。

在研究中国影视的对外传播时，必须从树立中国国家形象的角度分析相关问题，并从产业本身、文化传统、宗教习惯等方面更全面地研究事物的本质。中国未来发展中最大的问题可能不再是经济问题，而是文化传播力与中国综合实力不对等的国家形象问题，即中国对外传播媒体的整体实力与发展中的综合国力不匹配的问题，这不能不引起高度关注。中国影视对外传播中的国家形象塑造，离不开译者在影视对外传播翻译活动中对字幕话语译文的精雕细琢，否则，中国影视国际话语影响力的提升便无从谈起。

第二节　影视对外传播中的字幕翻译

作为对外文化交流的重要媒介，影视作品的对外传播架起了中外文化沟通与交流的又一座桥梁。字幕翻译就是将影视中原语对白以共时字幕的方式译为目的语，然后展示在荧屏下方，从而帮助目的语观众体会最真实的异国情调与语言魅力。优秀的字幕译文，可以使观众在享受美好观影体验的同时，感受中西文化之间差异美的无穷魅力。西方世界早就开始了对影视作品对外传播中的字幕译文的研究，并且已经取得相当的成就。而中国对影视字幕的研究，尤其是对外传播中的英文字幕研究尚待进一步深入，迄今也还没有形成较为完备的理论体系。现今，国内大多数关于影视字幕的研究仍以翻译的系统性质研究为重点，忽略了字幕翻译中如字幕译文语言的通俗性、简洁性等诸多细节的探讨。西方受众观影过程中必然会遇到语言和文化差异所产生的种种问题，相关细节如不能处理好，必然将严重影响受众对影视传播中某些理念或意象的理解和认知。因此，对外传播中的字幕翻译不但要准确传达出影片中人物所处的时代背景和心理情绪，还得遵循译语话语标准，确保译文表达符合西方受众的话语规范。当然，影片的字幕翻译主要还是应该考虑如何更为精确地传达出影片制作的宗旨，即影片的文化寓意。字幕翻译中，切忌断章取义。

字幕翻译是受到剧本时长、剧中人物表情、剧本传达意蕴、画面和声音、影片故事发展的联想空间等多种因素制约的翻译,它需要这多重信息共同配合来传情达意,与一般的书面翻译是有很大差异的。有时翻译得太"全"反而使字幕的作用喧宾夺主,所以截略和删除等多种翻译技巧的使用是保证字幕语言简洁性的必要措施,否则,累赘词句必将影响受众欣赏影视过程中的体验。以上各因素中,尤其是声音和画面的不断变化,转瞬即逝,要求字幕的译文的播放必须与其保持一致,如此方能较好地完成信息的传递。其实字幕翻译只是一种帮助观众克服跨语言和文化障碍、理解影片意思传达的辅助手段,如果字幕译文过多,就会占用较大的屏幕空间,影响到影视画面的美感和观众的观感。所以,字幕翻译时的译者必须要做到用词简洁、通俗,句式简明、精炼,如此方可确保观众在有限的时空内通过字幕的准确译文把握影视传播的意义和内容,从而获得较好的观影体验,实现影视对外传播的根本目的。

一、字幕翻译的策略

一般来说,受众在观看引进的影视作品时,大多只能通过字幕译文语言获取影视作品的相关信息,感受其中的异域文化。影视字幕译文对原语作品的诠释力度,往往决定了该影视作品的传播效果。所以,在字幕翻译过程中,采用适当的策略来达到翻译的效果,就显得尤为重要了。从西方影视作品在引入中国市场时的片名译文来看,既有"归化"也有"异化"。而中国影视作品在对外传播翻译时,"归化"趋势则较为明显。"归化"策略主要还是考虑在中国影视国际传播的弱势现状下,如何快速打开国际影视市场,拥有更多中国影视的国际观众。另外,字幕翻译还采用了删除和放大策略。当然,为了更好地实现影视对外传播翻译中的译语话语权,译者还应该根据字幕翻译中遇到的各种实际情况和不同的传播意图,兼顾音译、改译、减译、加注等翻译方法或处理技巧,从而使影视字幕的译文更加贴近译语受众的接受心理和审美情趣。

译者在影视对外传播中的字幕翻译时,译文的核心还是应该在兼顾译语受众话语方式和价值观念的同时,多注重如何向字幕译语受众淋漓尽致地展示出中国电影传达的文化精髓和语言特色。影视字幕翻译中,为了确保时间和空间的和谐统一,译者应在字幕翻译中活用"归化"、"异化"、删除和放大等处理策略,为观众准确、顺畅地传达原语语言信息,充分地营造一个易于观众理解的字幕语言文化环境。

(一)"归化"策略

字幕翻译中的"归化"策略,是指译者充分运用自身的语言和文化功底,使字幕译文表意更为准确,译文表述方式更加靠近译语受众的话语规范,是一种以民族主义为核心观念、将译入语的文化价值观渗透至译出语中的翻译处理策略。以译语受众为中心,其目的就在于增强译文的可读性和可接受度。"归化"实际上就是译者在翻译中要向译语受众靠拢,要贴合受众的文化习俗和语言表达习惯,以一种受众喜闻乐见的译语方式传达原语语义和原语文化。比如,"油盐不进"被译为"stubborn",而不是直接译为"soil and salt don't enter","猫腻"被译成"cheat",尽管没有保留原文形式和特色,但从跨文化语言交际和文化交流的角度看,意译强调了各自文化体系的独立性(袁平,2008:67)。对于不了解中国文化背景的受众来说,传达语义比保留原语形式和内容更重要。在这个过程中,受众逐渐接受和认可译语,才有可能对中国影片产生兴趣,中国文化才能传播出去。

受众对译文的认可度,正是国际话语权获得的重要条件。使用"归化"策略翻译出的影视字幕的确更贴近观众的话语特征,从而减少观众的观影困难,提高影片内容的可理解性,为赢得影视对外传播时最大的海外市场份额。但是,只有存在巨大文化差异时,才优先使用"归化"策略,毕竟影视对外传播的过程中应该更加注重本土文化的传播。过于强调"归化"策略,迁就译入语文化,则会导致译语受众渐渐失去主动去探索和了解译出语文化的兴趣。

(二)"异化"策略

字幕翻译中的"异化"策略则是在摒弃译语受众文化价值观的基础上,尽可能多地向观众传播异域的文化价值观和语言表现方式。译者的字幕翻译活动中,在不造成字幕译文晦涩或误解的前提下,尽量将原文语言、文化等特质的异域文化元素在译文中加以保全,以扩大异国文化元素对影视观众的影响,丰富译入国的语言和文化。通过直译式的"异化"策略有利于原语语言和文化的对外传播,同时还能让译语受众感受到异域的文化特色。

字幕翻译中的"异化"策略可以为观众在观影过程中从字幕译文的传达形式上营造出异域风情和异国情调,从而激发字幕译语受众的无限遐想和观看兴致。尽管"归化"策略下的直译和音译能最大限度地保留中国语言和文化特色,但有时并不能很好地传达原文语义,常常导致译语受众的理解困惑和认知困难,可采用前面提到的"音译/直译+诠释"的方法,既能原汁原味地保留中国特色,还能更好地帮助受众理解原文,促进中国文化"走出去"。所以,译者在中国影视作品的对外传播中,要充分发挥自身的主观能动性,坚持"以我为主"的传播原则,通过构建合理的译文话语形式来弘扬本民族的价值观念,从而赢得更多的国际话语份额,争得话语权(熊欣、陈余婧,2016:32)。

(三) 其他技巧

删除和放大策略是一种基于对观众认知能力的全面评估而开展的电影和电视字幕的智能翻译方法,视电影声音和图像的组合特性而定。为了帮助观众理解电影的内容,还可以采用附加策略,即从修辞、语法、含义入手,正确添加必要的信息,以帮助观众理解影视作品的内容。

每种语言都有其自身的文化内涵和独特含义,因此,当呈现在电影字幕上时,来自不同国家或地区的人们对译成不同语言的影视字幕所传达的影视意象往往会产生不同的观感,这一点常常被影视字幕译者所忽略。差之毫厘,谬以千里,很小的误译都可能极大地降低整部影片的传播效果。当字幕译者必须考虑用语准确性时,还应兼顾异质文化背景下观众对字幕译文语言的接受度,同时还得满足同一文化背景下不同受众的理解和品位。

再好的电影,对外传播中如果因为字幕译文不能为观众接纳,就毫无价值了。只有当广大西方观众能很好地通过电影字幕译文理解影视作品的故事内容和其中蕴含着的异域文化,该部影片的海外传播才可能成功。

二、字幕翻译的特点

影视字幕翻译,旨在探讨通过影视字幕语言翻译传达中国文化价值观,实现中国文化的国际诉求。通过对比分析西方影视话语权的建构模式,反思中国影视对外传播活动中的最佳话语再现形式,研究采用何种翻译策略来确保影视对外传播中的中国文化保全和不失真,这是影视字幕语言翻译的关键。影视传播的效果如何,最终取决于译语受众对字幕译文传递出的相关信息的认同和接受程度。而对外传播面临的主要问题就是语言差异,字幕翻译的质量决定了影片在国外传播的进程。影视字幕翻译中要考虑时间、空间以及文化等约束。

时间约束主要是指电影字幕在屏幕上停留的时间、场景的停留时间和观众观影看字幕的时间三者的平均值。但往往出现演员台词很快讲完，字幕却跟不上，字幕和场景不同步的情况。字幕不像电子书能随便翻阅，所以一不小心错过了字幕，就没有再看一次的机会了。译者在翻译字幕文字时应尽量做到语言上的高度凝练和选词的精准独到。

空间约束主要指字幕译文一般不能超过两行，译文字幕过多会影响电影画面的呈现，导致观众观影疲劳，影响观众观影体验。简短的译文字幕有助于观众快速浏览字幕所传达的主要意思。

文化约束指译者要尽量传达出电影所要表达的文化内涵，提高影片的影响力，获得更多观众的认可，注重文化的交流融合。因此，影视字幕译者必须要了解文化差异，确保译文贴合观众日常的话语习惯，尽量传达出原语的特色文化，给译语受众不一样的观影体验。

字幕翻译跟其他形式的翻译活动一样，包括语际字幕翻译和语内字幕翻译。跨语言的影视字幕翻译一般指的就是语际翻译，即译者使用一种语言符号去解释或说明另一种语言符号中所蕴含的语义及文化，比如，将他国语言或某个少数民族的语言转化为汉语。字幕翻译是要在保留电影原声的情况下，将字幕原语译为目的语供译语受众观影使用。影视作品的字幕通常以滚动的形式在屏幕的底部呈现，并且用文字的形式向观众传递大量的信息，字幕译文通常具备较好的通俗性。

译文的通俗性是指在翻译的过程中使用较为通俗或口语化的语言，符合大众的接受程度，满足观影受众的信息需求，降低他们对译文的理解难度。影视作品作为一种面向大众的艺术形式，它的受众更倾向于普通群众，受众文化水平存在差异。在观影过程中，译语受众肯定会遇到语言和文化上的问题。如果受众看不懂影视中的字幕译文，甚至因为译者误译漏译而产生歧义，那么字幕翻译就是失败的，更不要说传播中国文化了。影视字幕翻译的最终目的就是为了让每个观众了解字幕传达意思、获得良好观影体验的同时，传播中国文化元素，实现跨文化传播。因此，在进行翻译的过程中一定要考虑到普通群众的鉴赏水平、接受能力，尽量用通俗的语言表达翻译影视文本的内容；如果刻意使用高深、复杂的词语，会使部分观众无法理解作品要表达的意图。译者应尽量遵循译语受众的语言习惯和文化习俗，将字幕翻译成受众期待的字幕，为受众服务,为受众所喜爱,给受众带来更好的观影体验。只有这样,才能传播中国文化,讲好中国故事。

三、字幕翻译的难点

随着中外文化交流日益活跃,中国影视传播随之迅速发展。在中国影视对外传播翻译时,通过比较分析中外文化间的差异、受众审美习惯和接受心理,把握中国影视在国际文化和娱乐市场上的价值定位,在尊重差异的基础上寻求中西之间的某种共识,为中国影视作品的对外传播提供条件。影视字幕翻译的质量影响着中国影视的对外传播效果,字幕翻译时要采用不同的处理策略,以解决影视字幕的综合性与瞬时性两个方面的问题。

影视作品字幕的综合性特点体现在,字幕并不是单独的个体,而是必须和声音、画面等其他因素同时出现。观众能够在听到演员讲话的同时观看表演内容,能深切感受到画面和音乐的综合效果。影视作品的观赏需要从画面、人物对话以及字幕等方面进行,如果缺少字幕,只保留声音和画面,就无法使得整部作品达到最佳效果。如果只保留字幕,去除画面和声音,就无法准确表现出作品的内容。特别要注意的是,影视作品的这三方面中,画面和声音是更重要的存在,字幕只是一种辅助工具。因此,当作品的内容能够通过声音和画面展示出来时,就不需要添加字幕,译者要能够充分利用影视字幕的综合性特点,适当省略不必要的字幕。

字幕的瞬时性是指影视作品中的字幕和声音画面同时出现然后一起消失,并且不会再重复出现。影视字幕出现的形式与文本文学的形式不同,受众进行文本阅读完全不用像浏览影视字幕那样受到时间和空间的限制,能够随时进行阅读或停下来。但观众不能反复阅读影视字幕,而是必须随着剧情的推进去了解更多的内容,若影视观众在阅读字幕过程中出现遗漏,也只能继续往下观看。影视字幕的瞬时性特点也让观众无法在短时间内分析作品的走向,否则会影响后续剧情的观赏。

四、对外传播中影视片名的翻译

中国影视作为西方受众进一步了解中国历史和中国文化的窗口。影视片名的译名是吸引西方受众的重要因素。影视片名既是影视文本的浓缩和灵魂所在，也是其主题、情节、风格、叙事的标志和概括。下面我们再以《我和我的祖国》中的《前夜》《相遇》《夺冠》《回归》《护航》《白昼流星》和《北京你好》等七个单元影片的字幕翻译为例，讨论影视片名的翻译问题。

电影片名相当于一部电影的眼睛，能激发观众的观影欲望，使之愿意花钱去感受和消费电影，这样电影才能实现经济价值，电影的文化价值和审美价值才能真正传达给观众，中国电影才能真正走出去。所以，电影的交流首先是片名的交流，片名与字幕翻译如有缺陷，将会影响中国电影"走向世界"。中国电影海外票房的惨淡，最关键的问题之一就在于电影片名翻译的生硬，电影译名往往忽视了西方受众所处不同语言与文化之间的差异性。严复主张翻译标准的"信达雅"，但在中国影视的对外翻译中，因为译者水平参差不齐，有些译者甚至连"信"都无法保证，那就更谈不上"通达"和"典雅"了。鉴于东西方语言及文化间的差异性，不同的语词选用往往带给受众不同观影体验，因此在电影的片名翻译上需慎之又慎。电影片名如同一部电影的眼睛和窗户，更是一部影片外显的灵魂，有时甚至具有化腐朽为神奇的力量。所以，电影片名翻译对中国影视的对外传播具有隐形的推动作用。《我和我的祖国》中的七个单元分别被"异化"直译为"*The Eve*"（《前夜》）、"*The Champion*"（《夺冠》）、"*Going Home*"（《回归》）和"*Hello Beijing*"（《北京你好》）等，如此充分保留了原文的语言特色，使字幕译文受众真正感受到了异域民族的语言与文化之美，加深了他们对异域影片内涵的理解。

《白昼流星》讲的是神舟十一号返回舱的着陆。"白昼流星"是一个关于希望的传说，草原上的人们在白天看到夜里才会出现的流星，日子就会变好。而神舟十一号返回舱的着陆，使得原本迷茫落魄的少年哈扎布和沃德乐受到精神的洗礼和鼓舞，两人也发生了很大变化。将《白昼流星》"归化"意译为"*Guiding star*"，意为"指路的星星"，符合原语的实际语义。译者充分发挥译者主体性，将原语中关于希望的传说这一含义，以译语形式巧妙传达，贴近译语受众的语言习惯，增加对译文的好感度与接受度，有利于中国影视国际话语权的获取。《相遇》则讲述了参与中国第一颗原子弹研发的高远，因工作原因三年未和方敏联系，两人在车站相遇时，因深受核辐射影响，身体严重受损的高远没有跟恋人方敏相认。此时，将《相遇》"归化"意译为"*Passing by*"，这更为符合片中高远和方敏的真实故事内涵。为了国家的崛起奉献青春和生命的高远，明明深爱姑娘却选择了错过。这样悲伤而伟大的爱情故事,用"归化"策略的译文更能传达影片的深意,打动观众,激发其内心的共鸣,从而让观众感受到中国青年"家国情怀"的伟大和崇高。

《护航》以纪念中国抗战胜利 70 周年阅兵式为背景,片中的女主角从小都有飞天梦想,而作为一名军人,服从指挥,甘愿做一名"备飞员",这种忍辱负重、牺牲小我、成就大我的精神,正是其所要传达的思想。译者将《护航》"归化"译作"One for All",使原文较为含蓄的思想传达直接展示在观众面前,更加有利于观众对故事情节和中国军人"舍小我为大我"精神境界的感知。所以,"归化"意译可以更好地加深观众对影视传达意象的理解和认知,传播意图也就更容易为影视观众所接纳,从而使中国影视获得更多的国际话语份额。中国影视的未来发展之路,只有找到其国际化与本土化相结合的交汇点,方可最大效度地实现其跨文化沟通和交流的作用。

五、外文影视作品引入中的字幕翻译[①]

中国的影视作品要跨出国门,除了其选题、摄制技巧和音响效果外,字幕译文的好坏往往起到举足轻重的作用。同理,外国影片在中国的传播速度和受众反响也往往与其字幕翻译质量紧密相关。高质量的字幕翻译可以令观众紧扣影片中人物对白的基本含义,体悟其中美妙的异域文化,尽享影视文化大餐。糟糕的字幕译文,常常词不达意,破坏了原语中文化的美妙质感,甚至会违背引进外国影视作品时的初衷。

如今,许多引进的外国大片,其字幕翻译遭到了众多网友和影视观众的集体吐槽,甚至是出现了一边倒的趋势,其批判用语大有"语不惊人死不休"之势。下文将就前些年网络上对漫威影业出品的一部科幻动作电影《银河护卫队》(*Guardians of the Galaxy*)[②]中文字幕的译文进行简要分析。当然,对影片字幕译文的批判尽管失之偏颇,但也不乏理据俱实之处。不能不说这确实是一件好事,因为它反映了中国观众的文化需求和掌握他国语言的水平正在不断提高,同时也反映了中国观众对译语表达原语语义的观点及如何使用本民族语言

---

① 注:本节内容主要参考了本书作者于 2017 年在《河池学院学报》第 4 期上发表的《外文影片字幕翻译中的译者话语权——以〈银河护卫队〉字幕翻译为例兼谈翻译批判》一文。
② 该字幕译文为八一电影制片厂提供翻译,2014.

再现他文化精髓的诉求,更为重要的是,这给我们提出了一个更为严峻的课题:译者在影片字幕翻译中的译语话语权到底如何把握,即译者主体性发挥以什么为依据?

(一) 字幕翻译中的"信"与"雅"

《银河护卫队》2014年10月10日在国内上映后首周末三天票房就达到了1.85亿人民币,还收获了豆瓣网得分8.3、时光网8.0分的一致好评[①]。由此可见,该影片的字幕译文虽有瑕疵,但还是为大多数观众所接受,符合国人的审美。电影字幕翻译不同于文学作品的翻译,也不同于应用翻译和口译,虽同属于翻译的概念范畴,必须确保译文的忠实与通顺,但是字幕翻译赋予译者主体发挥的空间很小,而文学翻译等在内容选择、表现形式和新词创造上则更具灵活性。当文化不能完全实现对等传播的时候,译者往往可以采用再造新词附加释义,或者直接意译,有时甚至可以采用另文补叙等形式来加以解决"信"的问题。字幕翻译因为受制于字幕译文字数的限制、字幕译文语音与影片中人物口型对应的要求,其主体性必然严重受限,这就要求字幕译者不得不"得其话语精髓而舍其话语形式"(王佳薇,2016:19),以此实现"雅"与"信"的结合,以求达到字幕译文效果与原语效果的最大限度的呈现。

综观《银河护卫队》的字幕译文,对比原语对白,译者的大部分译法还是值得称道的,如将外星人口中借指地球的"Terra"一词音译为"特蓝星",用词雅驯且不失原语语言之美,更能让观众从影片观赏中间接地了解到"Terra"源自希腊文,有"大地母亲"的意思,因此又常被借指"Earth"(地球)的知识。电影字幕译文常常都有字数和音节的限制,因此音译"特蓝"的中文字幕或中文配音应尽量契合影片中人物说话口型,两者不能相差太大;其补译一词"星"同时避免了观众因音译而产生误解。此处的译文也体现出了译者对"Terra"的实质认知,使观众更能感受异域文化中的科技色彩词,再现原语之本真,大大降低了字幕译文可能导致受众困惑的风险。

(二) 影视翻译中的译者主体认知

随着国内观众他语语言水平的不断提高,外文影片中的字幕译文成了越来

---

① 《银河护卫队》首周1.85亿 破票房纪录[EB/OL]. 新浪娱乐,2014-10-14. http://ent.sina.com.cn/m/f/hlw/2014-10-14/00164223498.shtml

越多人关注的焦点。但是,字幕译文的准确程度并非衡量影片中话语译文好坏的唯一标准,忠实于原文话语表层语义而抛开译者的适度解读,不顾电影观众的接受美学和情感需求的译文,无论翻译得多么专业,都不可能达到电影丰富人们日常文化生活的娱乐性质(张海鸥,2008:63)。译者在字幕翻译过程中不仅要把握影片传播的核心价值理念,准确把握影片作品的娱乐性,还应通过字幕译文话语的契合语符选择,结合影片受众的社会接受美学和字幕译文的音、形、义高度融合之美感,真实再现原语语言及文化之美。

《银河护卫队》中奎尔(Quill)和卡魔拉(Gamora)有句对白:"Kevin Bacon teaches people with sticks up their butts to enjoy dancing",译者将之译为"教会了人们扭屁股……",译文用"扭屁股"获得了诙谐的话语效应,避免了一些比较粗鲁的词,过滤掉了原语中"sticks up their butts"等不雅的俚语,用相对中性化的语言进行转译。这样的转译既达到了译文的"信",也保持了用语的"雅",消除了忠实译文对电影观众的消极影响,同时也给观众留下了无限遐想的空间,此译法是可取的。而如果解释性译为"教那些假正经的人跳舞",则会给观众造成困惑,也无法将译文融入整个译语话语体系中。本句字幕译文充分体现了译者对原语的适切理解和译语语义的适度再现,同时表明了译者对译语受众、译语文化及译语社会价值观的充分尊重。译者话语权与译者的社会责任感紧密相关,"任何译者的二次创作都是基于原语语言及文化的基础上遵循其自身所生活群体或社会的价值取向"(南华、梅艳红,2017:96),否则该创造性的字幕译文就不可能获取其传播的生命力和效果。

对于网友某些过于尖锐甚或尖刻的批评,译者可以给予必要的回应(解释为什么这样译),但不可将其作为推卸责任的借口,更应该把这种批评的声音看作是自身翻译水平和文化修养不断提高的一种助推剂。当然,译者也不能因为批评者的某些非理性的或过激的言行而放弃字幕翻译活动中应有的操守。对字幕译文批评(无论适当与否)的合理回应,亦是译者自身主体行为的必然表现。

(三) 对字幕翻译的批评不应求全责备

任何翻译活动都不可能完全本真地传达出原语话语和原语文化的真实内涵,观众应该一分为二地辩证看待,不能因为翻译中的瑕疵就完全否定译者的艰辛劳动。电影字幕翻译给我们的文化生活和思想理念所带来的巨大变化,首先应该得到肯定,但也不能因此忽略译文中的不足。针对译文进行批评的人数众寡往往并不能作为衡量译文好坏的唯一标准,毕竟外文电影字幕翻译涉及的方方面面是译者以外的人所不能一一细知的。

对字幕翻译的挑错需做到有理有利有据,不可跟风和片面。能容人者方能为人容,不能一味求全责备,观众和网友应该对译者的劳动多一些宽容和理解。对译者的某些非理性思考后的声音,我认为是不可取的。虽然观众的英语水平在不断提高,但毕竟大家对原语文本背景了解寥寥(语言、原语文化背景等),再加上批评者在对电影字幕翻译目的(娱乐性质)的了解、翻译手法及策略的掌握、文化差异处理技巧的认同上存在着差异,必然将导致"一千个受众,就有一千个哈姆雷特"的局面。因此,以更理性的分析来看待字幕翻译中出现的偏差,与译者进行商榷,以帮助译者在今后的字幕翻译过程中获得令观众更加满意的字幕译文,或许是更好的方法。正如影评人"电子骑士"所言,"干掉一个坏翻译,拯救不了银河系"[①]。

要求译者的字幕译文要贴近日常生活用语实际,满足绝大多数观众的审美需求。如此,字幕翻译过程中就离不开译者在忠实基础上进行适度解读,结合译语语境和社会价值观念进行本义偏离及转换,甚至再创作。这样的字幕译文并非传统意义上的"画蛇添足",而是某种程度上译者话语权得以充分展示的"画龙点睛"。所以,像"接地气"一类的中国网络流行用语大量出现在荧屏上,如"猫咪我灰常灰常开心""放开我,我是弱势群体"(《加菲猫 2》*Garfield: A Tail of Two Kitties*)、"路边摊""地沟油""瘦肉精"(《黑衣人 3》*Men in Black III*)、"神马都是浮云"(《功夫熊猫 2》*Kung Fu Panda 2*)、"低调,明星也是老百姓"(《博物馆惊魂夜 2》*Night at the Museum: Secret of the Tomb*)、"我们可以组成夫妻档,就像小沈阳那样"(《马达加斯加 3》*Madagascar 3: Europe's Most Wanted*)等本土化的幽默字幕对白,更能贴近观众的接受心理(吕俊,2001:187),充分再现原语影片中的笑点。

字幕翻译批评应在尊重原语语言及文化的基础上,考虑观众的自身文化水准和需求实际,合理、客观地开展,多进行学术性探讨,以促进译文质量的提升,为人们提供更加精美的字幕译文。翻译批评不能因为某些非理性的观点而扼杀译者勤勉的劳动。译者也不能因为害怕批评而犹豫迟疑,应该把人们的批评

---

① 干掉一个坏翻译,拯救不了银河系[N/OL]. 新京报(电子报),2014-10-21,第 C2 版. http://epaper.bjnews.com.cn/html/2014-10/21/content_541792.htm?div=0

看作是对自己不断提高译文质量的助推剂,时刻警醒自己所肩负的重担,给外文影片观众提供更多贴近其生活实际的字幕译文。

(四)字幕翻译中翻译尺度的把握

字幕译文中加入中国元素是非常有必要的,但需把握尺度,不能过于迁就观众观感而无限制地行使译者的主体权力,弄得字幕译文面目全非,不伦不类。译者主体性的发挥不但受到市场规律的制约,还受到了译者本人对影片背景、原语文本的理解以及个人文化修养程度差异的影响,而这些因素又常常会导致字幕译文出现语义文化偏差甚至误译。因此,译者在字幕翻译过程中应充分把握话语权的尺度,在考虑网络语言或流行语使用时(字幕翻译中的二度创作),要通过使用这些语言把影片中原汁原味的话语对白交代清楚而又不失锦上添花之效。

在引进西方影视过程中,应尽量保持其中独特的异域特色,为观众展示不一样的他国文化之美。若是为了刻意迎合中国大众的口味,过多使用网络用语,将内容翻译得不伦不类,反而失了电影本身的美感。因此,译者应当遵"宁信而不顺"之原则。《环太平洋》(*Pacific Rim* 该片于 2013 年 7 月 31 日在国内上映)中的"elbow rocket"被译成了"天马流星拳",则没有达到语义的基本对等,属于流行语的过度使用,只会导致观众困惑:外国也有"天马流星拳"?译者此处不妨尊重原语,直译为"手肘火箭",这样更加贴近原语语义,观众也能明了其具体所指。一个好的译者应该将原影视片中符合原本影视风格的荧屏字幕原汁原味地展示给观众。

字幕翻译所针对的内容亦有特定的文本、特定的受众和特定的目的,符合翻译的基本理论和适用范畴。批判《银河护卫队》字幕译文的文章,归根结底在于"归化"和"异化"之争。"异化"策略是为了保留原语中的文化意象和语言风格,采取"异化"直译的方法,可以保留其异域特色,不轻易改变原语字面语义及其俚俗用语特色。尽管"异化"可以丰富译语及译语文化,但"异化"直译出的字幕对大多数观众而言晦涩难懂,毕竟字幕翻译受限于字数的规定和确保音型基本一致的要求,无法增加太多释义。"归化"策略指适度利用译语文化意象或通行的流行话语替代原语中的某些不为观众熟知的异质文化意象或话语形式。比如,外国影片中常出现的"playing with fire"被诸多译者"归化"意译为口头语"找死",而不是简单地"异化"直译为"玩火"。例如,在《火鸡总动员》(*Free Birds*)的字幕译文中,译者通过"归化"译法最大限度地发挥了其主体性,使译者在翻译活动中的话语权得到了充分展示。"不爽就狂吃""打了鸡血"等俚俗性流行语的大量套用，深得广大观众喜爱的同时也契合了原语的语义内涵，更是保留了影视片中的笑点。当然，要做到完全还原原语字幕中的语言和其文化风格是非常困难的，但是译者只要多用心思考和揣摩，原片中的风格还是可以得到最为贴近的再现的。

译者话语权在外文影片的字幕翻译过程中应该得到充分尊重，但又不能发挥过度。如果字幕译者一味追求字幕译文接地气，那这样产生的观影体验就与观看国产片没有两样了。所以，字幕译者翻译时需充分考虑受众存异心理基础上的文化求同感，本着尊重原影视字幕文本特质的同时尊重译文观众的语言和文化规范，合理解读文化共通性，有效转换和补充其中的文化意象，尊重译文观众观影时的接受心理和价值美学，兼顾影视片的娱乐性本质，否则，就容易造成译文的愚忠而失去影片的观赏价值和观众市场。

六、字幕翻译中的译者话语权

国际社会文化的融通、丰富与发展都离不开翻译。译者，作为影视字幕翻译活动的主体，其主体性的发挥决定着字幕译文及国外受众、西方受众观影效果的好坏。因为译者是将文化从本国或本人扩展到他国或他人的主要动力，其在本国语境下所养成的文化意识和跨文化能力时刻影响着字幕翻译活动。译者在字幕翻译活动中主体能动性的充分发挥，有助于译者更好地行使基于其文化意识的译者话语权，甚至影响到译文的产生和接受。

（一）译者的文化自觉

影视翻译必须忠实于电影原始内容，体现电影原语言特色，争取实现艺术的复原。合格的影视字幕译者在影视作品对外传播活动中发挥着不可或缺的作用，必须具有足够的语言、文化和知识储备，要熟知并了解译入国的文化背景、受众的话语习惯和接受美学。译者还应在影视作品的对外翻译过程中拥有充分的文化信心（自信和他信），在影视的对外传播翻译时，要有意识地输出中国文化观念并传播中国文化。影视文化"走出去"，要求译者具有传播中国文化这一历史使命感和字幕翻译时"守土有责"的政治责任感。

影视作品对外传播的海外介绍与翻译，必须经得起传播效果的检验。无论是翻译学还是传播学,两者对受众或公众意识的重要性都有着清醒的认知。现代传播科学赋予公众以主体的地位,并认为公众不是传播行为的被动接受者。只有西方受众在通过观看字幕译文对影视作品中传达出的社会价值观、文化观等重要理念达成合理的共识后,影视作品的对外传播(或制作)才实现了跨文化交流的目标。译者必须充分利用其主观能动性,克服原始文本和翻译之间的语言和文化障碍,建立两种语言和文化之间的联系。

译者在影视翻译过程中要意识到,自身的主观能动性始终是受许多主客观因素影响的,它必须符合影视语言转换的客观规律,并关注原始作品的语言、文化、美学、时代特征,影视字幕翻译的视角和翻译目标的专业要求。因此,在影视对外传播的翻译活动中,译者的主体性必须充分满足电影文化的需要。如果字幕译文不符合译语受众的语言或文化规范,则该影视作品所传达的信息便无法被译语受众接受。这也说明,翻译影视作品的译者,其主观能动性亦是受限的。译者虽说是影视翻译活动中的核心,必须具有正确的翻译观,以翻译为己任,充分发挥自己的审美意识,但译者永远不可能成为影视作品对外传播的核心。毕竟字幕无法完全传递出影视作品内蕴的诸多美学和社会价值理念,这需要观影受众多方位地对影视蕴含着的非语言细节进行体会和感悟。

影视对外传播中译者的文化意识要求译者保持文化自信,努力确保本国价值理念和文化概念的真实传达与输出,同时译文还应尽量满足观影受众的信息与知识预期和接受心理。译者还应该明白,尽管西方受众的观影预期和接受心理关乎影视对外传播的成败,但要完全满足这些预期也是不明智的。对外传播翻译时,要服务于译语受众,但更应该通过简单的字幕译文方式引导译语受众认同并接纳影视作品所传达出的话语主张、普遍价值观和文化观念。译语宜采取平实的风格,确保原语语言传达的文化精髓和传播诉求得以忠实再现于译语语境,为译语受众认知和接纳。讲好中国故事,译者本土文化自觉意识的培养,是构建译语话语权的关键因素之一。

缺乏中国文化自觉意识下的对外传播,无论其译语话语形式多么完美,都不可能实现传播活动的自身诉求。译语话语权建设必须结合中国"走出去"的翻译活动目标,建立起自己的译语话语体系和话语风范,并使之为译语受众接受和认可。译语话语权理论的构建是在呼应大传播背景下对翻译理论需求基础上的一次全新探索,即使用什么样的话语才能最大限度地获得跨界传播中的话语份额。套用西方的话语体系、定义、标准,虽然迎合了译语受众的

"口味",但往往会陷入西方的话语及逻辑圈套之中,最终导致跨界互动中译语话语权的彻底丧失。

(二) 译者的主体性

译者常常有"戴着镣铐的舞者""仆人""隐形人"等称呼,这就意味着译者既要做到忠实于原文作者,同时又要对译语受众负责,常处于附属地位。20世纪70年代,在翻译学研究领域中出现的"文化转向",极大地提高了翻译活动中译者的地位和身份。从本质上来讲,"话语权指的就是话语活动中话语主体对话语议题设置的主动权,话语表达形式的自由权以及话语受体主动或被动感知、认知、体悟和接纳的正向预期"(熊欣、叶龙彪,2017:51)。译者在影视文化对外传播的过程中应该充分发挥其自身的主体能动性,采用恰当的翻译策略和适切的译语话语表达方式传达出影视作品原语字幕的内容及文化蕴含:在理解原文基础上,通过构建自身的译语话语体系,以实现影视对外传播活动中的国际话语权。在翻译活动中,原文的翻译不仅仅是原语话语语义、思想以及背后文化的表达,更重要的是,要在译语环境下实现对外传播的文化诉求。

任何的翻译活动,整个过程几乎都由译者根据各方要求和目的进行把控,译者主体性参与了整个翻译过程。字幕翻译中译者的主体性指的就是"译者在受到边缘主体或外部环境及自身视域的影响制约下,为满足译入语文化需要在翻译活动中表现出的一种主观能动性,它具有自主性、能动性、目的性和创造性等特点,表现在翻译过程、译者的译入语文化意识、译作与原作和译入语文学的互文关系、翻译主体间性四个方面,其中翻译过程是译者主体性最为彰显的方面"(张海鸥,2018:63)。

字幕翻译活动中,译者主体性包含能动性、受动性和为我性三个方面,而这三个方面会在发挥译者主体性时影响译者翻译策略的选择。译者话语权在影片字幕翻译时应该得到充分的尊重,当然,不能过分发挥。在考虑到字幕受众异文化背景的基础上,努力做到译文中最大限度地求同存异,既要尊重原语又要尊重译语,同时兼顾影片字幕译语受众的接受心理和价值美学,关注影片的娱乐属性,使观众心情得到愉悦和放松。下面将从译者主体性的三个方面来展开翻译讨论,通过分析字幕翻译来探讨影视对外传播中翻译策略的把握是如何受到译者主体性的影响,选择什么样的翻译策略既能尊重原文的话语权,又能通过译语形式传达话语权,以求在翻译过程中译者能更好地把握译语话语权,帮助实现原语作者的话语表达,从而促进对外文化交流。

其实,任何对外传播形式中的翻译活动,都不仅仅只是语符的转换和语义的传递或文化的移植,更多地还是要通过翻译中的这些活动实现传播目的,展现中国真实全面的国际形象,改变译语话语对象对中国的片面认知。为了达成传播的交际效果,必须确保原文在原语文化语境下的话语主导和话语诉求在译语语言与文化中依然能够得以保全甚至放大。

1. 译者能动性

译者能动性,又名译者主观能动性,即译者在翻译过程中,充分发挥自身主体作用,在尊重原语作者意图和语言特色、尊重译语受众的语言规范和文化背景的前提下,根据自身对原语语言和文化的理解,自主选择适当的翻译策略和译语话语,以实现影视文化对外传播的国际诉求。下面以具体字幕译文为例(中英文例句均源于2019年华夏电影发行有限责任公司出品的电影《我和我的祖国》中的字幕文字),分析字幕翻译中的译者能动性。

例一

【原文】

——三个人行不行?

——找毛主席去。

——两个呢?

——买白菜呢。

【译文】

—How about three men?

—Go ask about Chairman Mao.

—What about two?

—Don't bargain.

——《我和我的祖国·前夜》(The Eve)

买家买东西时和卖家砍价,想用最低的价格买到,这样才叫划算。这是《前夜》里的一幕,从两人对话中可以看出,这里的"买白菜"不是真的在买白菜,只是形象地借用了中国人常说的一句口头语,实际上是在讨价还价,即被译为"bargain"。此处可以看出,译者是在理解中国的文化和语言表达习惯上,同时考虑到译语受众的接受度,采取"归化"的处理方式,显示了原语的真实含义,这样的翻译策略充分表达了译语话语权。

例二

【原文】

我掐表空升行吗?

【译文】

I'll just use the timer, all right?

——《我和我的祖国·前夜》(The Eve)

保卫干事老杜和工程师林治远在争论是否去广场实地考察升旗装置方面的事情,林治远在被老杜关入房间时说出这句话。很明显语义是:升旗不用《义勇军进行曲》,只用钟表计算所需时间,"掐表"和"空升"传达了两个信息点,译者选译了"掐表",显然是解析人物角色的话语内涵,传达准确信息,便于译语受众理解故事情节,当然也是体现了译语话语权。

例三

【原文】

细节,细节,还是细节。

【译文】

Details, details, that's all that matters.

——《我和我的祖国·前夜》(The Eve)

工程师林治远积极打造电动升旗装置,这是为建国大典所用,细节必然是不能忽视的,原语重复表达了同一个意思"细节"很重要,而西方人语言表达习惯上,忌讳重复啰唆。译者采用"直译+意译"的方式,前两小句直译"details, details",后面小句意译为"that's all that matters"。译语既做到适当重复,加以强调,同时又力求简洁明了,在解读重构译语过程中可以看到,译者把握和主导了译语话语权。

例四

【原文】

我那边旗要升不起来,你白吹,你是不是白吹?

【译文】

If the flag doesn't raise, there's no use playing the trumpet, huh?

——《我和我的祖国·前夜》(The Eve)

首先是"旗要升不起来",此处译为"if the flag doesn't raise"。"raise"是及物动词,升旗"raise the flag",旗子做主语,应该是"the flag is raised",用被动语

态。显然此处译者混淆了"raise"和"rise",将"raise"误认为是使用主动语态的不及物动词"rise"。在后面的两个小句中,译文"there's no use playing the trumpet",句式结构用得好,而结合语境当时老罗对保卫干事老罗说的"你不懂乐理""你白吹,你是不是白吹"此处具体是指"吹小号",显然译者是经过自我思考,补全了实际表达意思,而补译为"play the trumpet",传达了原语话语意图。

例五

【原文】

我发个媳妇给你。

【译文】

I'll get you a girlfriend if you do.

——《我和我的祖国·回归》(*Going Home*)

此处是《回归》单元里的一幕。在训诫升旗手朱涛时,队长程志强讲了一句"发个媳妇",字面意思该是发一个老婆。但是,此处若直译为"get you a wife",显然是比较突兀的,升旗手是单身,谈婚论嫁方面,中国人更倾向从相识、相知、相恋再逐渐走入婚姻殿堂。可以看出译者在译前肯定是进行过思考,采用的是意译"get you a girlfriend",传达原语信息的实际情况,语义清晰自然,又使得译语受众易于接受。

例六

【原文】

这个领导班子本着公平公开公正公开的原则,怎么分配呢?抽签儿。

【译文】

Based on the principle of justice, fairness and openness, we have decided to give out the ticket through the lucky draw.

——《我和我的祖国·北京你好》(*Hello Beijing*)

《北京你好》中,张北京所在的单位决定通过抽签来决定谁能得到北京奥运会的门票。原语是问答的形式,可以看出译者是在理解原语基础上,充分发挥译者主体性,跳出原文本的限制,进行再创作,采用陈述句的形式将原文意图呈现给译语受众,达到传播原语语义的目的。译者不再是机械式的翻译,而是根据译者理解原语后进行的再创造,在翻译过程中,建立了译语话语权。

当然,译者在影视对外传播活动中,其主观能动性还体现在对影视文化作品的选择上。如今的影视制作,为了抓住观众的猎奇心理或达到煽情的效果,无论是在选题还是画面凸显上,往往更多聚焦于某些流行或通俗的题材,注重影视中人物情感的宣泄,少了诸多严肃的选题和影视中发人深省的理性思考。很多影视甚至建立在一堆没有文化内涵、严重偏离历史事实、片面追求画面炫丽壮观的基础之上,观众虽能"阅"之,但未必能"悦"之。译者应该对此有一个清醒的认知。陈金刚等认为:"从某种程度上来看,当代审美文化已经成为一种主要以商业价值为目标的消费性文化,而过度的商业追求难以避免地压制了审美文化的人文关怀,并使其成为一种不折不扣的'媚俗文化'。"[①]如果译者未批判性地看待当代审美文化,在媚俗思想意识下选择要翻译的影视作品,其翻译的影视作品对观众的审美情趣和精神素质的提升是毫无益处可言的,久而久之还会造就一种浅薄而不深刻、浮躁而不沉稳、油滑而不幽默、媚俗而不崇高的群体性鉴赏习惯和社会的低俗、奢靡之风。所以,译者在选择影视作品时,应充分发挥自我主观能动性,坚守社会主义的基本价值观和审美观。

2. 译者受动性

在发挥译者能动性的同时,译者往往受原作、自身所处的特定时代环境和双语文化能力等因素的局限,翻译时必须要瞻前顾后,不能随心所欲。对于一些关系到国家层面的翻译,译者必须要坚定地维护国家和民族的利益,不仅要懂文化,还应要懂国家政治,避免出现政治性的错误。因此,译者必须要提高翻译素养,这样译文才能更加规范合理化,才能在国际传播中产生影响力和感染力。下面的字幕译文就能很好地体会到译者的受动性。

例一

【原文】

这是一条鲜鱼口的胡同。

【译文】

This is a hutong called Xianyukou.

——《我和我的祖国·北京你好》(Hello Beijing)

很明显,此处采用音译的翻译策略,胡同被译为"hutong",鲜鱼口被译为"Xianyukou",很好地体现了中国文化元素。随着中国经济总量跃居世界前列,综合实力越来越强,音译词越来越被译语受众所接受和认可。中国传统文

---

① 陈金刚,刘文良. 当前影视批评的媚俗化倾向[J]. 扬州大学学报(人文社会科学版),2008(1):89-91.

化中的很多东西都是独一无二的,因此在对外传播中,完全可以运用音译的方式,传达中国的特色文化,让更多的西方受众了解中国、认识中国,促进中西文化交流。尤其是在当前中国强调提升国家文化软实力的大环境下,中国译者必须要加强中国文化对外翻译与传播,为国家文化软实力的提升贡献自己的力量。音译的方式更能贴近原语国家的语言风格,使得中国特有的文化意象得以传播,凸显原语文化特色,从而主导译语话语权。

例二

【原文】

香港回归是中华民族雪耻的见证,每一个细节不容忽视。

【译文】

The return of Hong Kong marks the end of China's humiliation, every detail matters.

——《我和我的祖国·回归》(Going Home)

1997年7月1日的香港回归,属于重大的政治事件,此时的译者就必须要有高度的政治敏锐性和浓厚的爱国情怀,要站在维护国家和民族利益的政治立场,坚定维护国家和民族的尊严。字幕译文中,译者增译了"marks the end of",既传达了原语信息,又暗示了中华民族经历长久屈辱历史后的自立自强,间接地向译语受众展现了中国经济基础的逐渐强大及国际诉求,充分表达了自身的国际话语权。

例三

【原文】

零分零秒升起中国国旗,这是我们的底线。这一秒对你们来说是结束,对于我们来说是开始。

【译文】

To raise the Chinese flag precisely at midnight is our bottom line, that one second means the end to you, but it means the beginning to us.

——《我和我的祖国·回归》(Going Home)

中英就双方国旗升降时间进行协商,"零分零秒"译者这里意译为"precisely at midnight",进一步强调了零分零秒升旗的必要性及严肃性,这是对香港回归祖国的极大重视。通过增译的方式,向译语受众展示了中国期望香港回归祖国母亲怀抱的迫切心情,也展示了中国对待政治事件的强硬态度。译者此处的翻译充分传达了中国的话语权。

例四

【原文】

故地有月明,何羡异乡圆?

【译文】

The moon is brighter at home, why leave for foreign lands?

——《我和我的祖国·回归》(Going Home)

修表华哥的老婆说过,当初华哥阿爹去世时,还担心来香港会怎么样。结合语境,华哥老家是广东佛山的,"故地"应该是指广东佛山,而"异乡"指的应是香港。值得警醒的是,此处"异乡"被译为"foreign lands",笔者认为其是一个政治性错误,会让译语受众误认为香港不属于中国,极大损害了中国对外传播的目的。对于这些政治敏感类问题,译者翻译时应当反复斟酌,用词恰当,始终"坚持一个中国"原则,忠实原文,只有这样才能更好地传播中国影视文化。

例五

【原文】

我国第一颗原子弹爆炸成功。

【译文】

China detonated the first atomic tomb.

——《我和我的祖国·相遇》(Passing By)

笔者认为这里处理方式可以有两种:一种是以"第一颗原子弹"作主语;另一种则是以"我国"作主语。译者采用第二种策略,将中国作为主语,强调是"中国"而不是别的国家的第一颗原子弹爆炸成功。在当时中国各方面设备比较落后的情况下,能够研制出原子弹是多么不容易。从话语权传达的角度来看,这很好地向西方受众传达了中国强大的科研能力、中国科研人员为国无私奉献的大无畏精神。

例六

【原文】

中国第一颗原子弹研发工程596工程,全国各地的科研员和解放军官兵在极端秘密的情况下开展了多项试验。

【译文】

During project 596, developing the first atomic bomb in China, technical researchers and soldiers from the People's Liberation Army conducted numerous highly confidential experiments.

——《我和我的祖国·相遇》(*Passing By*)

对于"596工程"这样富有中国文化特色的术词语,如果只采用直译,译语受众肯定会一头雾水,这里采用"直译+诠释"的翻译方式,既介绍了中国特色词语,便于受众理解中国特色专有名词背后的真实含义,同时也是向受众展示了中国第一颗原子弹研发任务的艰巨,展现了默默无闻的科研人员和解放军官兵们辛勤的付出。此种翻译处理,增加了译文的可读性,促使译语受众进一步认知和理解该译文。

3. 译者主动性

在翻译过程中,当原语和译语不能一一对应时,译者就要根据自己所理解的原语意思和译语文化,调动各种能力,采用贴近译入语受众表达习惯的翻译策略,来解决翻译中遇到的各种难题。譬如:

例一

【原文】

长眼睛是吃饭用的啊?

【译文】

Are you all blind?

——《我和我的祖国·前夜》(*The Eve*)

"眼睛"和"吃饭"连在一起直译的话,必然让译语受众一头雾水,实际上这句话的意思是:眼睛不管用,看不见东西吗?很明显译者了采用意译,直接将实际意思翻译出来,这样一来不会出现直译造成的误解,另外又能使得译语受众一目了然,话语意图自然也就准确传达了。

例二

【原文】

国之重任,千小心万小心,看看,还是闹到眼皮子底下了。

【译文】

It's a critical moment for the country, we've been so careful. But look, it happened under our noses regardless.

——《我和我的祖国·前夜》(*The Eve*)

"国之重任"指的是工程师林治远设计研发开国大典升旗装置,将其意译为

"It's a critical moment for the country",传达了任务的重要性和时间的紧迫性,而"闹到眼皮子底下"此处也采用意译,借用英文的俚语"under one's nose",用译语受众熟知的俚语代替了原语中不为观众所知的话语,贴近受众语言习惯。

例三

【原文】

我说你这个人怎么油盐不进啊?

【译文】

Why are you so stubborn?

——《我和我的祖国·前夜》(The Eve)

"油盐不进",表面上的意思是油盐都不吃,作为中国人都知道这是一句俗语,实际是暗讽此人很固执、不听劝。此处若采用直译,译语受众肯定不知所云,一脸茫然,所以译者采用了意译,贴近译语受众的语言表达习惯,真实传达了原语实际语义。虽然这没有直译和音译贴近原语话语形式,但就话语权角度来看,译语受众对译文认可和接受度越高,那么话语权份额肯定是越多,有助于获得国际话语权。

例四

【原文】

中国队拦网以后,后排把球接起来,中国队打好这一球。

【译文】

China blocks and back row digs it, nice play from China.

【原文】

美国队垫球,垫飞了。

【译文】

The ball's out, it's out.

——《我和我的祖国·夺冠》(The Champion)

字幕翻译受到时间和空间的制约,因此往往注重简洁明了,从以上介绍中国队和美国队的译文可以看出,译者采用直译"中国队"介绍中国女排的优秀表现,而省译了"美国队",只简单介绍了其比赛时的失误。很明显,译者在翻译过程中,既强调了中国队的优秀赛场情况,又弱化了处于劣势那方的国籍,考虑了美国受众接受心理,避免给其造成难堪。

例五

【原文】

这是他爱吃的"驴打滚"。

【译文】

This is his favorite treat, Rolling Donkey.

——《我和我的祖国·夺冠》(*The Champion*)

中国饮食文化源远流长,"驴打滚"是具有中国特色的北方传统小吃,译者对外传译时,不妨借鉴"音译+诠释"的"异化"翻译策略,使译文更为贴近原语国家文化,保留原文语言中蕴含的特有文化现象,同时通过诠释或释意将富有中国文化的特色词汇移植到译语语言文化之中,潜移默化地扩大中国文化的国际话语权。

由上可知,对外传播中的译者只有充分把握好这些基本的翻译原则,方能更为有效地发挥译者主体性,译出更多优秀的译文,更好地服务于中国文化的国际推广。影视文化作为国家民族文化和国家软实力的一种,是一个国家的非物质性拥有,体现了一个国家或一个民族的文化思想和精神力量、艺术和语言形式的审美情趣,蕴含着一个民族或国家在社会经济、政治和文化生活方面最为根本的价值取向。通过讲述中国故事,可以很好地向世界展示一个丰富多彩、有血有肉的真实中国。影视作品必须充分评价受众,必须注意有效地沟通,不能单向传播信息,还必须考虑受众对信息的反馈和认可。中国影视作品的健康持续发展和传播,在建立和发展中国文化自信中发挥着重要的作用。影视作品对外传播活动所特有的跨文化交流特性,要求译者不仅具备较强的跨文化影视传播的译语话语能力,还得拥有充分的民族文化自信,如此方能促进社会主义文化繁荣社会。

第三节 影视对外传播与国家形象

随着经济全球化和世界格局多极化的快速发展,国际文化传播在塑造国家形象、传播国家文化方面的重要性日益凸显。一个国家的国际影视话语权,亦能影响到一个国家是否可以用其话语来表达自己的立场,解释其观点并传播其文化。一个国家想要获取国际话语权，最好的也是最有效的方法就是使用译语受众的语言，向他们发出自己的声音，表明自己的主张，传递自身的诉求，这也是对外传播的主要目的。影视作品的对外传播是中国对外传播活动的重要组成部分，研究影视作品对外传播的合理策略并推动其传播进程，是影视文化产业的重要课题。在跨文化传播的当下，国家大力提倡"文化走出去"，积极促进中外文化交流，可见国家对文化传播的重视。中国影视对外传播要建立国家层面意义上的对外传播战略，从而有效推进中国影视的国际化传播，占据世界主流电影市场的份额。通过中国影视话语权和影响力的提升，不断增强中国的国际形象和国际话语主导。

一、影视对外传播对国家形象的意义

影视文化产业的对外拓展和国际市场份额的主动占有，不仅是文化产业的国际市场发展规划，更是国家文化走出去，获得国际话语权的重要环节。影视作品中包含的本国语言、文化特色以及商品等，间接地展示了该国的主流思想价值理念、社会生活方式以及大众文化诉求，本身就属于国家形象构建的重要组成部分。所以，国家对外传播媒介的建设和影视作品的对外传播，对国家积极、正面的国际形象的构建而言非常重要。1982年，日本电视剧《排球女将》在中国播出后，影响了中国整整一代人对日本的重新认知并推动了中国排球事业的蓬勃兴起。美国的美国之音（The Voice of America，简称 VOA）、有线电视新闻网（Cable News Network，简称 CNN），英国的英国广播公司（British Broadcasting Corporation，简称 BBC）等西方强势媒体通过各种音像资料的播放，在塑造本国国家形象、传递本国国家意志和影响他国认知上对他国观众、读者和听众都产生着深远的影响，是其国家意志与国家形象的有力代表。

好莱坞电影曾经是一种"美国化"和输出美国生活方式、价值观的最为有效的工具，时至今日依然对世界其他国家和地区的影视受众产生着巨大的潜在影响。电影业是美国对外文化传播的重要手段之一，为美国文化的全球战略中发挥了重要作用。英国学者大卫·普特南（David Puttnam）以风趣幽默的手法在《不宣而战：好莱坞 VS. 全世界》（*The Undeclared War*）一书中讲述了在电影这一20世纪最大众化而且最具影响力的媒体领域内的争夺战，并且从经济和文化角度阐释了电影的强大作用，认为电影是"强大的武器"（David Puttnam，

2001：121），论述美国在与欧洲争夺电影市场的过程中给欧洲国家造成的影响。加拿大学者马修·费雷泽（Matthew Fraser）在《大规模杀伤性武器：软实力和美利坚帝国》(*Weapons of Mass Distraction: Soft Power and American Empire*)从历史和现实的角度出发，较为详尽地剖析了美国的崛起。费雷泽把一个国家的软实力定义为"在国际事务上，通过吸引或引诱的方法，而不是强制的手段，获取预期效果的一种能力"（the ability to achieve disired outcomes in international affairs through attraction rather than coercion）(Matthew Fraser, ibid：18）。他认为，美国软实力资源中的电影、电视、流行音乐和快餐是美国"最了不起的武器"（awesome weapon）(Matthew Fraser, ibid：14）。美国的崛起离不开其强大的国家软实力。美国文化软实力，尤其是影视文化对他国民众潜移默化的强大影响和渗透力，使"美国化"的生活行为方式和社会价值及伦理道德标准得到了全球性推广，从而帮助美国极大地获得了国际话语权。美国传播学者赫伯特·席勒（Herbert I. Schiller, 1919—2000）长期从事美国传播和文化产业的批判性研究，在《大众传播与美利坚帝国》(*Mass Communications and American Empire*)一书中首次提出了"文化帝国主义"（cultural imperialism）。这一引起此后长期激烈争议的命题，矛头直指美国，并联系大众传播的政治功能和经济功能，批判地研究了美国的信息机构和产品是如何为其全球战略服务的（Herbert I. Schiller, 1992：20）。

意识形态方面的差异、地区经济发展的不平衡性和族群间不同的文化价值取向等，仍是当今世界冲突的主要根源所在。美国著名国际政治理论家塞缪尔·亨廷顿（Samuel P. Huntington, 1927—2008）在《文明的冲突与世界秩序的重建》(*The Clash of Civilizations and the Remaking of World Order*)一书中指出，世界不可能出现全球帝国和单一的普世价值（universal values），未来的世界必然是多文化共存共生的，中国将成为核心国家之一，并成为世界舞台的主要活动者（Samuel P. Huntington, ibid：273）。亨廷顿还认为，冷战后的世界格局，文化和宗教的差异而非意识形态的分歧将导致世界几大文明之间的竞争和冲突：微观层面主要表现在伊斯兰国家与东正教、印度、非洲和西方基督教邻国之间，宏观层面则表现为西方和非西方之间的冲突（Samuel P. Huntington, ibid：161）。

影视作品中传承的文化和价值观往往是世界各族人民共通的，足以引起所有观影受众情感上的共鸣。如此，影视作品的对外传播也就成为各个国家向世界展示本民族文化的一个重要载体,有利于各个国家之间建立起文化交流与沟通的桥梁,并促进不同国家和民族之间的文化融合和相互理解。中国影视文化作为国家文化形象中的重要一环,需要创新中国影视文化新概念的传达方式,构建完善的影视文化译语话语体系,实现中国影视文化译语话语权的整体提升。近年来,国外热播的一些优秀的中国影视作品,如《三国演义》《甄嬛传》《琅琊榜》等,已经深入到了国外年轻受众的日常生活中,这无形中增加了西方受众对中国历史和中国形象的进一步了解。随着改革开放的不断深入,传播中国文化已经成为一种共识,越来越多的中国影视作品走出国门,登上国际舞台。中国影视的西方受众也日益增多,各种国际电影大奖名单中,中国影视作品的身影也越来越频繁地出现,这一切都为中国文化的对外传播起到了强有力的助推作用。

二、影视对外传播中话语权的构建

随着中国科技和经济的迅猛发展,中国的国家面貌正发生着翻天覆地的变化,西方受众印象中的 20 世纪五六十年代的中国已经一去不复返。但中国的国际形象与其经济发展水平的国际影响力并不成正比,因此,中国国际形象的重新构建既是我们自身文化自信的必然发展,更是这个时代的世界呼唤。某种程度上来看,中国影视的对外传播亦承担着中国国际形象重塑的历史使命。中国国际形象的重塑过程,就必须要通过影视、网络等多种宣传或传播平台,把新时代下中国的新面貌全方位、多角度地展现在世界人民的面前,通过中国故事的讲述、中国主张的阐释获得中国国际话语权。

以推动中华文化对外传播为基本目的的对外影视文化交流,一直以来就是国家层面和学界所关注的重点。相对于政治外宣文本而言,影视文化作品的对外推广和传播,其政治色彩相对更淡,受众群体也相对更广泛、更多,受众的抵触心理不会那么强烈,而且还能带来显著的经济效益,更有利于塑造中国的国际形象。下面,以《战狼2》和《一点就到家》等作品为例,探讨中国影视作品对外传播中如何通过展示中国元素来构建和助力中国国际话语权和国际大国形象的构建。

(一) 体现中国特色

当今世界,"中国制造"(Made in China)、"中国模式"(Mode of China)和

"中国主张"(Advocate of China)已成为国际话语的重要主题,中国的国际影响力日益增强。在这一宏观发展前提下,中国声音需要被越来越多的世界人民听到,中国影视制作需要响应这一时代召唤,打造出更多具有国际影响力的影视文化作品。

电影《战狼2》上映后,极大地鼓舞了中国人民的民族自信。影片主人公冷锋的形象,也向西方受众深刻诠释了全新的、具有责任担当和热爱和平的中国军人形象。整部影片恢宏壮观,向国际社会充分展示了中国军队的现代化建设水平和坚决维护世界和平的国际担当,也向国际社会充分表明了中国人民热爱和平,但也绝不惧怕挑衅的立场和态度。《战狼2》一经上映,立即引来了国际社会的广泛好评。

影视对外传播不仅要传播本国的国际政治主张、意识形态和价值理念,同时也肩负着国家经济发展的重要责任。《战狼2》通过剧中道具的使用,一改往日中国影视剧中多用国外"香槟""豪车"的选择,全部选用了中国自己的国产品牌,如影片中主人公冷锋的座驾北汽 BJ40、枪林弹雨中的东风风神 AX7、与片中当地人拼酒时的中国茅台等,这些都再一次刷新了西方受众对"中国制造"的认识,也增添了国人的民族自信,为中国产品的国际推广助力。

(二) 创造双重价值

作为一种艺术的存在,电影既属于视听艺术,也是一种全新的时空艺术。中国电影的对外传播,成为中国社会政治、经济和文化生活带给西方受众的最直观的反映和展示平台。电影中人物及其生活的社会背景、宣扬的价值理念,虽属个体价值观念的对外传递,但更多传递给受众的还是人物所处国家群体的价值标准。同时,电影还是一种艺术价值商业化表现的经济行为。中国影视的对外推广和传播能够为中国的影视文化产业能带来显著的国际经济效益。随着世界经济与技术发展的突飞猛进,电影已经逐渐成了一种大众化、群体性的生活娱乐活动。每年电影市场的票房纪录不断追高,制造了另一种产业型经济:影视文化产业。

电影既然属于一种社会经济行为,也就成为了社会文化产业的一个重要组成部分。电影产业的发展状况必然与其所处社会经济的整体发展息息相关,电影受社会经济发展规律的制约,同时又对社会经济发展起着巨大的反促作用。就中国电影的商业价值和市场产业链的发展而言,与美国好莱坞相比,还有着相当大的差距。随着西方受众对影片中具有中国特色个体价值符号的认可和接纳,影片传播的中国文化元素将获得更为广泛的认可,从而吸纳更多的西方受众群体的关注,创造更大的影视产业国际经济效益,进而反刍中国影视产业的进一步壮大和其艺术价值的进一步提升。

(三) 展现时代风貌

电影《一点就到家》于 2020 年 10 月 4 日在中国上映,获得了不俗的票房纪录,成为当年国庆档的一匹黑马。影片主要讲述了三个截然不同的青年,为着同一个创业梦想扎根于云南农村,几经挫折,用尽所学,最终将国产咖啡推向世界并带动家乡经济发展的青春励志故事。这三位主人公演绎了别样又类似的青春,替远在异乡打拼的游子一抒深厚的乡愁,映射出当代年轻人一直"在路上"的酸甜苦辣和回头望故乡的抱负和希冀。

作为一部商业片,本片在三位主人公创业这条主线剧情上主要是采用经典的线性叙事,较为完整地向观众展现了一个青春奋斗的故事。这样平铺直叙的讲故事方式,不会故意抬高主人公的人格品质,避免故事落入俗套,引人反感。电影中不止一次用蒙太奇的手法来展现主人公经历的挫折和内心的彷徨。如影片 64 分 17 秒处,电影先是展示一个月后魏晋北从云南回京看心理医生的结果,再对他们三人因对收购合同产生分歧最终不欢而散的创业经历进行了倒叙。

戏中将关注点主要放在一个主人公的情感变化上,借用魏晋北之口说尽人生打拼的不易,体现了中国当代青年在城市"丛林"中的"自我迷失"。当然,电影中不仅有能引起观众自怜自叹的人生失意,更有慰藉观众的自我认同和自我成就的过程。片中分别三次插入了彭秀兵和其他两位主人公关于"飞猪"的幻想与梦境作为剧情转折的预示,用心理蒙太奇的手法体现人物在创业之初的斗志昂扬、创业途中的自我怀疑和成功后的自我认同的变化过程,塑造了在困境中虽自我怀疑但仍不愿放弃,心怀梦想、敢想敢拼的青年形象。

《一点就到家》这部作品用视听语言全方位、多侧面、多视角地塑造了几位丰满现实的中国青年形象。从他们身上我们可以看到大部分在外打拼的"95后"青年的影子。他们或是经历风雨仍砥砺前行,或是以梦为马一路披荆斩棘,又或是饮水思源,在获得成就后用自己的青春回报家乡的哺育。故事里没有对苦难的着重刻画,有的是对人物形象和成长的细腻表达。片中融入短视频和"二次元"元素的视觉表达和快节奏的剪辑手法,体现了影片的时代感,让观众不知不觉沉浸在这场"成人童话"中。片中塑造的人物形象相较于以往同类型电影更为立体,也更贴合现实生活。

电影《一点就到家》中独立自强、懂感恩的年轻人形象引起同年龄层观众的广泛认同。他们所代表的年轻一代对父权的态度从对抗慢慢转向和解,其对城市物质生活的无限向往也逐渐变为想要改变家乡命运的理想抱负,女性的形象不再趋于理想化而是更为个性化。这部影片很好地反映了中国当代年轻人的家国意识和人文情怀,为世界呈现了一种立于时代的新青年形象,也是中国青春题材电影的一个新的范式。

(四)融合传统文化

中国传统文化历史悠久,博大精深,具有一定的玄幻与神秘色彩。这种玄幻和神秘色彩常被用于影视作品中,极大地满足了影视观众的猎奇心理。另外,像中国的古典诗词和中医理论等具有典型中国文化的符号和意象,亦可以巧妙加以合适的故事情节后以影视的形式展示给西方受众,从而使传统的中国文化元素得以广泛传播,也能促进西方受众对中国的进一步认知。

电影《影》中就充分运用了中国传统文化元素中的太极八卦、武术权谋、水墨山水、仙风飘逸等,实乃中国影视对中国传统文化元素进行对外传播和推广的经典之作。电视剧《老中医》中有一集讲述了救治一位胎死腹中孕妇的故事,当时西医开刀风险巨大,而老中医开出的一副汤药却令其转危为安,既排出了体内的死胎,又没有伤及孕妇。剧中也呈现了各式"所谓的"中医药"名医",实际上是骗子和毫无专业精神的庸医。中外观众看完这部电影后就能明白:中医并不像某些传言中那样神乎其神,故弄玄虚,而是有其确切医理和中医哲学规范的;而一些庸医和骗子,打着中医的幌子骗取病人钱财,最终贻误了病人治疗的最佳时机,极大损毁了中医的口碑。欺骗病人的情况,亦非中医独有,在西方影视剧和现实生活中,也可以看到此种现象。因此,此类影视作品的对外传播可以促进西方受众更多地了解中医文化,改变视中医为"巫术"的错误认知。影视文化的对外传播,一定要坚守民族的文化传统和文化自觉,为中国文化安全筑起一道坚固的屏障。

(五)淡化宣传色彩

影视在国家形象构建方面的助力在于对本民族文化核心价值理念的国际

化诠释和表达。影视制作一定要立足本民族的文化传统,将本国的传统文化价值理念与现代国际文化价值取向有机地融合在一起,润物细无声地植入影视的视听画面中,从而构成影视作品所要传达的共通价值理念。"只有民族的,才是世界的",失去了本民族文化特色的影视作品也就失去了其内在的灵魂。

中国影视作品所要传递的文化灵魂,不能靠强制性地硬塞给受众而能实现的。毕竟,中华五千年的文明历史,复杂曲折而多难,这不是单靠政治性的宣传就能让西方受众理解和认知的。中国影视的对外传播,应尽量淡化政治性说教和过于沉重的历史性展示。我们不妨先从影视产品的娱乐性着手,引导受众通过一个个生动有趣的故事来认知和了解中国。对于某些严肃性话题或国际事件,我们依然可以通过故事铺叙或历史事实纪录片的方式展示给西方观众,让他们通过影视片一系列的客观事实去反思,从而认同和接纳其中的话语导向,最终实现影视对外传播的预期效应。

比如历史故事片《投名状》,讲述了满清政治极度腐化时期一个朝廷将领其人性由善到恶的种种复杂转变过程。整部影片并没有浓墨重彩于当时复杂而沉重的政治、历史环境的刻画,而是主要从历史的角度向世人展示了该时代背景下个人面临江湖恩义、兄弟手足和人性发展时为了生存而做出的种种抉择与转变。这种潜移默化地启发受众思考的故事讲述方式对中国影视的海外传播来说是值得借鉴的。因此,中国影视的对外传播,重在通过国际化的话语方式,平铺直叙地向西方受众传递中国文化元素,为他们呈现当今中国的真实社会现状及中华民族所秉持的价值理念,从而构建良好的中国国际形象。

(六) 贯穿家国情怀

影视剧的神奇魅力就在于融入其中而每个人又割舍不断的家国情怀。无论中国还是西方、近代还是当代的影视作品中,往往都会贯穿着某种家国情怀,演绎着那些令人热血沸腾的保家卫国的英雄形象。国就像家,家国责任是中西方影视中所共通的一种影视文化现象,如《战狼2》《红海行动》《中国机长》《我和我的祖国》《流浪地球》等就充分展示出了中国人的社会责任、国际担当和渴望并坚决捍卫世界和平的坚定意志,而《越狱》《家庭主妇》则更看重家庭的考量。

以《战狼2》中改了国籍的"奸商"前后两个故事细节中的话语对比:改国籍时沾沾自喜地说"我从上个月14日下午3点开始就不是中国人了";改国籍后遇到困难时却只能惴惴不安地说"去中国大使馆,他们应该会接收我们的,我们是中国人"。由"我不是中国人"到"我们是中国人"足以说明,国家永远是"中国人"强大的后盾。穿过交战区时,当交战双方看到高高飘扬的五星红旗时,会下达指令"是中国人,停火"。"五星红旗""中国人""停火",如此精妙的影视话语和故事情节设计,让观众感同身受剧中人物身为华夏儿女的那种民族自豪和骄傲。

(七) 树立中国品牌

根据西方影视发展的成功经验不难发现:中国电影要"走出去",占据国际影视文化产业市场份额和赢得国际话语权,就必须牢牢树立起中国影视文化产业发展中的品牌意识和品牌形象。

首先,中国影视制作要在立足本土文化和价值观的基础上放眼世界,与国际接轨。影视制作人要具备国际视野和全球化的眼光,在努力提高影片艺术价值的前提下,通过各方资源的有机整合,将影视片制作的目标市场放眼全球。因此,中国影视创作切忌闭门造车,在确保中国文化和中国价值对外传递的同时,要考虑西方观影受众获得娱乐的根本需求,从而在受众心目中形成中国影视独有的品牌形象,促使中国影视更好地走向世界。一般而言,影视对外传播翻译活动中的译文文化折扣越低,其中传递的文化理念和价值观往往越容易为观影受众接受。因此,树立中国影视对外传播中的民族文化品牌,最大限度地降低字幕译文中的文化折扣,可以有效提升中国影视在国际影视市场中的市场竞争力,实现中国影视对外传播的文化价值和文化产品的增值。中国影视文化品牌的树立,也更加有利于中国民族文化的对外传播和中国形象的国际塑造。

其次,民族文化阵地是中国影视"走出去"时的必要坚守,切忌一味模仿西方影视大片的制作模式和价值传递方式。中国影视制作中一定要有自主创新意识,要有自身民族文化的坚守,要在兼顾西方影视观众审美情趣的基础上坚持对外传播中的"美己之美",自主决定本土文化特色的影视内容选择和影视话语表达。

最后,中国影视国际口碑和国际形象的树立可以借助国际电影明星的影响。明星效应在影视国际品牌树立上是十分重要的,它可以激活观众内心的认知情感和接受心理。作为特殊文化符号,像成龙(Jackie Chan)、章子怡(Zhang Ziyi)、阿诺德·施瓦辛格(Arnold Schwarzenegger)等国际电影明星对观众的市场号召力、影响力和宣传力是有目共睹的。国际化明星的加盟可以有效减少西方受众群体对中国影视传播的阻力。因此,中国影视制作过程中,根据传播内容和传播目的,可以适度考虑延请国际影视市场观众熟知的国内、国际明星加盟。

(八) 提高科技含量

科技是文化软实力的坚实后盾和思想基础,它能够对其他国家产生极强的吸引力和诱惑力。电影是一门表演艺术,是现代科学技术的产物。中国电影事业的发展,必然要靠电影科技的不断研发和运用来推动。电影中的高科技元素已经成为当今影视剧票房的"卖点"。

2019 年中国首部大型科幻电影《流浪地球》(*The Wandering Earth*)在中国、美国、加拿大、澳大利亚、新西兰等地上映后引起广泛关注,受到了国内外媒体的一致肯定和广泛关注。其中涉及的天文学知识以及影片中巨大的空间站、精密的太空舱、别有洞天的地下城、铁甲洪流般的运载车等高科技影像画面,给中西方观众都留下了深刻的观影感受,从而激起了西方世界借此解读中国文化内核、思考东西方文化差异的兴趣。《纽约时报》(*the New York Times*)2019 年 2 月 4 日报道称,在电影业中,中国成了科幻片领域的后来者;著名科技网站 The Verge 2019 年 2 月 9 日的报道中谈到,中国已经加入了高成本科幻影片制作俱乐部,期待未来中国把他们与众不同的声音和天赋带入全球影视市场(But as China gets into the action-blockbuster business, it'll continue to be fascinating to see how the country brings its own distinctive voices and talents into a global market. the verge.com,2019 - 05 - 06)。这部优秀的科幻作品同时也融入了中国传统观念中对家庭和社会的责任、谦卑、自我牺牲、忠诚等美德以及愚公移山的执着精神,向西方受众展现了中国不同于西方价值观的、独有的人文追求,这也正是"人类命运共同体"理念的中国式表达。《流浪地球》在西方世界的成功和获得的一致好评,改变了一直以来由西方世界引领电影大片制作的模式(rapid change for the blockbuster movie model),打破了西方独霸科幻大片领域的局面,是中国影视对外传播获得国际话语份额的一次重大突破。《流浪地球》也是中国影视制作中将高科技运用于影视作品的一次大胆尝试,但"切不可将高科技变成人类图腾的迷狂,从而堕入影视制作时滥用技巧的误区"(孟建,2001:28)。

参考文献

[1] Blanchot M. Translating (1971)[J]. tra. R. Sieburth. Sulfur, 1990(26): 82-86.

[2] Cao Xueqin. The Story of the Stone[M]. tra. Hawks and Minford. London: Penguin Classics, 1973.

[3] Ch'U Yuan. The Nine Songs: A Study of Shamanism in Ancient China [M]. tra. Arthur Waley. San Francisco: City Lights Booksellers and Publishers, 1973.

[4] Chen Nan. Costume Theater [N]. China Daily, 2022-02-17(17).

[5] China's State Council Information Office. Traditional Chinese Medicine in China[R/OL]. Home of The State Council Information Office, the PRC, 6 Dec. 2016, [2017-01-17]. http://english.scio.gov.cn/2017-01/17/content_40621689.htm

[6] Christiane Nord. Translating as a Purposeful Activity: Functionalist Approaches Expained [M]. Shanghai: Shanghai Foreign Language Education Press, 2001.

[7] Friedrich Daniel Ernst Schleiermacher. On the Different Methods of Translating[M]. (1813), tra. André Lefevere. New York: Continuum, 1982.

[8] George Steiner. After Babel: Aspects of Language and Translation [M/OL]. London: Oxford University Press, 1975. https://www.englishrise.com/archives/17457

[9] Halliday, M. A. K. An Introduction to Functional Grammar [M]. Beijing: Foreign Language Teaching and Research Press, 2000.

[10] Hans Georg Gadamer. Wahrheit und Methode(真理与方法)[M]. 1960. 洪汉鼎(译). 北京：商务印书馆,2007.

[11] Herbert I. Schiller. Mass Communications and American Empire (Second Edition, Updated)[M]. Boulder：Westview Press,1992.

[12] Hoskins, C., Mirus, R.. Reasons for the U. S. Dominance of the International Trade in Television Programmes [J]. Media, Culture & Society, 1988 (10)：499-515.

[13] Irina Aleksandrovna Yakoba. Deconstruction of Discourse Technology of Power [J]. Science Journal of Volgograd State University. 2015(05)：184-196.

[14] James S. Coleman. Foundations of Social Theory [M]. Massachusetts：Belknap Press,1998.

[15] Jean Hyppolite. Logic and Existance [M]. New York：State University of New York Press,1997.

[16] Joan Pinkham. The Translator's Guide to Chinglish [M]. 北京：外语教学与研究出版社,2000.

[17] Joseph S. Nye, Jr. Hard and Soft Power [M]. 门红华(译). 北京：北京大学出版社,2005.

[18] Claire Kramsch. Language as Symbolic Power [M/OL]. London：Cambridge University Press, 2021.

[19] Lawrence Venuti. The Translation's Invisibility：A History of Translation [M]. London & Newyork：Routledge, 1995.

[20] Lawrence Venuti. The Translation's Invisibility：A History of Translation [M]. London & Newyork：Routledge, 2008.

[21] LIZA, The Globalization Industry Primer [R]. Switzerland：Localizaton Industry Standard Association, 2003.

[22] Matthew Fraser. Weapons of Mass Distraction：Soft Power and American Empire [M]. New York：Thomas Dunne Books Ltd, 2004.

[23] Nan Lin. Social Capital：A Theory of Social Structure and Action [M]. Cambridge：Cambridge University Press, 2001.

[24] Peter Newmark. Approaches to Translation[M]. Englewood：Prentice

Hall, 1981.

[25] Pierre Bourdieu. The Logic of Practice [M]. California: Stanford University Press, 1992.

[26] Reinhard Schäler. Translators and Localization — Education and Training in the Context of the Global Initiative for Local Computing (GILC)[J]. The Interpreter and Translator Trainer, 2007(1): 119-135.

[27] Robert D. Putnam, Robert Leonardi, Raffaella Y. Nanetti. Making Democracy Work: Civic Traditions in Modern Italy[M]. Princeton: Princeton University Press, 1994.

[28] Samuel P. Huntington. The Clash of Civilizations and the Remaking of World Order [M]. New York: Simon & Schuster, 1998.

[29] Tasha Robinson. China's blockbuster The Wandering Earth is gorgeous, goofy, and on Netflix now [EB/OL]. The Verge, 2019-05-06. https://www.theverge.com/2019/2/9/18218479/the-wandering-earth-review-film-china-first-science-fiction-blockbuster-cixin-liu-netflix

[30] Watson O. Longman Modern English Dictionary[M]. London: Richard Clay (The Chaucer Press) Ltd., 1976.

[31] William Strunk Jr./E. B. White. The Elements of Style (Fourth Edition) [M]. London: Longman, 1999.

[32] World Press Organization. Top 10 — Most popular domains (late) 2021 [DB/OL]. Cloudflare, 2021. https://wordpress.org/news/

[33] Zhang Lei. Opera festival set to hit the high notes[N]. China Daily Global, 2020-09-14: 15.

[34] 艾媒报告. 2018—2019 中国电影产业研究与商业投资决策分析报告[R/OL]. 艾媒网, 2018-12-04. https://www.iimedia.cn/c400/63098.html

[35] 艾媒报告. 2019 全球及中国电影市场运行大数据与产业布局策略研究报告[R/OL]. 艾媒网, 2019-08-16. https://www.iimedia.cn/c400/65754.html

[36] 百度百科. https://baike.so.com/doc/5613082-25255169.html

[37] 中国国际广播电台与国际世界语协会正式签署交流合作协议[N/OL]. 中华网, 2017-08-15. https://news.china.com/news100/11038989/

20170815/31099057.html

[38] 北京外国语大学.学院概况[EB/OL].北京大学外国语学院网,https：//sfl.pku.edu.cn/xygk/xyjs/

[39] 白珺,庞维荣,梁峰岗.中医药自信教育融入大学职业发展教育的路径探索[J].中国中医药现代远程教育,2022(10)：10－12.

[40] 财政部.亚洲基础设施投资银行成员总数增至 86 个[EB/OL].中华人民共和国中央人民政府,2018－05－04.http：//www.gov.cn/xinwen/2018-05/04/content_5287937.htm

[41] 曹雪芹,高鹗.红楼梦[M].北京：春风文艺出版社,2004.

[42] 曹雪芹,高鹗.红楼梦(汉英对照)[M].杨宪益,戴乃迭,译.北京：外文出版社,2009.

[43] 蔡英文.论中医核心词汇的英语翻译[J/OL].世界针灸学会联合会网,2018－08－24.http：//wfas.org.cn/news/detail.html?cid=15&nid=2206

[44] 常江.《失恋33天》等剧成国礼 属于流行文化外交[EB/OL],人民网,2014-07-23.http：//culture.people.com.cn/n/2014/0723/c22219-25325058.html

[45] 陈晨.《复联2》的字幕怎么会掀起那么大风波[EB/OL].澎湃新闻,2015－05－14.http：//m.thepaper.cn/renmin_prom.jsp?contid=1331357&from=renmin

[46] 陈国昌.中国新闻媒体国际传播能力建构研究综述[J].广东外贸大学学报,2014(3)：23－28.

[47] 陈洁.从《红楼梦》翻译看模糊语美学意蕴的艺术再现[J].郑州大学学报(哲学社会科学版),2007(3)：149－152.

[48] 陈金刚,刘文良.当前影视批评的媚俗化倾向[J].扬州大学学报(人文社会科学版),2008(1)：89－91.

[49] 陈睿瑜.刘宗周慎独伦理思想研究[D].中南大学,2013.

[50] 陈智淦,王育烽.中国术语翻译研究的现状与文学术语翻译研究的缺失[J].当代外语研究,2013(3)：59－67.

[51] 成滢.从译介学角度看文学翻译中的几种文化意象[J].兰州大学学报(社会科学版),2006(2)：143－147.

[52] 崔保国.中国传媒产业发展报告[M].北京：社会科学文艺出版社,2009.

[53] 崔启亮. 全球化视域下的本地化特征研究[J]. 中国翻译,2015(4): 66-71.

[54] 崔启亮. AI时代的译者技术应用能力研究[J]. 外国语言与文化,2020 (1):104-110.

[55] 大卫·普特南. 不宣而战:好莱坞 VS. 全世界(*The Undeclared War*) [M]. 李欣,译. 北京:中国电影出版社,2001.

[56] 戴圣. 礼记[M]. 胡平生,张萌,译注. 北京:中华书局,2017.

[57] 戴元光. 从人口大国到文化大国(上)[J]. 走向世界,2012(3):114-115.

[58] 邓小平文选(第三卷)[M]. 北京:人民出版社,1993.

[59] 段鹏,周畅. 从微观层面看目前中国政府对外传播的不足——《中国日报》对外报道阶段性抽样[J]. 现代传播,2007(1):44-47.

[60] 段连城. 对外传播的理论与实践[M]. 北京:五洲传播出版社,2004.

[61] 董成. 跨文化交际视角下的汉英文化意象与翻译策略[J]. 东北师大学报:哲学社会科学版,2014(6):146-150.

[62] 董璐. 驻外记者在东道国国家印象塑造中的作用[J]. 战略决策研究,2013 (4):3-19.

[63] 杜占元看望慰问中国外文局参加进博会采访报道记者[N/OL]. 外文局, 2021-11-08. http://www.cipg.org.cn/2021-11/08/content_41749767. htm

[64] 方梦之. 20世纪下半叶我国翻译研究的量化分析[J]. 外语研究,2003 (3):50-56.

[65] 方梦之. 中外翻译策略类聚——直译、意译、零翻译三元策略框架图[J]. 上海翻译,2018(1):1-5.

[66] 方正. 近年来中国国际话语权问题研究述评[J]. 国际研究参考,2018(9): 51-59.

[67] 冯蕾,李慧. 世界第二,看起来很美[N]. 光明日报,2010-08-20(6).

[68] 冯庆华. 实用翻译教程[M]. 上海:上海外语教育出版社,1997.

[69] 付宝新,陈学平,王忠伟.《四库全书》与文化管理思想[J]. 辽宁科技大学学报,2015(S1):220-234.

[70] 傅惠生.《汉英对照大中华文库》翻译语语言研究[J]. 外语教学理论与实践,2012(3):23-29.

[71] 傅雷. 傅雷家书[M]. 北京：三联出版社，1984.

[72] 傅雷. 傅雷文集·傅雷家书(最新增订本)[M]. 南京：江苏文艺出版社，2010.

[73] 干掉一个坏翻译,拯救不了银河系[EB/OL]. 新京报(电子报)，2014-10-21(C2). http：//epaper.bjnews.com.cn/html/2014-10/21/content_541792.htm?div=0

[74] 高岸明. 提升传播能力，塑造大国形象[EB/OL]. 新华网，2016-04-07. http：//www.xinhuanet.com/politics/2016-04/07/c_128872596.htm

[75] 高策,祁峰. "一带一路"建设视域下提升中国国际话语权研究[J]. 理论导刊，2019(10)：95-100.

[76] 高尔泰. 草色连云[M]. 北京：中信出版社，2014.

[77] 高嘉正,高菁. 成语典故的翻译[J]. 上海翻译，2010(1)：29-32.

[78] 高宣扬. 当代法国思想五十年[M]. 北京：中国人民大学出版社，2005.

[79] 高芸,马白菊. 平行文本视角下中医外宣翻译研究[J]. 教育研究，2019(12)：89-91.

[80] 葛林. 音译的身份[J]. 解放军外国语学院学报，2016(1)：137-142.

[81] 关世杰. 国际传播学[M]. 北京：北京大学出版社，2004.

[82] 国家中医药管理局：中医药已传播至196个国家和地区[N/OL]. 中国新闻网，2021-07-30. https：//www.chinanews com.cn/gn/2021/07-30/9532796.shtml

[83] 国家主席习近平发表二〇二一年新年贺词[N/OL]. 新华网，2020-12-31. http：//www.xinhuanet.com/politics/2020-12/31/c_1126934359.htm

[84] 国家中医药管理局. 关于印发《中医药标准化中长期发展规划纲要(2011—2020年)》的通知[EB/OL]. 中国中医药法监发〔2012〕43号. 2013-01-07.http：//fjs.satcm.gov.cn/zhengcewenjian/2018-03-24/2529.html

[85] 国家中医药管理局.《推进中医药高质量融入共建"一带一路"发展规划(2021—2025年)》政策解读[Z/OL]. 2022-01-15.http：//www.satcm.gov.cn/gvohesi/zhengcewenjian/2022-01-15/24183.html

[86] 国务委员兼外交部长王毅回答中外记者提问(现场实录)[EB/OL]. 新华网，2020-05-24. http：//www.xinhuanet.com/politics/2020lh/2020-05/24/c_139083738.htm

[87] 国务院.国务院关于印发《中医药发展战略规划纲要(2016—2030年)》的通知[EB/OL].国发〔2016〕15号.国新网,2016-02-26.http://www.gov.cn/zhengce/content/2016-02/26/content_5046678.htm

[88] 国务院新闻办公室.《中国的中医药》白皮书[R/OL].国务院新闻网,2016-12-06.http://www.gov.cn/zhengce/2016-12/06/content_5144013.htm#1

[89] 国务院新闻办公室.王晨出席纪念中国外文局成立60周年大会并讲话[EB/OL].中华人民共和国中央人民政府网,2009-09-04.http://www.gov.cn/govweb/gzdt/2009-09/04/content_1409227.htm

[90] 何国平.中国对外报道思想研究[M].北京:中国传媒大学出版社,2009.

[91] 何加红,徐怀静.新冠病毒的命名、翻译与跨文化交际[C].外语教育与翻译发展创新研究(第九卷).成都:四川西部文献编译研究中心,2020.

[92] 何明珠.阐释学视角下的译者主体性研究——以亚瑟·威利的《论语》翻译本为例[J].武汉纺织大学学报,2015(4):67-70.

[93] 赫伯特·席勒.大众传播与美利坚帝国[M].刘晓红,译.上海:上海译语出版社,2006.

[94] 湖南日报.徐守盛在湖南省人大六次会议所作的政府工作报告[R/OL].中央政府门户网站,2012-01-24.http://www.gov.cn/gzdt/2012-01/24/content_2051828.htm

[95] 胡平,胡寅.当代西方翻译规范理论评介[J].长江大学学报,2010(5):179-181.

[96] 胡兴文,张健.对外传播翻译的名与实——张健教授访谈录[J].中国外语,2013(3):100-104.

[97] 胡以仁,易法银,盛洁,等.中医文化传播的现代语境(四):跨文化传播与全球化[J].世界科学技术-中医药现代化,2018(1):92-96.

[98] 胡壮麟.语言学教程[M].北京:北京大学出版社,1997.

[99] 黄海东.习主席出访斯里兰卡的重要意义[EB/OL].国际在线,2014-09-16.http://news.cri.cn/gb/42071/2014/09/16/2165s4694115.htm

[100] 黄会林,杨歆迪,王欣,杨卓凡.中国电影对中国文化欧洲传播的影响研究——2018年度中国电影欧洲地区传播调研报告[J].现代传播(中国传媒大学学报),2019(01):1-6.

[101] 黄坤明. 坚持马克思主义在意识形态领域指导地位的根本制度[N/OL]. 人民日报,2019-11-20(6). http://opinion.people.com.cn/n1/2019/1120/c1003-31463728.html

[102] 黄书芳. 推进外宣翻译工作提升中国国际话语权[J]. 人民论坛,2014(20):177-179.

[103] 黄艺俊. 传播学视域下翻译的传播功用探究[J]. 新闻战线,2015(1):144-145.

[104] 黄友义. 坚持"外宣三贴近"原则,处理好外宣翻译中的难点问题[J]. 中国翻译,2004(6):27-28.

[105] 黄友义. 从翻译工作者的权利到外宣翻译——在首届全国公示语翻译研讨会上的讲话[J]. 中国翻译,2005(6):31-33.

[106] 黄友义. 把握翻译新趋势,抓住翻译新机遇[J]. 当代外语研究,2018(5):88-89.

[107] 黄忠廉. 变译的七种变通手段[J]. 外语学刊,2002(1):93-96.

[108] 黄忠廉. 翻译研究——变译:文化翻译之极致[J]. 外语学刊,2014(1):84-85.

[109] 柯国忠,林晓华. 试述机械产品企业标准草案的审定[J]. 中国标准化,2012(9):53-56.

[110] 姬洋,文军. 中文古诗翻译策略之套译法研究[J]. 外语与翻译,2020(4):30-36.

[111] 计红丽. 英文药品说明书的人际功能探析[J]. 四川理工学院学报(社会科学版),2009(3):95-96.

[112] 姜婧. 意识形态安全视域中的大众传播[D]. 南京航空航天大学,2015.

[113] 教育部将设"丝绸之路"中国政府奖学金[EB/OL]. 中华人民共和国教育部,2016-08-12. http://www.moe.gov.cn/jyb_xwfb/s5147/201608/t20160812_274736.html

[114] 金惠康. 跨文化交际翻译[M]. 北京:中国对外翻译出版公司,2003.

[115] 金民卿. 西方文化霸权的四大"法宝"会不会失灵[EB/OL]. 人民网,2016-12-27. http://theory.people.com.cn/n1/2016/1227/c40531-28979593.html

[116] 京华时报. 卫生部长陈竺获癌症研究创新成就奖[N/OL]. 央视网,2012-

01-30. http://news.cntv.cn/20120130/121565.shtml

[117] 孔子. 论语·里仁篇[M/OL]. https://lunyu.5000yan.com/liren/

[118] 黎明洁. 叙述学视角下的新闻写作改革研究[D]. 复旦大学,2004.

[119] 蓝红军,许钧. 改革开放以来中国译学话语体系建设[J]. 中国外语,2018(6):4-9+15.

[120] 李艳飞,熊欣. 对外传播翻译活动中的话语权认知[J]. 河池学院学报,2018(1):69-73.

[121] 李艳飞,熊欣. 美国影视中的话语权构建对中国影视国际传播的反思[J]. 河池学院学报,2019(1):124-128.

[122] 李义新. 如何增强记者在传播力当中的影响[J]. 传播力研究,2019(8):141-143.

[123] 李勇华. 构建哲学社会科学的中国国际话语体系[J]. 观察与思考,2016(10):31-36.

[124] 李照国. 黄帝内经(汉英对照版)[M]. 北京:世界图书出版公司,2005.

[125] 李照国. 汉英中医药大词典 A Comprehensive Chinese-English Dictionary of Traditional Chinese Medicine [M]. 北京:世界图书出版社,1997.

[126] 李振吉. 中医基本名词术语中英对照国际标准(英文版)[M]. 北京:人民卫生出版社,2010.

[127] 李宗友,鲍玉琴. 论制定中医药科研机构设置国际标准的现实意义[J]. 国际中医中医药杂志,2009(6):507-508.

[128] 李宗友,荣培晶,鲍玉琴. 论制定中医药科研机构设置国际标准的现实意义[C]. 2009年传统医药国际科技大会,广州,2009-11-09.

[129] 梁凯音. 论中国拓展国际话语权的新思路[J]. 国际论坛,2009(3):43-47+80.

[130] 梁凯音. 论中国传播"和谐世界"理念的新思路[J]. 太平洋学报,2010(6):65-73.

[131] 梁凯音,刘立华. 跨文化传播视角下中国国际话语权的建构[J]. 社会科学,2020(7):136-147.

[132] 凌厚锋. 论提高国家文化软实力[J]. 东南学术,2008(2):4-11.

[133] 林国艳. 英汉翻译中的异化与归化策略[J]. 内江科技,2008(6):39-40.

[134] 林秀琴. 寻根话语:民族文化认同和反思的现代性[D]. 福建师范大学,

2005.

[135] 刘畅. 阐释学理论视野下译者主体性的彰显[J]. 上海翻译,2016(4): 15-20.

[136] 刘辰. 古诗词翻译的翻译变通策略[J]. 中国多媒体与网络教学学报, 2020(8):221-223.

[137] 刘德定. 当代中国文化软实力研究[D]. 河南大学,2012.

[138] 刘继南,周积华. 国际传播与国家形象——国际关系的新视角[M]. 北京:北京广播学院出版社,2002.

[139] 刘军. 驻外记者争取"话语权"之路径[J]. 对外传播,2011(11):19-20.

[140] 刘明. 信息经济学视角下的本地化翻译研究[D]. 天津:南开大学,2013.

[141] 刘娜. 俄语法律文本的汉译分析[D]. 哈尔滨工业大学,2013.

[142] 刘微. 翻译与解释——劳伦斯·韦努蒂访谈录[J]. 中国翻译,2013(6): 46-49.

[143] 刘昶. 国际一流媒体驻外记者选派机制解析——兼议全球传播语境中的中国驻外记者站建设[J]. 电视研究,2011(12):29-31.

[144] 刘昶,孟伟. 中国驻外记者的现状、问题与培养研究[J]. 现代传播,2018 (8):39-48.

[145] 刘勇,王怀信. 人类命运共同体:全球治理国际话语权变革的中国方案 [J]. 探索,2019(2):32-40.

[146] 刘云虹. 中国文学对外译介与翻译历史观[J]. 外语教学理论与实践, 2015(4):1-8+92.

[147] 刘云虹. 关于新时期中国文学外译评价的几个问题[J]. 中国外语,2019 (5):103-111.

[148] 陆九渊. 陆九渊集[M]. 北京:中华书局,1980.

[149] 罗慧芳,任才淇. 本地化和机器翻译视角下的对外文化传播[J]. 中国科技翻译,2018(2):24-26.

[150] 吕俊. 跨越文化障碍——巴比塔的重建[M]. 南京:东南大学出版社, 2001.

[151] 马淑然,刘兴仁. 中医基础理论(汉英对照)[M]. 北京:中国中医药, 2015.

[152] 孟大伟,李呢喃. 数字媒体时代中国国际话语权争夺契机、现实困境与应

对策略研究——基于"一带一路"新对外话语体系实施效果分析[J].新媒体与社会,2019(4):59-70.

[153] 孟建."文化帝国主义"的传播扩张与中国影视文化的反弹——加入WTO,中国影视艺术的文化传播学思考[J].现代传播-北京广播学院学报,2001(1):23-31.

[154] 孟锦.中国对外传播的全球本土化策略初探[J].中国广播电视学刊,2004(7):46-48.

[155] 米歇尔·福柯.知识考古学[M].谢强,马月,译.北京:生活·读书·新知三联书店,1998.

[156] 明安香.传媒全球化与中国崛起[M].北京:社会科学文献出版社,2008.

[157] 缪尔·亨廷顿.文明冲突与世界秩序的重建[M].周琪,刘绯,张立平,王圆,译.北京:新华出版社,2010.

[158] 南华,梅艳红.译语话语权:基于译者主体性分析[J].山东外语教学,2017(6):94-99.

[159] 宁吉喆.国家统计局介绍2020年国民经济运行情况[EB/OL].中国新闻网,2020-01-17. https://www.chinanews.com.cn/shipin/spfts/20210117/3225.shtml

[160] 欧明.简明汉英中医词典 Chinese-English Dictionary of Traditional Chinese Medicine[M].广州:广东科技出版社,1986.

[161] 欧阳辉.习近平向世界讲好中国故事的思想[EB/OL].人民网,2019-02-22. http://theory.people.com.cn/n1/2019/0222/c40531-30897581.html

[162] 潘文国.中国译论与中国话语[J].外语教学理论与实践,2012(1):1-7.

[163] 庞宝坤,孙晨.语料库背景下的译者主体性研究[J].长春工程学院学报,2019(1):78-80.

[164] 彭兰.新媒体用户研究[M].北京:中国人民大学出版社,2020.

[165] 钱文娟.跨文化视域下苏州旅游景点的名称翻译[J].开封教育学院学报,2015(12):30-31+34.

[166] 钱锺书.林纾的翻译[M].北京:商务印书馆,1981.

[167] 乔曾锐.译论[M].吉林:中华工商联合出版社,2000.

[168] 裘禾敏.中国传统文化对外传播策略探析[J].中国出版,2016(21):

61-63.

[169]《求是》杂志评论员.旗帜鲜明反对历史虚无主义[EB/OL].求是网,2021-04-16. http://www.qstheory.cn/dukan/qs/2014/2021-04/16/c_1127330584.htm

[170] 曲宝玉.整合优势资源提升新媒体全球影响力——中国日报-中国科学院自动化研究所新媒体联合实验室[J].中国传媒科技,2013(3):48-49.

[171] 区域开放司.推进"一带一路"建设工作领导小组办公室举办"一带一路"标志性项目案例报告会[EB/OL].中华人民共和国国家发展和改革委员会网站,2019-04-02. https://www.ndrc.gov.cn/fzggw/jgsj/kfs/sjdt/201904/t20190402_1086339.html?code=&state=123

[172] 全球超三分之一人口接受过中医药相关治疗[EB/OL].中国新闻网.2021-09-05. https://www.chinanews.com.cn/cj/2021/09-05/9558866.shtml

[173] 人民政协报.文化建设蓝皮书·中国文化发展报告(2014)[R/OL].人民网,2015-04-30. http://politics.people.com.cn/n/2015/0430/c70731-26928339.html

[174] 单霁翔.文化自信是更基本、更深沉、更持久的力量[EB/OL].人民网(理论版),2017-12-24. http://theory.people.com.cn/n1/2017/1224/c40531-29725473.html

[175] 社会资本[EB/OL].百度百科. https://baike.so.com/doc/5977441-6190401.html

[176] 沈洁,王宏."意识形态"影响机制下的译者主体性[J].上海翻译,2019(4):18-22.

[177] 狮城习马会的8个关键词[EB/OL].中国日报网双语新闻,2015-11-09. http://language.chinadaily.com.cn/2015-11/09/content_22406386.htm

[178] 世界卫生组织(西太平洋地区). WHO 西太平洋地区传统医学名词术语国际标准[M].北京大学第一医院中西医结合研究所,译.北京:北京大学医学出版社,2009.

[179] 世界中医药学会联合会第三届第四次理事会.《中医基本名词术语中英

对照国际标准》(第2版)审议通过[EB/OL]. 世界中医药学会联合会网站,2013-05-14. http://www.wfcms.org/show/21/1419.html

[180] 孙致礼. 再谈文学翻译的策略问题[J]. 中国翻译,2003(1):48-51.

[181] 沈琪旻. 本地化翻译的特殊要求及质量管理[D]. 上海外国语大学,2014.

[182] 沈苏儒. 对外传播翻译研究文集[G]. 北京:外文出版社,2009.

[183] 孙广仁. 中医基础理论[M]. 马淑然,译. 北京:中国中医药出版社,2011.

[184] 孙慧英,范艺馨. 移动短视频外交新闻叙事创新分析——以"康辉的Vlog"报道为例[J]. 传媒观察,2020(6):61-65.

[185] 孙吉胜. 中国国际话语权的塑造与提升路径——以党的十八大以来的中国外交实践为例[J]. 世界经济与政治,2019(3):19-43.

[186] 孙伶俐. 论新形势下驻外记者应具备的几个意识——以中国国际广播电台为例[J]. 现代传播(中国传媒大学学报),2015(5):157-159.

[187] 孙艺风. 文化翻译与全球本土化[J]. 中国翻译,2008(1):5-11+95.

[188] 谭玮. 电子交换语言学习法在大学英语教学中的初探[J]. 南昌教育学院学报,2013(2):149-151.

[189] 田俊英. 药品英文说明书的语言特点与翻译[J]. 中国药房,2007(10):791-793.

[190] 屠呦呦. 青蒿素是中医药献给世界的一份礼物[EB/OL]. 新华网,2019-01-10. http://www.xinhuanet.com/politics/2019-01/10/c_1123973265.htm

[191] 汪巧杰. 跨文化传播视角下中国电影片名的翻译[J]. 电影文学,2013(14):155-156.

[192] 汪榕培,王宏. 翻译专业本科生系列教材:中国典籍翻译[M]. 上海:上海外语教育出版社,2009.

[193] 王晨出席纪念中国外文局成立60周年大会并讲话[EB/OL]. 中华人民共和国中央人民政府网,2009-09-04. http://www.gov.cn/govweb/gzdt/2009-09/04/content_1409227.htm

[194] 王彬,叶小宝. 中医典籍中"气"的源流与翻译探析[J]. 中国翻译,2014(2):107-110.

[195] 王东风. 归化与异化:矛与盾的交锋[J]. 中国翻译,2002(5):24-26.

[196] 王冬梅. 主流媒体与国际话语权建设[R]. 南京：全国第二届对外传播理论研讨会,2011-10-27.

[197] 王华树,刘明. 本地化技术研究纵览[J]. 上海翻译,2015(3):78-84.

[198] 王华树. 大数据时代的翻译技术发展及其启示[J]. 东方翻译,2016(4):18-20.

[199] 王华树,刘明. 本地化技术研究纵览[J]. 上海翻译,2015(3):78-84.

[200] 王华树,王少爽. 翻译场景下的术语管理：流程、工具与趋势[J]. 中国科技术语,2019(3):9-14.

[201] 王华树,杨承淑. 人工智能时代的口译技术发展：概念、影响与趋势[J]. 中国翻译,2019(6):69-79+191-192.

[202] 王鸿江,申俊龙. 文化强国视域下中医药文化国际化传播现状及问题分析[J]. 中国卫生事业管理,2020(5):382-384.

[203] 王佳薇,高月琴. 影视翻译的文化折扣对影视文化输出的影响[J]. 新闻研究导刊,2016(2):19+34.

[204] 王俊超. 构建中国企业"走出去"对外传播翻译的研究框架——基于500强企业网页外宣语料库[J]. 上海翻译,2019(2):62-66.

[205] 王克非,王颖冲. 论中国特色文化词汇的翻译[J]. 外语与外语教学,2016(6):87-93.

[206] 王宁,吴刚. 成果丰硕,意义重大——国际社会高度评价习近平访问蒙古国[EB/OL]. 新华网,2014-08-23. http://www.xinhuanet.com//world/2014-08/23/c_1112201025.htm

[207] 王啸. 国际话语权与中国国际形象的塑造[J]. 国际关系学院学报,2010(6):58-65.

[208] 王小平. 浅谈提高文化自信的困境及对策[J]. 中外交流,2019(18):88.

[209] 王雪玲. 基于语料库的葛浩文翻译风格研究[D]. 上海外国语大学,2014.

[210] 王耀华. 新中国成立以来中国国际话语权构建探析[J]. 中共乐山市委党校学报,2019(5):5-8.

[211] 王雨艳,张斌. 中医药文化翻译十年研究[J]. 时珍国医国药,2013(2):467-469.

[212] 王治河:福柯[M]. 湖南教育出版社,1999.

[213] 王治河. 走向一个更加健康的社会——读J. 俄莱的《转变人类文化：社

会进化与全球危机》[J]. 国外社会科学,1999(1):62.

[214] 王志伟,赵丽娟. 中医药标准化建设的必要性[J]. 中医药管理杂志,2008(1):35-36.

[215] (英)魏迺杰(Nigel Wiseman). 英汉·汉英中医词典 English-Chinese and Chinese-English Dictionary of Chinese Medicine[M]. 长沙:湖南科学技术出版社,1995.

[216] 文贵良. 功能与实践:20世纪战争年代(1937—1948)文艺权威话语的一种描述[J]. 文艺理论研究,2007(3):89-101.

[217] 文军,高晓鹰. 归化异化,各具一格——从功能翻译理论角度评价《飘》的两种译本[J]. 中国翻译,2003(5):40-43.

[218] 吴丹. 意识形态操控下的政府网站翻译研究[J]. 淮海工学院学报,2013(1):74-76.

[219] 吴赟,顾忆青. 国家对外话语战略的内涵与规划[J]. 语言文字应用,2019(4):44-53.

[220] (清)吴伟业. 圆圆曲[EB/OL]. 古诗文网. https://so.gushiwen.cn/mingju/juv_5f47ed112616.aspx

[221] 习近平会见欧洲理事会主席米歇尔和欧盟委员会主席冯德莱恩[EB/OL]. 中国日报英语点津,2022-04-02. https://language.chinadaily.com.cn/a/202204/02/WS6247b32da310fd2b29e54d59.html

[222] 习近平. 2021年新年贺词:惟愿山河锦绣、国泰民安![EB/OL]. 中国日报双语新闻网,2020-12-31. https://language.chinadaily.com.cn/a/202012/31/WS5fedde5ba31024ad0ba9feb3.html

[223] 习近平在中共中央政治局第三十次集体学习时强调,加强和改进国际传播工作,展示真实立体全面的中国[EB/OL]. 新华网,2021-06-01, http://www.xinhuanet.com/politics/leaders/2021-06-01/c_1127517461.htm

[224] 习近平:讲好中国故事,传播好中国声音[EB/OL]. 中国新闻网,2021-06-03. https://www.chinanews.com.cn/gn/2021/06-03/9491450.shtml

[225] 习近平. 致中国日报创刊40周年的贺信[EB/OL]. 新华网,2021-05-27. http://www.xinhuanet.com/politics/leaders/2021-05/27/c_1127498030.

htm
- [226] 习近平. 共担时代责任,共促全球发展[EB/OL]. 求是网,2020-12-05. http://www.qstheory.cn/dukan/qs/2020-12/15/c_1126857192.htm
- [227] 夏黎丽,熊欣. 国际话语权下的中式表述考辩[J]. 高教学刊,2016(6):19-21.
- [228] 向钧. 新时代的出版:构筑文化自信的坚实基础[J]. 出版参考,2018(7):38-41.
- [229] 向婷.《纽约时报》和《中国日报》对中国反恐事件报道的比较研究[D]. 暨南大学,2017.
- [230] 肖师铃. 外宣工作离不开高素质翻译人才队伍建设[D]. 外文出版社座谈会上的讲话(北京),2009-12-31.
- [231] 谢柯,廖雪汝."翻译传播学"的名与实[J]. 上海翻译,2016(1):14-18.
- [232] 谢天振. 多元系统理论:翻译研究领域的拓展[J]. 外国语(上海外国语大学学报),2003(4):59-66.
- [233] 谢竹藩. 新编汉英中医药分类词典[M]. 北京:外文出版社,2002.
- [234] 谢竹藩,廖家祯. 评《中医药学名词》中的对应英文名词[J]. 中国中西医结合杂志,2006(2):169-172.
- [235] 谢竹藩. 新编汉英中医药分类词典. Classified Dictionary of Traditional Chinese Medicine[M]. 北京:外文出版社,2002.
- [236] 新华社:我国已与147个国家、32个国际组织签署200多份共建"一带一路"合作文件[N/OL]. 中华人民共和国中央人民政府网站,2022-01-22. http://www.gov.cn/xinwen/2022-01/19/content_5669215.htm
- [237] 新京报. 中国丹霞申遗成功[N/OL]. 新浪新闻网,2010-08-03. http://news.sina.com.cn/o/2010-08-03/015717901470s.shtml
- [238] 熊兵. 翻译研究中的概念混淆——以"翻译策略"、"翻译方法"和"翻译技巧"为例[J]. 中国翻译. 2014(3):82-88.
- [239] 熊欣. 对外宣传翻译中的"实"与"表"[J]. 湖南第一师范学院学报,2011(6):120-124.
- [240] 熊欣. 译语话语权研究——中医药翻译现状与国际化[J]. 中国科技翻译,2015(2):11-14.
- [241] 熊欣,陈余婧. 媒体对外报道中的译语话语权[J]. 青年记者,2016(29):

31-32.

[242] 熊欣.重视对外传播中的译语话语权[N].社会科学报,2017-6-22(8).

[243] 熊欣,叶龙彪.地铁站名翻译的话语分析——以广西南宁地铁站名为例[J].钦州学院学报,2017(8):49-54.

[244] 熊欣,李达.外文影片字幕翻译中的译者话语权——以《银河护卫队》字幕翻译为例兼谈翻译批判[J].河池学院学报,2017(4):51-55.

[245] 熊欣,李悦宾.高校英文网页中传播性和受众性的缺位思考[J].河池学院学报,2019(1):119-123.

[246] 熊欣,董芳菲.从译语话语权看东西方文化之间的互植[J].社会科学动态,2019(12):89-92.

[247] 熊欣,王奕璇.中医药对外传播中的受众考量[J].翻译研究与教学,2020(1):26-30.

[248] 约瑟夫·奈.中国软实力的上升及其对美国的影响[EB/OL].凤凰资讯,2008-04-11. https://news.ifeng.com/opinion/200804/0411_23_486463.shtml

[249] 徐华,田原.用国际化视角讲好新时代江苏故事[J].中国记者,2020(6):107-109.

[250] 徐珺,自正权.基于语料库的企业对外传播翻译与企业形象语义构建研究[J].外语学刊,2020(01):93-101.

[251] 许多,许钧.中华文化典籍的对外译介与传播——关于《大中华文库》的评价与思考[J].外语教学理论与实践,2015(3):13-17.

[252] 许多,许钧.中华典籍翻译主体辨——兼评《〈楚辞〉翻译的中国传统翻译诗学观研究》[J].外语教学理论与实践,2017(4):76-82.

[253] 许方,许钧.关于加强中译外研究的几点思考——许钧教授访谈录[J].中国翻译,2014(1):71-75.

[254] 许钧.翻译的主体间性与视野融合[J].外语教学与研究,2003(4):290-295.

[255] 许钧.当代英国翻译理论[M].武汉:湖北教育出版社,2001.

[256] 许钧."创造性叛逆"和翻译主体性的确立[J].中国翻译,2003(1):6-11.

[257] 许钧.翻译研究之用及其可能的出路[J].中国翻译,2012(1):5-12+

122.

[258] 许钧,曹丹红.翻译的使命与翻译学科建设——许钧教授访谈[J].南京社会科学,2014(2):1-7.

[259] 徐晓飞.全球化背景下翻译出版过程中的对话与文化传递[J].出版广角,2016(1):46-47.

[260] 阎琨.中国留学生在美国状况探析:跨文化适应和挑战[J].清华大学教育研究,2011(2):100-109.

[261] 佚名.谈中医药国际标准化策略[EB/OL].中国中医药学会联合会网,2003-09-29.http://www.wfcms.org/show/21/899.html

[262] 严文斌.中国国际形象的"自塑"与"他塑"[J].对外传播,2016(6):17-18.

[263] 严晓江.《楚辞》英译与中学西传[J].重庆理工大学学报,2014:121-124.

[264] 严晓江.《楚辞》英译的中国传统翻译诗学观研究[M].北京:商务印书馆,2017.

[265] 杨彬彬.人民性思想表达的话语演进与现实意义[J].思想教育研究,2019(4):31-36.

[266] 杨莉,李昊东,于海兵,等.《黄帝内经》英译本出版情况[J].中国出版史研究,2016(1):134-144.

[267] 杨牧之.国家"软实力"与世界文化的交流——《大中华文库》编辑出版启示[J].中国编辑,2007(2):22-25.

[268] 杨牧之.《大中华文库》总序(汉英版)[M].长沙:湖南人民出版社;北京:外文出版社(联合出版),1999.

[269] 杨绍华,盛玮.习近平:欢迎各国人民搭乘中国发展的"快车""便车"[EB/OL].求是网,http://www.qstheory.cn/laigao/ycjx/2020-12/17/c_1126873216.htm

[270] 杨贤玉,英汉文化差异与翻译[J].西安外国语学院学报,2001(4):70-72.

[271] 叶舒宪.猫头鹰重新降临——现代巫术的文化阐释[J].寻根,2004(03):22-30.

[272] 一课译词——火上浇油[EB/OL].中国日报英语点津.2021-01-05.

https://language.chinadaily.com.cn/a/202101/05/WS5ff42ebaa31024ad0baa0a2a.html

[273] 一课译词——闭门羹[EB/OL]. 中国日报英语点津, 2020-12-17. https://language.chinadaily.com.cn/a/202012/17/WS5fdb1627a31024ad0ba9c712.html

[274]《银河护卫队》首周1.85亿 破票房纪录[N/OL]. 新浪娱乐, 2014-10-14. http://ent.sina.com.cn/m/f/hlw/2014-10-14/00164223498.shtml

[275] 殷健. 基于过程性特征的术语命名、翻译与传播的文化安全思考——以新冠肺炎相关术语为例[J]. 中国科技术语, 2020(02): 14-20.

[276] 于晓霞. 论译制片中的配音[J]. 新闻研究导刊, 2016(12): 348.

[277] 余艳红, 于文明. 充分发挥中医药独特优势和作用, 为人民群众健康作出新贡献[EB/OL]. 求是网, 2020-08-16. http://www.qstheory.cn/dukan/qs/2020-08/16/c_1126366450.htm

[278] 袁平. 中国电影片名的翻译策略[J]. 传播力研究, 2018(20): 66-68.

[279] 曾利明.《中医基本名词术语中英对照国际标准》出版[R/OL]. 中国新闻网, 2007-12-29. https://www.chinanews.com.cn/jk/kong/news/2007/12-29/1118505.shtml

[280] 曾培炎. 加强中欧合作应对世界经济不确定性风险[J]. 全球化, 2020(01): 5-6.

[281] 翟树耀. 对外宣传报道与英语写作[M]. 厦门: 厦门大学出版社, 2001.

[282] 张成智. 技术转向背景下的翻译研究新视野[J]. 外国语言与文化, 2020(01): 96-103.

[283] 张恩勤. 中国名优中成药(英汉对照)[M]. 上海: 中海中医学院出版社, 1994.

[284] 张冠楠. 中国的发展在世界独一无二[N]. 光明日报, 2019-09-23(9).

[285] 张光直. 中国青铜时代[M]. 北京: 生活·读书·新知三联书店, 1983: 327.

[286] 张海鸥. 译者主体性在影视字幕翻译中的体现[J]. 电影评介, 2008(9): 63+84.

[287] 张健, 冯庆华. 报刊语言翻译[M]. 北京: 高等教育出版社, 2008.

[288] 张美芳. 翻译策略二分法透视[J]. 天津外国语学院学报, 2004(3): 1-6.

[289] 张天清. 提升主流媒体公信力的几点思考[J]. 新闻战线,2018(23):7-10.

[290] 张仲景. 活解金匮要略[M]. 杨鹏举,侯仙明,杨延巍,注. 北京:学苑出版社,2008.

[291] 赵长江,刘艳春. 中国典籍翻译与研究的现状、研究问题及未来展望[J]. 燕山大学学报,2014(4):60-65.

[292] 赵桂华. 翻译理论与技巧[M]. 哈尔滨:哈尔滨工业大学出版社,2014.

[293] 赵明亮. 邓小平"韬光养晦,有所作为"思想与新世纪中国外交[J]. 南京师大学报(社会科学版),2002(5):13-17.

[294] 赵随意. 探析广播全球化和本地化[J]. 中国广播,2003(7):61-62.

[295] 赵勇. 认知视角下的语法隐喻[J]. 云南农业大学学报,2013(5):91-95.

[296] 赵玉珍. "归化""异化"在西方语境中的嬗变[J]. 内蒙古大学学报(社会科学版),2017(1):29-32.

[297] 中共中央文献研究室. 毛泽东年谱(第六卷)[M]. 北京:中央文献出版社出版,2013.

[298] 中共中央关于坚持和完善中国特色社会主义制度推进国家治理体系和治理能力现代化若干重大问题的决定[EB/OL]. 新华网,2019-10-31. http://www.xinhuanet.com/politics/2019-11/05/c_1125195786.htm

[299] 中国社会科学院语言研究所词典编辑室. 现代汉语词典(2002年增补本)[M]. 北京:商务印书馆,2002:301.

[300] 中国外交部. 对西方主流媒体选择性失语感到失望. CCTV-4[EB/OL]. 2019-12-09. http://tv.cctv.com/2019/12/09/VIDEEQitKerY4RVcwYO2a3mY191209.shtml

[301] 中国外文局. 多语种书刊亮相2017美国书展[EB/OL]. 人民网,2017-06-01. http://world.people.com.cn/n1/2017/0601/c1002-29311623.html

[302] 中国外文局. 杜占元看望慰问中国外文局参加进博会采访报道记者[EB/OL]. 外文局网站,2021-11-08. http://www.cipg.org.cn/2021-11/08/content_41749767.htm

[303] 中华人民共和国中央人民政府财务部. 亚洲基础设施投资银行成员总数增至86个[EB/OL]. 中华人民共和国中央人民政府网站,2018-05-

04. http：//www.gov.cn/xinwen/2018-05/04/content_5287937.htm

[304] 中华人民共和国国务院新闻办公室.《中国的中医药》白皮书(全文)[R/OL].国务院新闻办公室网站，2016-12-06. http：//www.scio.gov.cn/ztk/dtzt/34102/35624/35628/Document/1534714/1534714.htm

[305] 中华人民共和国国务院新闻办公室.为人民谋幸福：新中国人权事业发展70年[R/OL].新华网，2019-09-22. http：//www.xinhuanet.com/politics/2019-09/22/c_1125025006.htm

[306] 中华人民共和国国务院新闻办公室.新时代的中国与世界[R/OL].中华人民共和国中央人民政府门户网，2019-09-27. http：//www.gov.cn/zhengce/2019-09/27/content_5433889.htm

[307] 中华人民共和国商务部.研究报告认为：中国对坦桑影响力超美国[EB/OL].中华人民共和国驻桑给巴尔总领事馆经贸之窗，2015-03-16. http：//zanzibar.mofcom.gov.cn/article/jmxw/201503/20150300910759.shtml

[308] 钟佳,熊欣.新媒体下的对外宣传——以China Daily为例[J].科技传播,2019(21)：81-82.

[309] 中商产业研究院.2021年全球互联网用户规模大数据分析(图)[DB/OL].Statista公司、中商产业研究院整理,2021-09-17. https：//www.askci.com/news/chanye/20210917/1723151593520.shtml

[310] 中医药学名词审定委员会.中医药学名词(2004)[M].北京：科学出版社,2005.

[311] 仲伟合,周静.译者的极限与底线——试论主体性与译者的天职[J].外语与外语教学,2006(7)：42-46.

[312] 周斌.从庆祝改革开放40周年报道看新形势下宣传思想工作的使命任务[J].新闻知识,2018(12)：7-10.

[313] 周敏凯.加强国际关系领域中国话语体系建设,提升中国话语权的理论思考[J].国际观察,2012(6)：1-7.

[314] 周宪.福柯话语理论批判[J].文艺理论研究,2013(1)：121-129.

[315] 竹立家.中国话语要让世界听得懂——当代"中国话语"及话语权构建[J].人民论坛,2013(13)：64-65.

[316] 朱明.黄帝内经(汉英对照版)[M].北京：外文出版社,2001.

后 记

在对外传播中的翻译研究、译语话语权的思考与探讨过程中,由于本人学术能力和知识水平的局限,本书的研究尚处于一个浅尝辄止的阶段。尤其是关于译语话语体系的建构,仍属碎片化的探讨,尚未形成一个较为系统的理论体系。本书中的译语话语权的研究,主要基于法国哲学家和社会思想家米歇尔·福柯的权力话语理论,从翻译的角度探讨各领域对外传播翻译活动中如何通过译语话语再现原语传播中的话语诉求,从而最大限度获取中国对外传播活动中的国际话语份额。因此,本书主要侧重于相关翻译理论、翻译策略、翻译方法和译语话语表现形式等方面的研究。诚然,译语话语权的研究不应只限于语言学和传播学等领域,还应该涉及国际关系、政治文化、译语话语权在全球社交媒体兴盛时期的变化及策略等方面的探讨,但因知识局限性等原因,上述探讨在书中相对笼统,未能具体展开,期待后续做更为深入、细致的研究。另外,译语话语权的现实逻辑到底是什么,如出版制度、文化习惯、学术传统等,在本书中鲜有涉猎,这也是本书的不足之处。当然,本书中还存在其他诸多缺憾,仅作抛砖引玉,期待日后有更多的学者们积极投身到中国的国际话语权研究中来。

在本书的撰写过程中,我借鉴、引用了诸多专家和学者的相关研究成果,均已在书中注明;另外,还参考了一些学者的研究成果,放到了本书的参考文献部分,在此表示最诚挚的谢意。在资料整理过程中,难免挂一漏万,如有遗漏,敬请谅解。

另外,本书能够得以顺利完稿,除了前言中提到的诸位先生,还得感谢"对外传播译语话语权研究"项目组全体成员的辛勤付出,正是在大家的齐心协力下,才取得了一些初步的研究成果,也使得本书呈现出研究的多层面和多角度。当然,这里还要感谢历届的研究生们为本书所做的资料收集、数据整理和语料分析等烦琐工作,尤其是李艳飞在影视方面、陈余婧在文化对外传播方面、郭学在对外政治话语方面的研究等,都为本书的撰写提供了大量的素材和佐证材料。另外,感谢侍文轩、刘向涛和孙舒等诸位同学在本书校核过程中的不辞辛劳和精益求精。最后,必须感谢我的母亲,正是她老人家用无私的爱帮我打理家务琐事,安顿我的一日三餐,方能使我无后顾之忧地全身心投入本书的相关研究和撰写。

熊　欣

2022 年 5 月 20 日于螺蛳山畔